应用型本科高校"十四五"规划商贸类专业问题导入式数字化精品教材

情商与管理沟通

Emotional Intelligence and Management Communication

张舫　鄢威　刘汉霞　◎主编

华中科技大学出版社
http://press.hust.edu.cn
中国·武汉

内 容 提 要

本书作者均为多年从事专门管理沟通、情商训练研究和教学的教师，他们以帮助职场和商务人士提高沟通技巧和情商为主题，广泛开展专业咨询和企业服务，并合作出版了一系列相关教材。

本书详细介绍了情商和情绪管理以及有关人际沟通的理论，通过丰富的阅读素材以及真实的情景案例，让读者在轻松阅读中快速掌握沟通技巧，提高沟通能力和情商，以双赢的思维方式去沟通。

图书在版编目（CIP）数据

情商与管理沟通/张舫，鄢威，刘汉霞主编．—武汉：华中科技大学出版社，2023.3
ISBN 978-7-5680-8453-6

Ⅰ.①情… Ⅱ.①张… ②鄢… ③刘… Ⅲ.①人际关系学-高等学校-教材 Ⅳ.①C912.11

中国国家版本馆 CIP 数据核字（2023）第 044291 号

情商与管理沟通　　　　　　　　　　　　　　　　张　舫　鄢　威　刘汉霞　主编
Qingshang yu Guanli Goutong

策划编辑：周晓方　陈培斌　宋　焱	
责任编辑：张汇娟　陈培斌	
装帧设计：廖亚萍	
责任监印：周治超	
出版发行：华中科技大学出版社（中国·武汉）	电话：(027) 81321913
武汉市东湖新技术开发区华工科技园	邮编：430223
录　　排：华中科技大学出版社美编室	
印　　刷：武汉市籍缘印刷厂	
开　　本：787mm×1092mm　1/16	
印　　张：17	
字　　数：370 千字	
版　　次：2023 年 3 月第 1 版第 1 次印刷	
定　　价：49.80 元	

本书若有印装质量问题，请向出版社营销中心调换
全国免费服务热线：400-6679-118　竭诚为您服务
版权所有　侵权必究

应用型本科高校"十四五"规划商贸类专业问题导入式数字化精品教材

编委会成员（按姓氏拼音排序）

顾　问

袁永友（武汉纺织大学外经贸学院）

主任委员

刘汉霞（武汉纺织大学外经贸学院）

委　员　（以姓氏拼音为序）

龚　锋（湖北大学知行学院）

胡春华（武汉纺织大学外经贸学院）

胡柳波（武汉东湖学院）

胡晓峰（武汉工程科技学院）

李　林（武汉首义学院）

刘　力（武昌工学院）

马光菊（武汉学院）

彭　艳（武汉纺织大学外经贸学院）

王笑影（京东物流集团）

王　艳（武汉华夏学院）

詹義洲（三峡大学科技学院）

张　舫（武汉纺织大学外经贸学院）

张迎燕（武汉纺织大学外经贸学院）

总 序
Introduction

党的二十大报告指出，我国进入了全面建设社会主义现代化国家、向第二个百年奋斗目标进军的新征程，高质量发展是全面建设社会主义现代化国家的首要任务。高质量发展要坚持教育优先发展、科技自立自强、人才引领驱动，加快建设教育强国、科技强国、人才强国，坚持为党育人、为国育才，全面提高人才自主培养质量，加快建立人才资源竞争优势，培养德智体美劳全面发展的社会主义建设者和接班人。

站在两个百年奋斗目标的历史交汇点，培养全面建设社会主义现代化国家所需要的应用型人才，是我国应用型本科高校的历史使命和责任担当。应用型本科高校是相对、区别于传统学术性、研究型，以应用技术类型为办学定位的普通本科高校，是为了满足地方经济社会发展对应用型人才的需要，是推进我国高等教育大众化进程的产物。应用型本科教育坚持应用型人才的培养，强化专业体系的应用性、职业性和发展性。《中国教育现代化2035》明确提出：优化人才培养结构，加大应用型、复合型、技术技能型人才培养比重，使得大力发展应用型本科教育、强化应用型人才培养，成为高等教育改革发展的时代命题。

教材建设是高等教育改革发展的一项重要内容，高质量的教材是培养合格人才的基本保证。搞好应用型本科教育，培养应用型人才，要求我们必须重视应用型本科教育教材建设，编写和出版具有应用型本科教育自身特色的教材。编写一套适应新时代发展的应用型本科高校经管教材，与中国经济发展同频共振，是我们多年的愿望。

那么，如何做好应用型本科高校经管系列教材的编写呢？习近平总书记提出，"中国共产党人干革命、搞建设、抓改革，从来都是为了解决中国的现实问题"。根据习近平总书记讲话精神，编写具有自身特色、解决中国现实问题的应用型本科高校经管系列教材，一是在体系上坚持基本理论介绍，注重数字经济前沿理论的引入。在着力基本理论的描述和学科知识介绍的基础上，引入数字经济背景下的新理论、新理念和新方法。二是在内容上强化问题意识，坚持问题导向。通过实际情境下的问题引出分析问题和解决问题的思路、方法和技术。三是开发本土案例，讲好中国故事。在学习西方企业经营管理经验的同时，开发中国本土案例，让世界看到中国企业品牌力量和发展前景。

为了做好这项工作，我们邀请到了一批新建应用型本科高校教授、博士、骨干老师和本地优秀企业家，共同来撰写《国际服务贸易教程与案例》、《市场调查与数据分析》、《会计基础实务》、《情商与管理沟通》、《大学生创业基础》、《商务谈判》等一系列教材。这批教材涉及国际经济与贸易、工商管理、市场营销、大数据会计等专业，既涉及专业基础课，又涉及专业核心课，既有理论课教材，又有实践课教材，其共性是在大数据背景下反映新时代应用型人才培养的要求。在华中科技大学出版社的大力支持下，我们终于迈出了第一步。

虽然这些教材还有很多不尽人意之处，存在着诸多的不足，但所有编写者为贯彻落实教育部《普通高等学校教材管理办法》的要求，本着育新人、兴文化、展使命的初心，以只争朝夕、追求卓越的精神，对接学科前沿，为促进教学信息化改革，实现经管类教材提质增效付出了不懈的努力，他们辛勤的汗水体现在每一本教材的字里行间，后期我们还将有第二批教材的编写。

在教材即将付梓之际，我们对华中科技大学出版社的支持表示衷心感谢！

教材不妥之处，敬请各位专家学者批评指正，提出宝贵意见！

丛书编委会

2022 年 11 月

前 言
Preface

古希腊哲学家柏拉图说过："谁会讲故事，谁就拥有整个世界！"不仅要会讲故事，还要讲的故事有人愿意听，愿意相信你所讲的故事。近期爆火的"东方甄选"直播带货的董宇辉老师，在此之前是新东方英语高三年级学科负责人，曾经的英语老师转变为直播间"卖菜的"，心理落差很大。在董宇辉讲述自己的时候，他以自嘲的方式谈论自己长得像兵马俑，他的自嘲让我们对他这个人有了一个有趣幽默的印象，而他无论是在表达自己的感受，还是对每个介绍的物品，都透着一种故事感。通过对语义的解构与重构，以一种奇妙的含义融合，让我们感到他随手拈来的奇趣灵动。高情商和良好的沟通能力是董老师能够翻红的密码。

人们面对的是快节奏的生活、高负荷的工作和复杂的人际关系，没有较高的情商（EQ）是难以获得成功的，情商会影响智商（IQ）的发挥。EQ 高的人，人们都喜欢同他交往，他总是能得到众人的拥护和支持。同时，人际关系也是人生重要资源，良好的人际关系往往能让我们获得更多的成功机会。心理专家说，学会做人比学会做学问更重要。

2021 年，几家著名企业出现了频繁的高管离职现象，一些职业经理人因为各种各样的原因离开了企业。除了业绩表现不理想、竞争对手挖角外，这些职业经理人因关系处理不当，导致内部矛盾冲突严重。提升情商及管理能力，已经成为经理人在职场上有更好发展的关键要素。无论级别的高低，对于每一个职业经理人而言，职场发展的核心就是学会与人沟通，从信息的沟通、利益的沟通，最终达成情感的沟通。

管理者的情商有时比智商更重要。长期以来，人们习惯于将智商作为衡量人才的标准，现代研究表明，人才成功的决定因素不仅仅是智商，还有情商。概括来说，管理者的能力主要来自情商和智商，有时情商比智商更重要。拿破仑曾说，一位军官的知识和素质应该成一个正方形，光有智商不行，军官还要有做决断的勇气和毅力。

通过情商和沟通能力训练，更好地提升自我情绪管理能力和与他人沟通的能力，充分发挥管理者的影响力，才能更好地提升团队凝聚力和团队执行力。

本教材涵盖了情商和管理沟通中的基础概念，通过大量的小故事、情景设置、案例，使学习者快速全面掌握情商和沟通的密码，成为社交场合中的更有魅力的人。本书在武汉纺织大学外经贸学院校领导和经济管理学院院领导高度关心下按期出版了。第一、二、六、七、八、九章由经济管理学院张舫老师编写，第三章由副校长鄢威老师编写，第四章由经济管理学院院长刘汉霞老师编写，第五章由经济管理学院马娜娜老师编写。

在编写过程中，作者参考了国内外同行的相关研究成果，在此一并表示感谢。全书的编写得到华中科技大学出版社编辑们的大力支持和配合，在此深表感谢！

编　者

2022 年 7 月

目 录
Contents

情商压力篇

第一章　了解情绪 …………………………………………………………… 3

第一节　情绪的概念和要素 / 4
第二节　情绪的分类 / 7
第三节　区分想法、情绪和行为 / 8

第二章　情绪调控 …………………………………………………………… 21

第一节　情绪的产生、类别和功能 / 22
第二节　情绪调控内容 / 26
第三节　情绪管理 / 31

第三章　压力管理 …………………………………………………………… 43

第一节　压力概述 / 45
第二节　压力管理概述 / 50
第三节　压力管理的方法和策略 / 53

主体沟通篇

第四章　沟通概述 …………………………………………………………… 75

第一节　沟通的概念 / 76
第二节　沟通的主要方式 / 81
第三节　沟通的主要障碍 / 91

第五章 自我沟通 ……………………………………………………… 111

第一节 自我沟通的基础 / 113
第二节 自我沟通的目标 / 117
第三节 自我沟通的策略 / 122

第六章 自我接纳 ……………………………………………………… 140

第一节 自我认可 / 141
第二节 自我接纳与自我认同 / 146
第三节 少评判多接纳 / 150

客体沟通篇

第七章 客体沟通 ……………………………………………………… 161

第一节 以客体为导向的沟通内涵及意义 / 163
第二节 客体沟通分析 / 166
第三节 有效沟通技巧的激发 / 173
第四节 沟通对象类型分析与策略选择 / 180

第八章 团队沟通 ……………………………………………………… 195

第一节 团队沟通的概念、特征与影响因素 / 197
第二节 团队建设的有效方法 / 202
第三节 如何解决团队中的冲突 / 207
第四节 团队沟通的策略与技巧 / 209

第九章 商务沟通 ……………………………………………………… 225

第一节 会议沟通技巧 / 227
第二节 营销沟通技巧 / 235
第三节 公文沟通技巧 / 240
第四节 商务谈判技巧 / 244

参考文献 ……………………………………………………………… 260

情商压力篇

第一章 了解情绪

学习目标

- 了解情绪的概念、构成要素和分类；
- 了解想法、情绪和行为的区别和联系。

情景导入

有人统计，苏轼一生担任过很多官职，被贬多次。公元1080年，苏轼正值壮年，可他却因"乌台诗案"，锒铛入狱。被贬黄州时，他看似任团练副使，实则言行都受控制。这时，他穿着布衫芒鞋，躬耕于东坡，自此有了"东坡居士"的名号。为了改善伙食，他研究美食，实在没有肉，就去捉麻雀吃。被贬惠州时，他跟朋友要了一块荒地，清草除石，引流灌溉，插秧播种。被贬海南岛时，苏轼已入花甲之年，妻离子散。途中，年幼的儿子死在自己的怀中……这就是苏轼的一生：问汝平生功业，黄州惠州儋州。

可不论遇到多少磨难，他始终没有气馁。远离朝廷，他放下了"致君尧舜上"的执着，随遇而安。当遭遇朝廷打压、好友背叛时，他又写道："大江东去，浪淘尽，千古风流人物。"

苏轼就是这般，他不仅承认这些负面情绪的存在，接纳了所有不幸，让情绪实现自由，还用强大的能量，把一生的苦水转换为一坛美酒。既能与繁华安然相处，亦能在低谷随遇而安。得意时不骄傲，失意时不气馁，乐观面对人生的起起伏伏，这才是真正的强者。

（节选自民间小故事。）

问题提出

苏轼如何应对负面情绪?

 问题解决

苏轼始终没有放弃自己,他承认这些负面情绪的存在,接纳了所有不幸,让情绪实现自由。

情绪自由就是能够接纳并拥抱自己的所有情绪,尤其是负面情绪,承认它们的存在并学会合理运用。

第一节　情绪的概念和要素

一　情绪的概念

关于"情绪"的确切含义,心理学家还有哲学家已经辩论了一百多年。情绪是指伴随着认知和意识过程产生的对外界事物的态度,是对客观事物和主体需求之间关系的反应,是以个体的愿望和需要为中介的一种心理活动。情绪有二十种以上的定义,尽管它们各不相同,但都认为情绪是由以下三种成分组成的:情绪涉及身体的变化,这些变化是情绪的表达形式;情绪涉及有意识的体验;情绪包含了认知的成分,涉及对外界事物的评价。情绪与情感表现表达极易混淆,比如爱情的满足感总是伴随着快乐,所以在情绪定义中,情绪与情感的关系是讨论的重要方面。

情绪被描述为针对内部或外部的重要事件所产生的突发反应,一个主体对同一种事件通常有同样的反应。情绪持续时间很短,它包含语言、生理、行为和神经机制互相协调的一组反应。人类的情绪也来自生物本能,特别是在演化中被强化。因为情绪可以为一些远古人类常常面临的问题提供简单解决方法(如产生恐惧并决定逃离)。

许多学派给情绪下的定义反映了情绪的这些特点和环境、事件、时间等的相关关系。例如,功能主义把情绪定义为:情绪是个体与环境意义和时间之间关系的心理现象(Campos, 1983)。阿诺德的定义为:"情绪是对趋向知觉为有益的、离开知觉为有害的东西的一种体验倾向,这种体验倾向为一种相应的接近或退避的生理变化模式所伴随。"

（Arnold，1960）。拉扎勒斯的定义："情绪是来自正在进行着的环境中好的或不好的信息的生理心理反应的组织，它依赖于短时的或持续的评价。"（Lazarus，1984）。这些定义都显示情绪对人的需要和态度的关系，阿诺德和拉扎勒斯还指出了情绪依此而具有的特点，诸如体验、生理模式、评价等。

 情绪的构成要素

情绪既是主观感受，又是客观生理反应，具有目的性，也是一种社会表达。情绪是多元的、复杂的综合事件。情绪构成理论认为，在情绪发生的时候，有五个基本要素必须在短时间内协调、同步地进行。

（1）认知评估：注意到外界发生的事件（或人物），认知系统自动评估这个事件的感情色彩，因而触发接下来的情绪反应（例如：看到心爱的宠物死亡，主人的认知系统把这件事评估为对自身有重要意义的负面事件）。

（2）身体反应：情绪的生理构成，身体自动反应，使主体适应这一突发状况（例如：意识到死亡无法挽回，宠物的主人神经系统觉醒度降低，全身乏力，心跳频率变慢）。

（3）感受：人们体验到的主观感情（例如：在宠物死亡后，主人的身体和心理产生一系列反应，主观意识察觉到这些变化，把这些反应统称为"悲伤"）。

（4）表达：面部和声音变化表现出人的情绪，这是为了向周围的人传达情绪主体对一件事的看法和他的行动意向（例如：看到宠物死亡，主人紧皱眉头，嘴角向下，哭泣）。对情绪的表达既有人类共通的成分，也有各自独有的成分。

（5）行动的倾向：情绪会产生动机（例如：悲伤的时候希望找人倾诉，愤怒的时候会做一些平时不会做的事）。

小故事

控制情绪的玻璃球

芬妮是一个脾气暴躁、容易出现情绪波动的女孩，经常因为小事和别人吵架，她的人际关系因此愈来愈紧张，男友也难以忍受她的坏脾气，结果和她分手了。终于有一天，她觉得自己已经处于崩溃边缘。

她打电话向她的一个朋友詹森求救。詹森向她保证："芬妮，我知道现在对你来说是有点糟，可是只要经过适当的指引，一切就会好转。你现在要做的第一件事是让自己安静下来，好好地享受一下宁静的生活。"听了詹森的话，芬妮开始试着放弃先前忙碌的生活，好好地放松一下自己，休了一个长假。当她已经稳定了一段时间之后，詹森又建议道："在你发脾气之前，不妨想想，究竟是哪一点触动了你？"

"你可以拥有两种思考，一种是让每件事情都在脑海里剧烈地翻搅，另一种则是顺其自然，让思想自己去决定。"说着，詹森拿出了两个透明的刻度瓶，然后分别装了一半刻度的清水，随后又拿出了两个塑料袋。芬妮打开来，发现分别是白色和蓝色的玻璃球。詹森说："当你生气的时候，就把一颗蓝色的玻璃球放到左边的刻度瓶里；当你克制住自己的时候，就把一颗白色的玻璃球放到右边的刻度瓶里。最关键的是，现在，你该学会控制自己的情绪，如果你不试着控制自己的情绪，你会继续把你的生活搞得一团糟。"

此后的一段时间内，芬妮一直照着詹森的建议去做。后来，在詹森的一次造访中，两个人把两个瓶中的玻璃球都捞了出来。他们同时发现，那个放蓝色玻璃球的水变成了蓝色。原来，这些蓝色玻璃球是詹森把水性蓝色涂料染到白色玻璃球上做成的，这些玻璃球放到水中后，蓝色染料溶解到水中，水就呈现了蓝色。詹森借机对芬妮说："你看，原来的清水被投入坏脾气后，被污染了。你的言行举止，是会感染别人的，就像玻璃球一样。当心情不好的时候，要控制自己，否则，坏脾气一旦投射到别人身上，就会对别人造成伤害，再也不能回复到以前，所以一定要控制好自己的言行。"

芬妮后来发现，当按照詹森的建议去做时，人真的不会那么混沌了，事情也容易理出头绪。在此之前，她的心里早已容不下任何新的想法和三思而后行的念头，已经形成了一种忧虑的习惯，这些让她恐惧慌乱，而当詹森再次造访的时候，两个人又惊喜地发现，那个放白色玻璃球的刻度瓶竟然溢出水来——看来芬妮对自己的克制成效不小。慢慢地，芬妮学会了把自己当成一个旁观者，来看清自己的意念。一旦有了不好的想法就能及时发现，情绪失控的时候就能及时制止。这样持续了一年，她逐渐能够信任自己并且静观其变，生活也步入常轨，并重新得到了一个优秀男士的爱，美好在她的生活中渐渐展现。

结论：

当你要发脾气的时候，应该做的第一件事就是尽量让自己安静和放松下来，想一想目前出现了什么情况，而不是顺其自然让脾气发作，被情绪牵着走。

（资料来源：百度文库，https://wenku.baidu.com/view/38b0231b988fcc22bcd126fff705cc1754275fd2.html?_wkts_=1668992325828&bdQuery=%E6%83%85%E7%BB%AA%E6%8E%A7%E5%88%B6%E7%9A%84%E7%8E%BB%E7%92%83%E7%90%83。）

第二节 情绪的分类

根据情绪发生的速度、强度和持续时间，可将情绪分为心境、激情和应激三种。

一 心境

心境是一种微弱、弥散和持久的情绪，也即平时说的心情。心境的好坏，常常是由某个具体而直接的原因造成的，它所带来的愉快或不愉快会保持一个较长的时段，并且把这种情绪带入工作、学习和生活中，会影响人的感知、思维和记忆。愉快的心境让人精神抖擞、感知敏锐、思维活跃、待人宽容；而不愉快的心境让人萎靡不振、感知和思维麻木、多疑，觉得看到的、听到的全都是不如意、不顺心的事情。

二 激情

激情是一种猛烈、迅疾和短暂的情绪，类似于平时说的激动。激情是由某个事件或原因引起的当场发作，情绪表现猛烈，但持续的时间不长，并且牵涉的面不广。激情通过激烈的言语爆发出来，是一种心理能量的宣泄，从一个较长的时段来看，对平衡人的身心、对健康有益，但过激的情绪可能会使当时的失衡产生危险。特别是当激情表现为惊恐、狂怒而又爆发不出来的时候，全身发抖、手脚冰凉、小便失禁、浑身瘫软，那就得赶快去医院了。

三 应激

应激是机体在各种内外环境因素及社会、心理因素刺激时所出现的全身性非特异性适应反应，又称为应激反应。这些刺激因素称为应激原。应激是在出乎意料的紧迫与危险情况下引起的快速而高度紧张的情绪状态。应激的最直接表现即精神紧张，是各种过强的不良刺激，以及对它们的生理、心理反应的总和。

第三节　区分想法、情绪和行为

在我们的实际生活中，很多人都特别容易把想法、情绪和行为三者混为一谈。虽然这三者联系紧密，但各有区别，如果你把想法、情绪和行为三者混在一起，若处理不当，就相当于火遇到了油，又遇到了风，结局将不堪设想。

科学家研究表明，想法、情绪和行为三者之间是一个彼此互相作用的关系，行为可以影响情绪和想法，想法也可以改变情绪和行为，而情绪同样可以左右行为和想法。

小场景

从以下三个生活场景，来分析想法、情绪和行为之间的关系

第一个场景：小丽在开车去上班的路上，一不留神走错了车道，被交警罚款扣分，她感到特别郁闷，同时也陷入深深的自责：怎么这么蠢，犯这种低级的错误。

在这个场景中，小丽不小心违反交通规则的行为，引发了她郁闷的情绪，随后这种情绪又触发了她认为自己蠢的想法。这就是行为影响了情绪，情绪又触发了想法的典型例子。

第二个场景：王芳一直觉得自己的上司在工作中老是为难自己，这让她感到很压抑，同时也很愤慨。有一天在和上司的争吵中，王芳突然爆发了，把文件狠狠地摔在上司的桌子上并提出了辞职。

在这个场景中，王芳觉得上司为难自己的想法，引发了她压抑和愤怒的情绪，接着她的愤怒的情绪触发了她摔文件和辞职的行为。从这个例子可以看出，想法会影响情绪，情绪又会激发行为。

第三个场景：何梅因为丈夫无意中说的一句"黄脸婆"而感到十分伤心，这也让她有了改变自己、让自己变美的想法，于是，她开始大量购买品牌护肤品保养自己，并到健身房去锻炼，塑造自己的形体之美。

在这个场景中，何梅被丈夫的语言伤害产生伤心情绪后，激发了她改变自己、让自己变美的想法，随后变美的想法又引发了她购买护肤品和健身锻炼的行为。这就是情绪作用想法，想法又引发行为的典型例子。

一 想法

想法是一个人在面对事件的时候根据自己的经验和观念对事件做出的评价和反应。比如一位正在焦虑的人,你告诉他说"请不要焦虑!",这样是没有任何意义的。想法是如何引发一个人的情绪反应,并且在一定程度上加剧或缓解人的情绪呢?我们先看一个场景:

假如你是一个女孩子,由于单位加班,很晚才能回家,这时你走到你家附近的一个很黑暗的小巷,此时在你身后突然出现了一个黑色的人影,这时你可能存在什么反应呢?

事件:身后突然出现一个黑色人影	
想法一:坏人可能要劫财或者劫色。 情绪:紧张、害怕、焦虑。 行为:走路的速度加快,甚至会大声地喊叫。	想法二:他是我的邻居王爷爷。 情绪:感到安全,本来自己因为一个人走夜路有点紧张的心情得到了放松。 行为:主动地和对方打招呼。

想法一和想法二引起了不同的情绪反应,也会有不同的行为后果。想法可以引出正面情绪,也能引出负面情绪。我们大多数人往往关注的是自己,以及自己当下的感受,以至于我们不能识别出此刻的情绪是因为某些特定的想法引起的。我们需要做到的是弄明白自己想法和情绪、行为之间的关系,以及明确如何控制自己的想法,尽可能多的是积极的正面想法,从而引出正面的情绪。

二 情绪

情绪心理学,介于认知心理学与行为心理学之间,是在两个学科发展过程中演变出来的一个分支。所以,从这点来看,它相当于更注重某个领域,却用其他学科的知识来完善自己的体系。这就好比材料学一样,既需要数学也需要物理学和化学的支持,但它的主要领域在于材料的研究、开发与利用。一般来说,只要学好了行为心理学和认知心理学,情绪心理学问题就可迎刃而解。目前,行为和认知心理学已经合并为一门学科,被称为认知行为心理学。但我们习惯上，还把它们分成两个学科。当然，在研究领域和主题上，这两个学科还是不同的。它们的区别就在于，二者用不同的角度来看待相同的东西，通过不同的理论来解释相同的现象。

> **小故事**
>
> 　　有两个女孩，小丽、小静。小丽原生家庭重男轻女，她又是老大，弟弟出生后，为了获得父母的爱，总是任劳任怨地包办家里她能干的家务，别人看不到的活她都能看到并且都做了，于是小丽的父母就说她很懂事、很勤劳，她就形成了讨好型的防御模式。在单位团队里也是别人不干的她都干，累得要死，但却不可能讨好所有人。小静呢，从小在家看到爸妈总是脸红脖子粗，于是她特别害怕别人吵架，害怕人际关系不和谐。组建自己的新家庭后，仿佛老公也和当年的爸爸一样，总是爱挑刺，但她总"不敢反抗"也不会"反抗"，担心自己"反抗"就会被抛弃，所以宁愿忍受。小丽和小静的那些信念曾经保护了她们，但长大以后可能就是限制。

三、行为

行为心理学经过多年的发展，建立了自己的标准体系，有明确的研究对象和研究目标，有明细的指导用词和评估体系。它追求的是因果关联和干预影响。我们不能单纯地只将其理解为研究人的行为，它研究人的生理基础与外在表现的关联，以及这种关联之下的操作影响。行为心理学并没有排斥情绪、情感这些社会性因素，反而将其融为一体，从而更系统、更完善。

对于大部分人来说最容易做出改变的是尝试新行为，只需要鼓起勇气积攒力量就可以了，新的行为会带来全新的体验，自然就会松动旧有限制性信念，越挖越松动，直到破除瓦解之，从而自然会建立新的信念。

四、想法、情绪和行为是相互关联的

在日常生活中，时常有人有时候无法完全控制自己的情绪：生气的时候想摔桌子，开心的时候想跳舞。这体现了情绪影响行为。情绪，分为原生情绪和衍生情绪，原生情绪就是身体直接产生的心理感受，比如说，失恋了，那就很难过，不开心。衍生情绪，是在原生情绪的基础上，产生其他情绪，是比较复杂的混合型的情绪。比如，被别人羞辱后产生的愤怒，受到委屈后产生的伤心等，这些都是由原生情绪衍生的新情绪。

情绪可以激发行为，当你很紧张时，双腿会不由自主地抖动。情绪可以为你提供重要的信息，当你情不自禁感到害怕时，说明你正处于一种危险境地。情绪也能激励人心，当发现不如别人时，会产生一种羞耻感，就会激发内心的拼搏决心。情绪还能帮我们更好地沟通。

从这些可以看出，想法、情绪和行为之间是一个彼此互相作用的关系，而不能将三者混为一谈。行为可以影响情绪和想法，想法也可以改变情绪和行为，情绪同样可以左右行为和想法。

数字资源 1-1
心理学家的话

在生活中，当我们当众说了一句话，让某一位同事下不了台时，自己事后感到特别郁闷，同时也很自责，觉得自己不应该，当时怎么能说这样的话。这就是说错一句话的行为，导致郁闷的情绪，这种情绪又触发自己认为自己很不应该的想法。这就是行为影响了情绪，情绪又触发了想法的典型例子。

再比如，一位女同事与小王在工作中因为意见不一致发生了争执，最后她愤怒地摔门而去。在这个例子中，女同事觉得小王为难她，引发她压抑和愤怒的情绪，接着她的愤怒情绪触发她摔门而去的行为。这就是想法会影响情绪，情绪又会激发行为。

当小李被他人嘲笑"她是一个胖子！"的时候，小李被别人的语言伤害产生了伤心情绪，激发了变瘦的想法，又引发了小李的健身行为。这就是情绪影响想法，想法又引发行为的例子。

所以，情绪、行为、想法这三者不是单独存在的，而是相互影响的。有因必有果，这会产生一系列的后续反应。

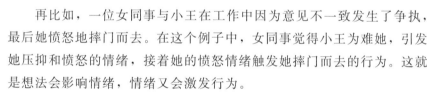

21天情绪觉察日记

如何写情绪觉察日记呢？用抽离的方式，想象每一天有一刻你像观察摄像机里的自己一样观察自己的想法、情绪、行动，你发现了什么？如果有机会让自己的想法转变，你会发现什么？如果试着允许和接纳自己的情绪，你成了怎样的自己？假如做出一点点行动上的改变，你又会有什么不同？每天给自己一些时间去留意自己的情绪、想法和行动以及它们之间的关系，你会发现什么？

爱芬的21天情绪觉察日记

第一天

情绪：焦虑、期待、充实。

想法：21天训练营开启了，又要忙碌了，这么多事情要做，有些焦虑，但我知道焦虑、忙碌时，恰恰也是成长时。

行动：开始把下午的课程大纲梳理一遍，再把晚上给友金所的微课内容梳理一下。

第二天

事件：今天晚上8点我要讲微课，在外面学习一天，晚上7点多才回家，回家先回复大家的信息，然后开讲微课。当事情比较多时，对孩子就没有耐心。

情绪：焦虑、不耐烦、生气。

想法：孩子怎么那么不懂事。

行动：大声和孩子说话。

接纳自己当下这个状态，不去评判自己。

第三天

老公在装修群里说窗户安装不合适，让对方回电话，我看到这个消息后的反应如下。

情绪：焦虑、担心。

想法：担心花了那么多钱弄不好，后面会扯皮，担心老公和对方沟通起来会把事情弄僵。

行动：给老公打电话询问怎么回事。

感受和体验自己身体里的焦虑和担心，观察自己头脑里的这些想法。暂停一下。

新的情绪：焦虑浓度下降。

新的想法：事情总会有解决办法的，相信老公。

新的行动：静等结果，需要做什么就做，一步步来。

第四天

情绪：厌烦。

想法：每次我老公要我操心装修房子的事情时，我就不耐烦。

行动：应付着做。

觉察：我在想我为什么不想承担这个责任，总觉得不是自己的事情。我真正想要的是什么？

因为我对装修这件事情不熟悉，装修不是我擅长的，所以就想逃避。这是我的应对模式，一旦遇到不熟悉的事情，第一时间就想逃避。

新的想法：我不熟悉，但我可以学习。

新的情绪：接受自己的厌烦，平静下来。

新的行动：承担起自己能做的部分。

第五天

事件：今天"教练五模块"五天的学习结束了，回顾今年四月份开始"教练五模块"学习课程，一共学习了21天，这21天自己内在发生了非常大的转变。

情绪：庆幸、感恩。

想法：感恩自己遇见了"教练五模块"，感恩单位允许自己来学习，庆幸自己做出的选择。

行动：要把学到的东西好好地运用在自己的情商训练营中，为大家带来价值。

第六天

事件：最近太过于忙碌，今天终于可以坐在办公桌前做点事，身体太过于疲倦，刷了半天手机，我发现每当我有好多事情需要做的时候，就会不想承担这种不舒服的感受，转而刷手机来浪费时间，一个恶性循环啊！

情绪：轻微沮丧。

想法：最近好累啊！身体貌似跟不上灵魂了！

行动：什么都不想做。

觉察：很多时候我们太想着往前冲，忘了关注我们的沮丧，沮丧的情绪背后的需求就是让你慢一点慢一点。需要休息和调整。

所以，今天放松对自己的要求，但不是通过刷手机放松，因为这样只会让自己更累，但当我写这些的时候，貌似我的内心受到了关注，人也舒服了很多。

第七天

情绪：愤怒、委屈。

想法：老公长期出差快一年了，我以为自己是那个支持老公事业的人，所以一直表达着自己的通情达理。实际上另一个自己是内心充满委屈与愤怒，结果就是越来越不想和他说话，沟通越来越少，但还是不表达愤怒与委屈，继续伪装自己支持他。

行动：在这样的情绪下，我们沟通越来越少。我把时间用在学习和自我成长上，转移注意力。

昨晚孩子一件小事让我感到非常委屈与愤怒，我已经无法假装他不存在，一股脑都倒给他，没想到反倒让我们开始了一次高质量的沟通。

所以，再次深刻理解情绪必须接纳和允许，越抗拒，不良情绪持续的时间就越长。

第八天

事件：省略。

情绪：生气。

想法：我需要认同，你却质疑我。

行动：撂挑子。

新的想法：拓宽和开放自己的思维，看到自己的限制性想法，同时看到对方语言背后真正的需求。

新的情绪：平静、勇气。

新的行动：写下自己的情绪模式。

第九天

情绪：焦虑。

想法：这个月时间安排太满，充满焦虑感，想想那些成功的人，他们那么多事情，难道也这么焦虑吗？一定是我的时间安排需要优化。

行动：重新规划时间。

第十天

情绪：兴奋。

想法：喜欢高质量的问题。

行动：每一个习惯都加入小结和提问环节。

新的情绪：困惑。

新的想法：身体有点疲倦，但不知道是什么情绪。

新的行动：写情绪觉察日记。

第十一天

情绪：依恋、珍惜。

想法：遇到一群爱学习的同事，上课就是在享受，又是歌唱、又是游戏。

行动：好好讲课，感谢大家。

第十二天

事件：在书店里看书，旁边一个女生听微信语音，一直在外放，周围的人都在皱眉头，但没人说出来。我就在她旁边，几次被她语音打断。于是，我温柔地和她说："你可以拿起来听，这样我们就不被打扰了！"她虽然没有再放声音，但过了一会儿收拾书走了，这时对面的女生对我露出甜蜜的微笑。

情绪：勇气。

想法：我要做一个"高勇气、高体谅"的人。

行动：温柔而坚定地说出来。

第十三天

事件：当我老公对孩子很严厉的时候，看着孩子沮丧的样子，我就很生气，尽管老公在管教孩子，但我仍然会在接下来的时间里不给他好脸色。

情绪：生气、委屈。

想法：他怎么能这样对孩子呢？简直太严厉了。

行动：摆出臭脸给他看。

觉察：我发现孩子其实没什么，我的反应比孩子大，这是触动了我什么？

新的情绪：委屈、接受。

新的想法：我意识到老公对孩子的态度触动了我的内在小孩。

新的行动：先接受自己这样的情绪。

第十四天

事件：早晨在酒店吃早饭，快吃完的时候，我被一个和尚叫住，我当时的想法是这也算一个高级酒店，不至于是骗子，之后，和尚给我讲了一段很专业的佛语，送了一串念珠，最后加我微信，发送红包。

情绪：惊讶、生气。

想法：那个和尚居然是骗子，生气我当时明明觉察到对方是骗子，但还是给了他红包。貌似我有这样的模式，即使当时发现不合适，也总是没有勇气表达。

行动：发朋友圈对自己的行为广为传播，让大家不要受骗，同时也提醒自己这样的应对模式。

第十五天

昨天微课刚讲到，所谓情绪觉察就是你知道你有情绪了，你知道自己生气了，而不是假装没生气。我昨天在吃早餐时被和尚骗，我以为我说完了这事也就过去了，因为红包也没多大。

情绪：生气、烦躁、惊讶。

想法：我这么愚蠢，居然被骗，生气；我昨天一天都不耐烦，沟通不顺畅，原来是压抑后愤怒浓度降低了却变成了烦躁；今天跑步时，觉察到自己依然留存的愤怒，很惊讶，典型的没意识到自己的愤怒。

行动：跑步的时候，刻意做了好几个478呼吸法，想象把留存的愤怒呼出去；对自己内心说"对不起、请原谅、谢谢你、我爱你"。

第十六天

情绪：放松、满足。

想法：终于有时间放松一下了，以后要多给自己放松、享乐的时间。

行动：吃吃吃、买买买。

第十七天

情绪：快乐。

想法：一家人在一起，什么都不去安排，就是这样随意任性的享受这个小假期，也是很不错的。

行动：各人做各人的事：玩游戏、追剧、看书。

第十八天

情绪：放松、充实。

想法：啥也不想就收拾收拾家，挺好的。

行动：收拾家。

第十九天

情绪：愤怒。

想法：出来为装修选家具，到了吃饭的点，老公吃饭基本只考虑自己，不考虑孩子想吃什么，孩子说想吃肯德基，我同意了，他又各种要求，必须吃汉堡，不能光吃薯条，对控制欲超强的他忍无可忍。

行动：对孩子说你可以去点自己想吃的，我俩吵了一架，他自己去吃饭，我和孩子一起吃。

他点好菜，让我过去吃。这事就顺坡下驴地过去了。现在的自己和过去的自己最大的变化就是对情绪的不执着，因为有觉察，有允许，所以情绪能很快平复，当对方有行动的时候，我自然而然地做到转变。

新的想法：老公这样做，也是不想让孩子吃太多垃圾食品。

新的情绪：平静、爱。

新的行动：一家三口坐在一起吃饭。

第二十天

情绪：平静、充实、爱。

想法：一家人在一起吃吃喝喝、做做家务，真好。

行动：读完一本书，看剧，收拾家。

第二十一天

情绪：满足、快乐、喜悦。

想法：快乐结束三个人在一起的一天。

行动：感谢所有的美好遇见。

（资料来源：百度文库，https://wenku.baidu.com/view/67509af0ae51f01dc281e53a580216fc700a530e.html?_wkts_＝1668992696654&bdQuery＝％E7％88％B1％E8％8A％AC％E7％9A％8421％E5％A4％A9％E6％83％85％E7％BB％AA％E8％A7％89％E5％AF％9F％E6％97％A5％E8％AE％B0。）

思考：做完 21 天训练你有什么收获和体会？

 延伸阅读

抑郁症是目前众多心理疾病中高发生率的疾病之一，被称为危害人类健康的"第二号杀手"，仅次于心血管疾病。现实生活中，我们一般都经历过抑郁情绪，但并非有抑郁情绪就是抑郁症。那么抑郁症又是怎么回事，人为什么会得抑郁症？病理学家们经过多年的临床观察，总结出以下几点易引起抑郁症的因素。

第一，遗传因素。抑郁症带有遗传倾向，其患者往往都有一定的抑郁症家族史，但这只是说明遗传是引起抑郁症的一个因子，而不是所有抑郁症的患者，他们的后代就一定会患上抑郁症。

第二，个人的易感体质因素。往往那些体质较差，心理负荷能力较低，并且调节能力比较差的人，在遭受外界不良的社会应激下，更容易出现一系列神经递质的代谢紊乱，从而诱发抑郁症。

第三，生物学因素，即中枢神经递质的功能及代谢异常。现代研究表明：人体内 5-羟色胺和去甲肾上腺素这两种递质出现紊乱时，往往易出现抑郁症状。

第四，社会应激因素。任何一类疾病的产生都有其外部诱因，抑郁症也不例外。患者往往在患上抑郁症之前，或多或少地经历过一些刺激较大的事件，如身体上的创伤、亲戚朋友的逝世、生活中的重大变故……这一些重大的社会应激因素都易触发一些心理疾患。

俗话说，"心病还须心药医"，绝大多数的抑郁症患者发病前有一些诱因（如挫折、遭受不幸等），会在出现情绪抑郁、低落过程中产生悲观、失望和孤独、无助感。这些情况，一般来说可以用心理治疗，即所谓的"心药"来处理。国内外近20年来的临床研究发现，相当一部分的抑郁症患者经过心理治疗或多种治疗方法（合并药物等）可以得到缓解或治愈。如美国曾做过一项大样本的随访研究，发现人际心理治疗和认知行为治疗对抑郁症门诊患者的疗效与三环类抗抑郁药（丙戊酸）相似。

数字资源1-2
理性情绪
调节训练

对一些严重的抑郁症患者来说，首先是药物治疗或电休克治疗，然后再考虑合并使用心理治疗的方法。另外，需要注意的是，心理治疗并不排斥其他治疗方法的应用，尤其是药物治疗，与药物治疗合用，对抑郁症患者往往会起到事半功倍的叠加效用。

（改编自《家庭医生在线》2016年6月16日。）

课后练习

练习一

认真阅读下面的题目，选择其中最符合你的答案

1. 你所在的小组正面临着一项很重要的任务，但是没有人自愿承担并完成它。如果你有信心把这项任务干好，你会如何反应？

A. 守株待兔，等待他人来询问你对此是否有意愿。

B. 让小组成员明白，你有意愿承担这项任务，而且如果有了他们的支持，你会更加相信自己有能力把事情做好。

C. 毫不犹豫，没有咨询他人的意见就自愿报名承担这项任务。

2. 为了研究某个问题的各种应对方法，将成立一个重要的工作小组。目前还没有人邀请你加入这个小组。但是你明白他们会考虑吸纳一些自愿参加者。你会如何反应？

A. 不愿意自我推荐，因为你觉得如果没有人向你提出邀请，那么

一定是他们觉得你不适合参加该小组，不具备相应的能力。

B. 自我推荐，愿意为小组服务，并让他人知道，你相信自己有能力为小组的工作做出积极的贡献。

C. 让其他人知道，如果没有人自愿加入，那么你乐于去做。

3. 你注意到某个危机正在逐步凸现出来，而且似乎没有人愿意掌控局面。对此，你会如何反应？

A. 积极主动，带头对不利局面采取一定的控制手段，直到得到必需的外界支持为止。

B. 尽可能快地，在第一时间找一个有能力掌控当时局面的人来维持秩序。

C. 管好自己的事情。如果某些事情出现了严重的差错的话，不希望自己将会受到他人的谴责。

练习二

案例分析

王楚钦讲述禁赛期的日子

国家乒乓球队昨天公布了釜山世界乒乓球团体锦标赛（简称世乒赛）参赛阵容，其中，参加男团项目的五人名单中，仍然处于三个月禁赛期的19岁王楚钦赫然在列。中国男队主教练秦志戬详细解释了王楚钦入选的原因，例如其优势当中包括了年轻、单双打能力兼备、技术先进等。《国际乒联》今天推出王楚钦专访。原来，这三个月禁赛期，在王楚钦看来是他打球以来最难熬的一段时间，他每天都在数着日子过。不过，也正是这段煎熬的禁赛期，让他迅速成长，成为更好的自己。

王楚钦是在2019年11月初的奥地利乒乓球公开赛男单资格赛期间因为惜败对手赵子豪而情绪失控，当场摔拍，并拒绝握手。中国乒乓球协会火速对当事人作出处理，王楚钦被禁赛三个月，主管教练刘国正停赛一个月。王楚钦得知处罚结果的一刻，他马上算出了自己将缺席4个比赛，其中，包括了郑州总决赛，以及竞争釜山世乒赛参赛资格的队内选拔赛。

王楚钦透露，不能打比赛让他非常难受，他简直是数着日子过的。中国乒乓球协会主席刘国梁找他谈心，连说带骂，和蔼中带着严厉。王楚钦感到庆幸，至少刘国梁肯批评他，总比对他不闻不问要强。他认为，刘国梁的出发点是让他明白，将来成为主力之后，必须去承担，不能再出现不自控的情况。

禁赛期当中一件让王楚钦受教良多的事，是队伍安排他参加一个23人的大循环赛队内赛，马龙、许昕、樊振东、林高远、梁靖崑都不参加，王楚钦需要在4天里打22场比赛。秦志戬要求他必须拿冠军，即使拿到了，也不让参加"直通釜山"队内选拔赛。王楚钦第一个念头就是不想打，但是一进入比赛中，他就觉得这是自己重新站起来的机会，4天下来累积20胜2负，真的拿到了大循环的冠军。之后，他跟着主力队员们在海南封闭集训，看着自己的混双搭档孙颖莎和其他队友练习，他却被安排和海南队的队员单练，一个下午漫长得像一年一样，然而他还是要求自己为了将来必须好好练习。

虽然感到很孤独，但是王楚钦也理解自己在禁赛期遭遇的种种，都是教练组用心良苦，希望他尽快成熟起来，更加沉得住气。为了不让其他人看出他心情不好，他在人前笑，人后难受，尤其是自己独自在房间的时候。他每天都在算，还有多久才能结束禁赛期，重新回到赛场上。王楚钦坦言，当重新回到赛场上的时候，会更加珍惜在比赛中的每一分每一秒。

（节选自知乎网站，有改动。）

> **思考题**
>
> 1. 王楚钦的情绪有哪些变化？
> 2. 通过案例，你有什么收获和体会？

第二章 情绪调控

学习目标

■ 认知情绪调控的内容；
■ 掌握情绪管理中控制冲动的技巧；
■ 了解情绪调控的方法。

情景导入

张总的水晶婚礼物

张总早上洗漱时随手把自己的手表放在了洗漱台上，要知道这可是今年和夫人结婚15周年水晶婚的礼物，手表价格挺贵的。妻子看到担心被水淋湿了，专门放到了餐桌上，儿子起床吃早餐时一不小心碰到手表摔地上摔坏了，张总很心疼手表，就把儿子痛骂了一顿，妻子看到后，就说他发神经，乱发脾气，又争吵起来了。

张总没有吃早餐就急匆匆开车去上班了。到了单位才发现自己因为生气，竟然将上午需要汇报的重要资料落在家里，给妻子电话时妻子正要出门去上课，但她还是找到资料并安排"闪送"，资料快递到张总手中时会议已经开始了20分钟，院领导对此提出了严厉的批评。

妻子因为帮忙在家里找资料，出门比平时晚了一个小时，出门时正好遭遇早高峰堵车，赶到教室上课正好上课铃声响起，没有时间休息。儿子大清早因为被自己老爸骂了，心情很不好，当天的英语口语比赛自然也就没发挥好，十拿九稳的奖就没了。

一天过去了，张总晚上冷静下来回想今天所发生的事情，惊奇地发现原来所有的问题都出在那块手表上，如果当时控制好自己的情绪，后面的一连串事情是不是就不会发生呢？自己不会忘记带资料到单位，妻子不会遭遇早高峰堵车差点迟到，儿子也会顺利地又一次拿到奖牌。日常生活中，很多事情都是环环相扣的，当你的情绪不稳定时，你的生活肯定也是一团糟。

问题提出

1. 如何控制自己的情绪？
2. 如果你是张总的妻子你会如何处理今天的事情？

问题解决

1. 当遭遇到各种突发事件时，一定要妥善处理，学会用宽容、隐忍的心态去面对周遭的一切，面对问题并积极寻找最佳解决问题的办法，不相互埋怨和抱怨，这样才能更有效控制自己的情绪，使问题得到圆满解决。

2. 作为张总妻子，当发现手表掉落地面，我会安抚张总情绪："没事的，还在质保期里，我下班后拿到表行看一下就好。"在送儿子上学路上，为他今天的重要比赛加油；提前到授课教室调整设备准备上课。情绪的蝴蝶效应绝不是危言耸听，再细微的情绪变化，也会最终酿成大问题，要做到防微杜渐。

第一节 情绪的产生、类别和功能

"情绪"在心理学上的定义是"人对于自我需要或目的之情况所产生的反应"。理性地做出反应、锻炼自己的控制能力，修养自己的世界观、人生观、价值观，避免出现急躁情绪。不断培养自己的忍性，目标适当，张弛有度，沉着冷静，学会冷处理。

情绪管理包括五个方面的能力：其一，认识自身情绪的能力，知晓自己情绪的喜、怒、哀、乐变化；其二，妥善地管理自己情绪的能力，不要让自己的情绪像一匹脱缰的野马，控制不住；其三，自我激励的积极情绪管理能力，及时奖励自己；其四，识别他人情绪的能力，不只是控制自己情绪，还要正确识别他人的情绪；其五，人际关系处理能力。

控制冲动情绪小妙招

1. 学会转移。当火气上涌时，有意识地转移话题或做点别的事情来分散注意力，便可使情绪得到缓解。

2. 学会宣泄。如果有不愉快的事情发生或受到各种委屈，不要压在心里，而要向知心朋友和身边亲人说出来或大哭一场。这种发泄可以释放内心的郁积，对于人的身心健康是有利的。

3. 语言节制。在情绪激动时，自己默念或轻声警告"冷静些""不能发火""注意自己的身份和影响"，抑制自己的情绪；也可以针对自己的弱点，预先写上"制怒""镇定"等条幅置于案头或挂在墙上。

4. 愉快记忆。回忆过去经历中碰到的高兴事，或获得成功时的愉快体验，特别是回忆那些与眼前不愉快体验相关的事件，重温过去的愉快体验。

5. 环境转换。处在情绪波动剧烈状态时，暂离开激起情绪的环境和有关人、物。

6. 幽默化解。培养幽默感，用寓意深长的语言、表情或动作，或用讽刺的手法机智、巧妙地表达自己的情绪。

一、情绪的产生

情绪是人对外界客观事物态度的体验，是人脑对客观外界事物与主体需要之间关系的反映，伴随特定生理反应与外部表现的一种心理过程。

（一）由一定的刺激引起

面对夕阳，人的感受大不相同。

夕阳无限好，只是近黄昏。——伤感
夕阳西下，断肠人在天涯。——悲凉
老夫喜作黄昏颂，满目青山夕照明。——豪迈
梧桐更兼细雨，到黄昏，点点滴滴。这次第，怎一个愁字了得！——孤苦

（二）情绪是主观意识的体验

内在的、主观的体验，受到个体的认知因素的影响和制约，不同的人，对同一件事情会有不同的反应。

二 情绪的类别

现代心理学上，把快乐、悲哀、恐惧、愤怒看作单纯的情绪，称为基本情绪或原始情绪。

（一）快乐

快乐是指所期待的目标得以实现或需要得到满足之后，内心的紧张状态解除时所产生的一种轻松、满意的情绪体验。

引起快乐最主要的情境条件是一个人经过自己的努力达到了追求的目标。快乐的程度取决于多种因素，包括所追求目标价值的大小、在追求目标过程中所达到的紧张水平、实现目标的意外程度等。

（二）悲哀

悲哀，也称悲伤，它是指由于自己所喜欢或热爱的对象的失去或所期盼的东西的幻灭而产生的一种情绪体验。

（三）恐惧

恐惧是一种企图摆脱危险情境的逃避情绪，引起恐惧的关键是个体缺乏处理危险情境的力量或能力，表现为心慌、毛发竖立、惊叫等。

（四）愤怒

愤怒是由于外界事物或对象再三妨碍和干扰，使个人的愿望受到压抑，目的受到阻碍，从而累加起来的紧张情绪。

愤怒的程度取决于干扰的程度、干扰的次数与挫折的大小。愤怒的引起在很大程度上依赖于对障碍的意识程度。

> **小场景**
>
> **情绪成语表演**
>
> 我国最早的情绪分类思想源于《礼记》，其中记载人的情绪有"七情"分法，即喜、怒、哀、乐、爱、恶、欲。
>
> 可进行表演，猜测成语（怒发冲冠、欣喜若狂、依依不舍、胆战心惊、唉声叹气、忐忑不安、咬牙切齿、号啕大哭）。

三 情绪的功能

（一）信号功能

情绪的信号功能表现在个体将自己的愿望、要求、观点、态度通过情感表达的方式传递给别人以影响他们，它是非语言沟通的重要组成部分，在人际沟通中具有信号意义。如点头微笑，轻抚肩膀表示赞许；摇头皱眉，摆手表示否定；面色严峻表示不满或者问题严重等。

在人际交往中，人们除借助语言进行交流之外，还通过情绪的流露来传递自己的思想和意图。比如听朋友叙述不幸遭遇时，会一同落泪或表现出悲伤的情绪，传达自己的同情和理解。情绪的这种功能是通过表情来实现的。表情具有信号传递作用，属于一种非语言性交际。

（二）组织功能

情绪作为脑内的一个检测系统，对其他心理活动具有组织的作用。这种作用表现为积极情绪的协调作用和消极情绪的破坏、瓦解作用。其组织作用还表现在人的行为上，当人处在积极、乐观的情绪状态时，容易注意事物的美好方面，愿意接纳外界的事物；当人处于消极情绪状态时，容易失望、悲观，放弃自己的愿望，甚至产生攻击性行为。

（三）动机功能

情绪具有激励作用，又称为情绪的调节功能，指情绪对人的活动具有发动、促进和调控的作用。适度的情绪兴奋，可以使身心处于活动的最佳状态，进而推动人们有效完成任务。

动机潜力是在具有挑战性的环境下所表现出的行为变化能力。当个体面对一个危险的情境时,动机潜力会发生作用,促使个体做出应激的行为。当面对应激场面时,个体的情绪会发生生理的、体验的以及行为的三方面的变化,这些变化会告诉我们个体在应激场合动机潜力的方向和强度。当面临危险时,有的人头脑清晰,沉着冷静地离开;而有些人则惊慌失措,浑身发抖,不能有效地逃离现场。这些情绪指标可以反映出人们动机潜能的个体差异。

(四)健康功能

人对社会的适应是通过调节情绪来进行的,情绪调控的好坏会直接影响身心健康。积极的情绪有助于身心健康,消极的情绪会引起人的各种疾病。有许多疾病与人的情绪失调有关,例如溃疡、偏头痛、高血压、哮喘等。有些人患癌症也与长期心情压抑有关。

> **小例子**
>
> 曾有这样一个例子:一个粗心的医生,将两个病人的诊断报告弄错了。原本没有癌症倾向的病人因为错误的诊断报告,而极度的伤心、痛苦、焦虑,并且情绪极不稳定,没过多久,在医院的再次检查中,果真发现了癌症的倾向。而那位本应有癌症倾向的病人,由于拿到了没有癌症倾向的诊断证明,情绪变得高涨,心情变得愉悦,病情渐渐好转。
>
> 上面这个例子说明了什么问题呢?
>
> 情绪对健康的重要性。其实,情绪不仅对健康重要,情绪也是我们生命的指挥棒。一个人情绪好时,山含情,水含笑;一个人情绪不好时,感时花溅泪,恨别鸟惊心。情绪是我们生命的指挥棒、健康的寒暑表。

第二节 情绪调控内容

情绪调控,是指通过研究个体和群体对自身情绪和他人情绪的认识、协调、引导、互动和控制,充分挖掘和培植个体和群体的情绪智商、培养驾驭情绪的能力,从而确保个体和群体保持良好的情绪状态,并由此产生良好的管理效果。

一 情绪的运作

国际著名教育家、心理学家西格尔创造的一个有趣的方法：在需要分析了解大脑构成和功能时，不需要塑料模型或大挂图，西格尔创新性提出一个走到哪跟到哪的非常简洁的大脑模型，他教大家以手模拟大脑——如果把大拇指蜷进手掌中，然后把其他四指握起来，盖在大拇指上，你就得到了一个非常有用的大脑手模型。

运用西格尔"掌中大脑"的视觉演示，帮助人们理解，当人们在情绪失控时，大脑是如何运作的，这些部分是如何组合在一起的。掌心到手腕的区域代表大脑中最低层、最古老的脑区，即脑干，脑干调控着基本的生命机能，如呼吸、心跳，以及身体对寒冷、打击的大部分反应（如战斗、逃离、停止）。

大拇指代表边缘系统（中脑），边缘系统负责很多事情，包括什么能激励我们，我们如何集中注意力以及如何记住事情等，它是储存情感、记忆的主要的"雷达感应"区，包括自卑、错误地寻求归属感的一些决定，也被称为"原始动物脑"；脑干可以与中脑进行互动，形成恐惧或愤怒等情绪反应。弯曲其他四指折向手掌，盖住大拇指，这时手握成了一个拳头，这个拳头的整个表面代表大脑皮层；皮层的后部（手背）是感觉和信息接收区，如听觉、视觉、触觉等；拳头的前部就是大脑思考的地方；而最前端（指尖处）称为前额皮层，它在手中的位置与中脑和脑干都离得特别近。

大脑的前额皮层调控着以下机能：情绪、人际关系、反应灵活度、直觉、思维视觉、自我意识、逃避恐惧，道德品行等，也叫"理智脑"。大脑的理智部分，就像一个盖子，紧紧地关住我们人类的动物本能。

只有前额皮层与脑干、中脑三者连接时我们才可以管理情绪。当我们发脾气的时候，通常是因为前额皮层即理智脑已无法控制中脑的情绪触发开关，这个过程就像伸直四指，露出大拇指，被戏称为"大脑盖子打开"，此时只能用非理性的战斗或者逃离的方式应对眼前的境况，无法进行清晰的思考，没有能力去调控情绪，也没办法恰当地处理人际关系，更不能理性地解决问题。

人们常常会掀开"大脑盖子"，并且由于神经元的镜像反映功能，当看到打开"大脑盖子"的人，自己也很容易跟着打开"大脑盖子"。如果双方都处于大脑盖子被打开的情况，冲突在即。了解情绪运作模式，能有效帮助我们管理情绪、解决问题。

二 情绪的表达

许多人不了解自己的情绪，因为他们从小不被允许表达情绪。当压抑自己的情绪时，大部分的理解力就因此而被阻隔。情绪会为你提供有关自己和周围状况有价值的信息。当你试着倾听自己的情绪、明白自己所经历的感受是什么的时候，你就迈出了控制自己情绪而不是被情绪所困的第一步，你就能学着去发现生活中更多的选择和行动，而不是被动反应。如果不能诚实地面对情绪，就无法做到自我认同、接受他人或者自我成长。

> **小故事**
>
> "情绪传染"是指由于一个人的不良情绪而影响其他人的情绪。
> 有个小男孩心情不好，在路边遇到一条小狗便狠狠踢去，吓得小狗狼狈逃窜；小狗无端受了惊吓，见到一个西装革履的老板便汪汪狂吠；心情不好的老板在公司里逮住他的女秘书大发雷霆；女秘书回家后把怨气一股脑撒给了莫名其妙的丈夫；第二天，这位身为教师的丈夫如法炮制，对自己一个不长进的学生一顿臭批；挨了训的学生，也就是前面的那个小男孩怀着恶劣的心情放了学，归途又碰见了那条小狗，二话没说又是一脚踹去……

"情绪脸谱"，是正面管教常用教具之一，可通过35个夸张的脸部表情和一个形容词来说明当下的情绪、感受，包括平静、兴奋、难过、吃惊、自豪、怀疑、心烦、无助、憧憬、暴躁、内疚、担忧……

诚实地面对情绪有两种表现形式：懂得情绪无对错，学着认真体会、诚实表达自己的感受，但并不能期望别人与我们有同感，这是在诚实地面对情绪；同样地，倾听别人表达感受而不去批评、修正或反对别人，是非常重要的，也是在诚实地面对情绪。

三、积极情绪的影响

学会情绪管理，并能产生有益的长期效果，在生活中体验到更多的欢乐与爱、尊重与和谐，获得归属感和价值感，从而有助于培养自律、责任感、合作等品质以及自己解决问题的能力，学会受益终身的社会技能和人生技能，同样也有助于取得良好的学业成绩。

（一）积极的情绪有利于创造力的发挥

当下，头脑风暴日渐流行。怎样才能充分发挥你的创造力？此时，一份好心情也许能帮到你。据加拿大心理学家最新研究显示，积极的情绪状态有利于创造力的发挥。这项研究刊登在《美国国家科学院学报》上。加拿大多伦多大学心理学助教亚当·安德森对24名大学生进行了测试，让他们分别在正面、负面和中性三种情绪下完成任务。研究者通过音乐设定情绪：用巴赫《勃兰登堡协奏曲》的爵士乐版激发愉悦情绪；播放普罗科菲耶夫《亚历山大·涅夫斯基》奠定负面情绪；而中性情绪的激发则依靠研究者叙述关于加拿大的一些社会事实来完成。

结果显示，情绪愉悦的学生解决问题时想象力更丰富、创造力更强。对此，安德森称，这是因为好心情能够加强联想思维，以破除思维定式。心情影响人对信息的筛选，如果把注意力比作聚光灯，那么好情绪将会扩大光线照射的范围。

（二）积极的情绪能导致行为改变

心理学家艾克曼的实验表明，一个人老是想象自己进入某种情境，感受某种情绪，结果这种情绪十之八九真会到来。一个故意装作愤怒的实验者，由于"角色"的影响，他的心率和体温会上升。

> **小例子**
>
> 美国心理学家霍特举过一个例子：有一天，友人弗雷德感到意气消沉。他通常应付情绪低落的办法是避不见人，直到这种心情消散为止。但这天他要和上司举行重要会议，所以决定装出一副快乐的表情。他在会议上笑容可掬，谈笑风生，装成心情愉快而又和蔼可亲的样子。令他惊奇的是，不久他发现自己果真不再抑郁不振了。弗雷德并不知道，他无意中采用了心理学研究方面的一项重要新原理：装着有某种心情，往往能帮助他们真的获得这种感受——在困境中有自信心，在不如意时较为快乐。

（三）积极情绪有利于抗击疾病

临床医学研究显示："积极的情绪"犹如一把"利剑"，对癌细胞有强大的杀伤力。因为乐观的精神、良好的情绪、积极的心理状态，能增强大脑皮层的功能和整个神经系统的"活力"，进而能通过植物神经系统、内分泌系统、神经递质等中介物质分泌"皮质激素""脑啡肽"等物质。这些物质均能提高机体的免疫功能，调动体内的"免疫系统"积极监测人体的各个部位，一旦发现"癌变"（复发）苗头，立即予以围歼；同时，它能调动具有抗癌能力的T淋巴细胞、巨噬细胞、肿瘤杀伤细胞的"积极性"，使这些人体内的"自卫部队"增强活力,加强防卫,随时杀灭新生的癌细胞,防止癌症产生或复发。

不良情绪的影响

情绪可以分为积极的情绪和不良的情绪,而不良的情绪又包括消极情绪和紧张情绪。不良情绪的负面影响很多,它会破坏组织中的人际关系,影响人的身心健康,影响家庭氛围甚至会致人死亡。

(一)情绪的失控容易导致行为的冲动

情绪的失控容易导致失去理智,而失去理智,人们难免会因为一时冲动而造成无可挽回的后果。有时情绪来得快去得也快,但是一些后果一旦造成是不可逆的。

(二)恶劣的情绪具有传染性,会产生连锁反应

恶劣的情绪具有传染性,一张拉得长长的脸可以熏黑任何一片晴朗的天空。在心理学上,有一个这样的"效应":一位父亲在公司受到了老板的批评,回到家就把沙发上跳来跳去的孩子臭骂了一顿。孩子心里窝火,狠狠地去踢身边打滚的猫。猫逃到街上正好一辆卡车开过来,司机赶紧避让,却把路边的孩子撞伤了。这就是心理学上著名的"踢猫效应",描绘的是一种典型的坏情绪的传染。

(三)不良情绪会影响身体健康

《礼记》上说,"心宽体胖",意思就是情绪畅快时,人会愈来愈胖。如果有人跟我们说"您最近怎么面黄肌瘦?",亦即意味着我们最近常常情绪低落,茶不思,饭不想,导致脸色愈来愈差,甚至身体健康上出现状况。这就是心理学上所说心身症,也就是心理上生病,如过度焦虑、情绪不安,或不快乐,导致生理上的疾病。另外,研究表明,一个人常常有负面或消极的情绪产生时,如愤怒、紧张,人体内分泌系统亦受影响,并导致内分泌不正常,而形成生理上的疾病。由此可见,时常面带微笑,保持愉快心情,并以乐观态度面对人生,则有助于增进生理健康。

因此,学会控制不良情绪是非常必要的,正如苏联著名心理学家阿诺欣所言:"人类已进入情绪重负的非常时代。要想克服这种情况,只有锻炼自己的意志,学会控制情绪,理智地克服所谓'情绪应激'。"实践证明,控制不良情绪是保持身心健康、确保事业成功和生活快乐的要诀。

第三节 情绪管理

一 情绪与情绪管理

情绪可以使你精神焕发，也可以使你萎靡不振；可使你冷静理智，也可以使你暴躁易怒；可以使你安详从容地生活，也可以使你惶惶不可终日。总之，情绪可以使你的生活充满甜蜜与快乐，也可以使你的生活抑郁、沉闷、暗淡无光。情绪是个体适应社会的一种心理生理活动，是生命里不可分割的一部分，影响着人的神经和精神，直接左右人们的思维和言行。

情绪管理，指通过研究个体和群体对自身情绪和他人情绪的认识、协调、引导、互动和控制，充分挖掘和培植个体和群体的情绪智商、培养驾驭情绪的能力，从而确保个体和群体保持良好的情绪状态，并由此产生良好的管理效果。

情绪管理是一门学问，也是一种艺术。要掌控得恰到好处，要成为情绪的主人。先觉察自我的情绪，然后能觉察他人的情绪，进而能管理自我情绪，最后能成为情绪稳定的成年人。

二 沟通中的自我情绪调节

在沟通过程中，人们常常因为情绪控制不当而影响人际关系，造成不必要的误解和麻烦，因为不良情绪所引起的沟通不畅也是沟通的障碍之一。然而，人们常常把情绪活动仅仅看作是内外部条件所引起的感情变化，是一种无关紧要的、暂时的精神状态，任其自然发展，很少进行有意识的控制与调节。人是感情动物，人的思维、处事常受感情的牵引。因此，如果不能正确认识自己的情绪，并对情绪进行疏导、调节与控制，往往会产生难以预料或不可挽回的恶劣后果。

小故事

有一个男孩有着很坏的脾气，于是他的父亲就给了他一袋钉子，并且告诉他，每当他发脾气的时候就钉一根钉子在后院的围栏上。第一天，这个男孩就钉下了37根钉子！慢慢地每天钉下钉子的数量减少了，他渐渐学会了控制自己的脾气。终于有一天，这个男孩不再乱发脾气了。父亲又告诉他，现在开始每当他能控制自己脾气的时候，就拔出一根钉子。一天天地过去了，最后男孩告诉他的父亲，他终于又把所有钉子都拔出来了。父亲牵着他的手来到后院说：你做得很好，我的孩子，但是你看看围栏上的那些洞，这些围栏将永远不能回复到从前，你生气的时候说的话就像这些钉子一样留下疤痕，不管你说了多少次对不起，那个伤口将永远存在。话语的伤痛就像真实的伤痛一样令人无法承受。

（一）从认知方面控制情绪

众所周知，情绪会影响沟通，那么，究竟是什么力量主导着情绪呢？在售后服务中，经常有客户满身怒气地来投诉，有的客服人员会一脸木然地挨着客户的骂，有的客服人员则会与客户争执起来，有的客服人员则能很好地化解客户的怒气。为什么会出现不同的结果？区别就在于他们对自我角色的认知。

要想控制情绪，首先要改变认知偏差，具体方法是利用替代经验。所谓替代经验，就是进行认知合理化改变，用其他方式替代。指责别人的时候不要就某个问题直接说对方的对错，而是用新的观念来替代，让对方自己选择。

小故事

一次，英国维多利亚女王与丈夫艾伯特亲王吵了架，丈夫独自回到卧室，闭门不出。女王自知这次吵架自己理亏，回卧室时见门户紧闭，遂上前敲门。

丈夫在里边问："谁？"维多利亚傲然回答："女王维多利亚。"没想到里边既不开门又无声息。她只好再次敲门，里边又问："谁？""维多利亚。"里边还是没有动静。她只好再次敲门，里边又问："谁？"女王幡然醒悟，于是乖巧而柔声回答："你的妻子。"这一次门开了！

女王维多利亚的前两次敲门为什么会碰壁？这是因为她对自己角色的认知没有转换过来，在丈夫面前，她依然是高高在上的女王。带着这种认知和情绪与丈夫和解，使艾伯特亲王感到不舒服、不受尊重，结果当然是沟通失败。

（二）转移注意力

当人们意识到自己的不良情绪时，可以把注意力从引起不良情绪反应的刺激情境转移到其他事物上或去从事其他活动。转移注意，一方面中止了不良刺激源的作用，防止不良情绪的泛化、蔓延；另一方面，通过参与新的活动特别是自己感兴趣的活动，可以达到增进积极的情绪体验的目的。恩格斯年轻时曾一度因失恋而痛苦、忧伤、萎靡不振、意志消沉，后听从朋友劝告一同去阿尔卑斯山旅游，通过变换环境、转移注意，不仅有效地摆脱了失恋的阴影，而且增长了见识、丰富了知识。

（三）自我发泄

遇到不良情绪时，最简单的办法就是"发泄"。可以尽情地向至亲好友倾诉自己认为的不平和委屈等；或是通过体育运动、拼命劳动等方式来尽情发泄；或是到空旷的山林原野，拟定一个假目标大声叫骂，一泄胸中怨气，一旦发泄完毕，心情也就随之平静下来。人遇到不良情绪时，还可以放声大哭一场，哭后心情就畅快些，比憋在心里好得多。必须指出，有不良情绪的人，欲采取发泄法来调节不良情绪时，必须增强自制力，不要随便发泄不满或者不愉快的情绪，要采取正确的方式，选择适当的场合和对象，以免引起意想不到的不良后果。

小故事

一天，美国前陆军部长斯坦顿来到林肯那里，气呼呼地说一位少将用侮辱的话指责他偏袒一些人。林肯建议斯坦顿，写一封内容尖刻的信回敬那家伙。

"可以狠狠地骂他一顿。"林肯说。斯坦顿立刻写了一封措辞强烈的信，然后拿给总统看。"对了，对了，"林肯高声叫好："要的就是这个！好好训他一顿，真写绝了，斯坦顿。"但是当斯坦顿把信叠好装进信封里时，林肯却叫住他，问道："你干什么？""寄出去呀。"斯坦顿有些摸不着头脑了。"不要胡闹，"林肯大声说："这封信不能发，快把它扔到炉子里去。凡是生气时写的信，我都是这么处理的。这封信写得好，写的时候你已经解了气，现在感觉好多了吧，那么就请你把它烧掉，再写第二封信吧。"

（四）用自我安慰控制情绪

当一个人遇到不幸或挫折时，为了避免精神上的痛苦或不安，可以找出一种合乎内心需要理由来说明或辩解。如为失败找一个冠冕堂皇的理由，用以安慰自己，或寻找理由强调自己所有的东西都是好的，以此冲淡内心的不安与痛苦。这种"自欺欺人"的方法，偶尔用一下作为缓解情绪的权宜之计，对于帮助人们在挫折面前接受现实，保护自己，避免精神崩溃是不无益处的。这种把事情想得"原本更糟"的"精神胜利法"往往有助于心理平衡。比如，对于失恋者来说，想到"失恋总比结婚后再离婚要好得多"，便可减轻因失恋带来的痛苦。

（五）通过人际交往调节情绪

某些不良情绪常常是由人际关系矛盾和人际交往障碍引起的。因此，当我们遇到不顺心、不如意的事，有了烦恼时，能主动地找亲朋好友交往、谈心，比一个人独处冥想、自怨自艾要好得多。因为在交往中，一方面可以向朋友倾吐苦衷、发泄郁闷，消除紧张心理状态；另一方面，通过思想的交流、情感的沟通，可以获得朋友的疏导、安慰和鼓励，从而开阔自己的思路，增强自己战胜不良情绪的信心和勇气，能更理智地去对待不良情绪。在交往中若有机会结识新朋友，还可以适当地转移自己的注意力，进而更容易摆脱不良情绪的干扰。

（六）幽默调节法

听听笑话、看看幽默小说，可以帮助人们排解忧愁。高尚的幽默是精神的消毒剂，是有利于个人适应环境的工具。当一个人发现一种不易调和的或对自己不利的现象的时候，为了不使自己陷入激动状态和被动局面，最好的方法是以超然洒脱的态度去应付。此时，一句得体的幽默话，往往可以使紧张的氛围变得比较轻松，使一个窘迫尴尬的场面在笑话中消失，使愤怒、不安的情绪得以缓解。因为幽默不仅富有思想性和艺术性，而且"它是一种高尚的情趣，一种对事物矛盾性的机敏反映，一种把普遍现象喜剧化的处理方式"（幽默大师侯宝林语）。因此，幽默不仅能使紧张的精神放松，释放被压抑的情绪，而且能使人从中受到启发和教育，从而忘却忧愁和烦恼，消除不良情绪的影响。

事实上，调节不良情绪的根本还在于培养积极健康的情绪，改变思维方式，调整心态。只要心态正确，心情就会变好，情绪也相对稳定。我们的情绪不同往往不是由事物本身引起的，而是取决于我们看待事物的不同思维方式。在不利的环境中，我们不妨换一种思维方式去思考，在不利之中，找出对自己有利的一面。若总是在不利的圈子里打转，那就看不到光明，只会忧心忡忡，自寻烦恼。

 活动设计

通过在前面章节学过的内容，完成以下活动。

活动一:"想法"决定情绪

(一) 活动目标

明白影响我们情绪的不是事件本身,而是我们对事件的看法,不同的想法引起不同的情绪。明白产生什么样的情绪是可以由自己控制的。

(二) 活动准备

漫画三幅(或演示视频),内容是反映不同人对同一件事产生截然不同情绪的素材。

1. 荒岛上的鞋子推销员。两个鞋子推销员到一个荒岛上,发现荒岛上的人都不穿鞋。一个感到非常失望,因为他认为这个岛的人都不愿穿鞋,要成功推销是没有希望的;另一个感到非常兴奋,因为他认为这个岛上的人还没有鞋子穿,成功推销的希望极大。

2. 玫瑰花。A 的看法:"这世界真是太美好了,在这丑陋、有刺的梗上,竟能长出这么美丽的花朵。"B 的看法:"这世界太悲惨了,一朵漂亮、美丽的花朵,竟然长在有刺的梗上。"

3. 半杯水。两个人都十分口渴,当他们见到有半杯水时产生了不同的情绪反应。A:"还好,还有半杯水——满足。"B:"怎么只剩半杯水了——不满!"

(三) 活动步骤

1. 学生观看三幅漫画,思考:为何对同一件事,不同的人会产生截然不同的情绪?

2. 学生讨论、发言。

3. 教师小结:情绪 ABC,A——事件,B——想法,C——情绪。我们通常认为"某某事情使我产生了某某情绪",其实影响我们情绪的不是事件本身,而是我们对事情的看法。对同一件事,不同的人会有许多不同的想法,即使同一个人在不同的境况下也会对同一事件有不同的想法,而不同的想法则会引起不同的情绪。

活动二:完成以下阅读,从"你的想法"到"当下的情绪",共同寻找到"解决问题的路径和方法"

举例分析如下:

你的想法	当下的情绪	解决问题的路径和方法
想法1：这个人一点都不讲信用。	情绪1：讨厌、生气。	
想法2：他根本不当我是朋友。	情绪2：气愤。	
想法3：他可能突然有急事来不及通知我。	情绪3：谅解。	
想法4：他不会是来找我时出了什么意外吧？	情绪4：担心。	

小结：可见"怎么想"决定我们产生什么样的情绪。情绪其实操控在我们自己手中，记住"换个想法，快乐自然来"。

延伸阅读

控制情绪的方法

一是无言提醒。

与孩子沟通时做到事先约定一个暗号。给孩子演示掌中大脑，跟孩子约定"大脑盖子合起来"的暗号。例如和孩子约定：以后要是你感觉到妈妈发火了，就举手做出"四"的样子，再把四个手指头弯下来盖住大拇指，握成拳头，说"大脑盖子关起来"，妈妈就要冷静下来，可以吗？与此同时还可以互换角色设计游戏来玩，孩子通常会很喜欢。通过暗号游戏，让孩子学习觉察、管理情绪，当意识到自己或者对方生气的时候，可以做出约定手势，让冲突双方有机会暂停，等"大脑盖子合上"后再来解决问题。

二是积极暂停。

与孩子沟通时做到不与当下的情绪作对。当"大脑盖子"打开，情绪激动时，如何才能合上"大脑盖子"，积极暂停是个很好的方法。积极暂停的目的是帮助孩子感觉好起来（这样他们才能接通理性大脑），等到感觉好起来之后再尝试解决问题。找个时间和孩子坐下来，在家里或教室里，一起创建一个"冷静角"。对于孩子的"冷静角"，需要由孩子选择、布置、起名，孩子参与越多越好。在创建之前，要让孩子了解它的好处，需要向孩子解释：有时候我们会生气，需要时间冷静下来，所以我们可以一起创建一个"冷静角"，这不是惩罚，而是一个能让你平静、让你感觉更好的地方；你可以放任何让你开心的东西在冷静角。不要把孩子赶去冷静角，更好的做法是问孩子：你觉得去冷静角待会儿会不会感觉好些？你想让我和你一起去吗？以身作则，家长或老师可以自己先去冷静角。

三是愤怒选择轮。

让孩子理解愤怒是自己的合理化感受。愤怒，简单地说是对委屈的一种情绪反应。家长和教师需要知道，如何让孩子了解愤怒是自己的合理感受，并帮助他们找到可接受的、表达他们愤怒情绪的方法。

管理愤怒情绪的步骤：

第一步要承认这种感受是合理的这一事实，认可孩子愤怒，"听上去你真的生气了！"；

第二步是准许愤怒：每个人都有喜怒哀乐的权利，"我不会责备你，我也常常会感到愤怒"；

第三步寻找可接受的解决方法：你愿意打打沙袋来发泄一下吗？你愿意对着玩具熊大叫来发泄吗？你愿意在走廊里跳上跳下来放松吗？

当认可、尊重、允许这种感受，并寻求可接受的方式来表达它们的时候，孩子就会对自己的行为有更多的接纳和控制能力。

在情绪平和时，和孩子一起做一个"选择轮"，在一个圆形的纸板上写出或画出可接受的、孩子喜欢的方法，例如，说出感受、画出感觉、使用木偶表达愤怒、走开、数到10冷静下来等。在孩子情绪激烈时，只要提醒："拿出你的愤怒选择轮吧，你知道该怎么做。"看笑话书，深呼吸，在走廊里跳上跳下……孩子会做出合宜的选择来调节情绪。

四是"我句式""你句式"。

和孩子沟通时运用合宜的会话，缓解彼此的情绪。很多人都没有意识到或不懂得如何表达自己的情绪、感受，因为我们受到的教育是谈情绪、感受不好，要用脑筋而不是心说话，这样就导致我们不会感受只会论断。说出自己的感受，有助于消除紧张和压力，而不是让二者叠加变得更糟。鼓励孩子经常练习"我（你）感到……因为……我（你）希望……"的句式，学会彼此分享感受而不是论断。例如："我感到受伤了，因为你不想和我说话，我希望我们能经常在一起愉快地聊天。""我句式"让孩子学着表达情绪，做真实的自己，平和地讲事实，合理提建议，解决问题，培养勇敢、自信、坦诚的品质。当对方有情绪时，我们也可以共情，说出："你感到受伤了，是因为我不想和你说话，你希望我们能经常在一起愉快地说说话。"

五是拥抱。

与孩子沟通时让情绪在连接中释放。拥抱，是正面管教重要理念"改正前先连接"具体实施的实用工具。拥抱的力量可能会让一个情绪失控的孩子冷静下来，当孩子情绪激烈、感觉受伤时，我们默默地上前拥抱孩子，孩子会被大人的关爱深深感化，感觉立即好起来，于是他会做得更好。甚至可以这样说："宝贝，妈妈需要一个拥抱。"这时，天生有爱的孩子，会不顾自己的哭闹，走过来拥抱父母。如果孩子说"不"，你再说一次"我需要一个拥抱，你准备好时来找我"，然后走开，你可能会惊奇于接下来发生的事。对孩子说你需要一个拥抱，会让孩子感到被需要并有能力作出贡献。

（改编自彭文平，赖立全：《正面管教体系中的"情绪管理"》，《教师》2019年第2期，第25-26页。）

情绪管理小技巧

第一，体察自己的情绪。也就是，时时提醒自己注意："我现在的情绪是什么？"例如：当你因为朋友约会迟到而对他冷言冷语时，问问自己："我为什么这么做？我现在有什么感觉？"如果你察觉你已对朋友三番两次的迟到感到生气，你就可以对自己的生气做更好的处理。有许多人认为"人不应该有情绪"，所以不肯承认自己有负面的情绪。要知道，人一定会有情绪的，压抑情绪反而会带来更不好的结果，学会体察自己的情绪，是情绪管理的第一步。

第二，适当表达自己的情绪。仍以朋友约会迟到的例子，你之所以生气可能是因为他让你担心，在这种情况下，你可以婉转地告诉他："你过了约定的时间还没到，我好担心你在路上发生意外。"试着把"我好担心"的感受传达给他，让他了解他的迟到会带给你什么感受。

什么是不适当的表达呢？例如，你指责他："每次约会都迟到，你为什么都不考虑我的感受？"当你指责对方时，也会引起他负面的情绪，他会变成一只刺猬，忙着防御外来的攻击，没有办法站在你的立场为你着想，他的反应可能是："路上塞车嘛！有什么办法，你以为我不想准时吗？"如此一来，两人开始吵架，别提什么愉快的约会了。如何"适当表达"情绪，是一门艺术，需要用心体会、揣摩，更重要的是，要确实用在生活中。

第三，以适宜的方式舒解情绪。舒解情绪的方法很多，有些人会痛哭一场、有些人找三五好友诉苦一番，有些人会逛街、听音乐、散步或逼自己做别的事情以免老想起不愉快的事。舒解情绪的目的在于给自己一个理清想法的机会，让自己情绪平稳，也让自己更有能力去面对未来。如果舒解情绪的方式只是暂时逃避痛苦，尔后需承受更多的痛苦，这便不是一个合宜的方式。

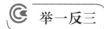 举一反三

大学生情绪调适技巧

一、情绪的可控性

在情绪变化依赖的主观因素与客观因素、先天因素与后天因素、内部变化与外在表现等各种因素中，有些是不易改变的，而相当一部分是可以通过努力改变的，这就为我们自我调控情绪提供了可能性。

二、自我调适的技巧

常见的情绪调控方法有合理情绪疗法、宣泄法、放松训练、音乐疗法等。

（一）合理情绪疗法

合理情绪疗法是心理学家艾利斯在美国创立的。他认为每一个人既有合理的思维，又有不合理的思维，人的情绪是伴随思维过程而产生的，由思维产生的认识和信念可以决定情绪的性质。A（activity 事件），B（belief 信念、认识），C（consequence 结果，即我们的情绪）。当我们生活中遇到事件（A），我们就会对这个事件产生评价、认识（B），然后，就会产生情绪（C）。概括起来就是：诱发事件（A）→有关的信念（B）→不良情绪和不适当的行为（C）→与不合理信念进行对抗（D）→在情绪和行为上产生积极的效果（E），简称为 ABC 理论。

数字资源2-1
内心强大的人，遇事能沉得住气

（二）宣泄法

宣泄法包括自我宣泄、他助宣泄的方法。自我宣泄的方法有眼泪缓解法、运动缓解法、转移注意法和"合理化"方法等。他助宣泄的方法则有倾诉和模拟宣泄等。

> 课堂活动：请学生们集体起立、坐下，然后再请学生们以比先前快的速度起立、坐下，第三次又以比第二次快的速度进行。让学生们体会一下这时的情绪状态。

（三）放松训练

放松训练有呼吸放松法、肌肉放松法、想象放松法等。这里主要讲述呼吸放松法。

呼吸放松法：通过慢而深的呼吸方式，来消除紧张、降低兴奋水平，使人的波动情绪逐渐稳定下来。

步骤：a 站直或坐直，微闭双眼，排除杂念，尽力用鼻子吸气；
　　　b 轻轻屏住呼吸，慢数一、二、三；
　　　c 缓慢用口呼气，吐气时数一、二、三，把气吐尽为止；
　　　d 再重复三次以上。

德国教授舒尔兹控制自己情绪的方法：

（1）静坐在椅子上，把背部轻轻靠在椅背上，头摆正，稍稍前倾，两眼正视前方，两手平放大腿，脚掌落地，脚心紧紧贴住地面。

（2）两眼轻轻闭合，慢慢地深呼吸三次，静下心来，排除杂念，把注意力放在两手和腿的边缘，然后集中到手心，这时心里默念：静下心来，静下心来，两手暖和起来。

（3）逐渐将意念导向脚心，重复上述动作，脚心处也会感到暖和。一旦两手、两脚都产生温暖的感觉后，身体就会有一种飘然的感觉，此时头部也会感到很清爽。

（四）音乐疗法

研究表明，音乐对人的情绪有着极大的调节作用，不同的曲调和不同的节奏都能使人产生不同的情绪体验。功效曲目如下。

催眠功效：《平湖秋月》《催眠曲》

安神镇静：《春江花月夜》《月夜》

解忧除烦：《江南好》《春天来了》

消除疲劳：《矫健的步伐》《水上音乐》

振奋精神：《步步高》《狂歌》《金蛇狂舞》

促进消化：《花好月圆》《欢乐舞曲》

兴奋开郁：《喜相逢》《喜洋洋》《假日的海滩》

养心益智：《阳关三叠》《江南丝竹》《空山鸟语》

娱神益寿：《高山流水》《梅花三弄》《阳春白雪》

 课后练习

练习一

案例分析

1. 根据以下两个故事回答下列问题。

故事一：项羽在垓下被刘邦围困，刘邦让士兵唱起楚歌（即项羽士兵故乡的歌）。结果项羽大惊，以为刘邦已夺去许多楚地，掳楚人来打仗。楚军原来的

昂扬斗志突转为哀伤、悲凉、忧思、思乡、惊恐等消极情绪，军心大乱，最后惨败。

故事二：美国作家卡森，曾患重病，医生预言他存活的可能性是 1/500。卡森就常读幽默小说、看滑稽电影，坚持"笑疗"，结果病情不断好转，几年后竟恢复了健康。

思考题

（1）故事一、二分别体现了哪些情绪？

（2）情绪的好坏难道仅仅影响人的健康状况吗？请用所学知识加以说明。

2. 根据下列三个材料分析以下几个问题。

材料一：据我国史书记载，伍子胥在过昭关时，陷入进退两难的处境，结果因极度焦虑而一夜间须发全白。

材料二：《三国演义》中的东吴名将周瑜才华出众，机智过人；但他妒忌心很强，对才能比他高的诸葛亮，总是耿耿于怀，并想方设法陷害。诸葛亮利用其气量小的弱点，巧设计谋，他怒不可遏，吐血而亡，断送了风华正茂的性命。

材料三：《儒林外史》中的范进，多次赴考不第，直到 50 多岁时，终于听到自己金榜题名，大喜过望，精神失常，狂呼大叫："我中了！我中了！"喜极而疯。

思考题

（1）这三则材料分别体现了什么情绪？结果怎样？

（2）如何控制情绪，尤其在突然遭遇大喜或大悲的时刻？

练习二

情景再现

期中考试刚结束，你考得不是很好。回家后，妈妈就把你叫到客厅问你期中考试的情况。你有些害怕，轻声说："考得……"你还没说完，妈妈就一巴掌打在你的脸颊，这时你会想什么？情绪怎么样？（学生回答）

这些都是你们的想法和随之而产生的情感，我也很能理解大家的感情。但故事的结果是这样的，一巴掌打完之后，妈妈天真地把手拿给你看说："看，好大的一只蚊子。"这时你们的心情怎样？（学生回答）

从上面的例子中可以看出，同一事件，不同的人会有不同的想法和解释，随之会产生不同的情绪和行为。所以在事件不变的情况下，我们要改变的是我们对事件的思考方式，从而控制我们的情绪。有句话说得好：我们没有办法阻止事情发生，但我们可以决定这件事带给我们的意义。即你可以选择"问题"，亦可选择"机会"。

课堂活动：运用 ABC 理论，一起来操练理性情绪疗法。

1. 活动：学生们按照 ABC 格式写出自己不快乐的事情，事情发生时的想法以及情绪和行为反应；写明当时的处理方法，以及对当事人双方的影响。然后请学生针对某一问题讨论解决方案，教师适当的引导，着重明确解决方法对当事人双方的影响，是否破坏自己与别人的关系，是否能够解决问题，是否能够达到目标；强调自己是否开心，是否伤害了自己。

2. 具体过程：发纸张→写不开心的事情（5 分钟）→收齐，放入瓶子内→老师抽出一张→学生讨论解决方案→将纸张撕掉→扔入垃圾桶。

3. 提问如下：

（1）这位同学很……（情绪词），你觉得怎样才能使他在这件事情上不会产生这种情绪，而产生积极的情绪？

（2）在这件事情上，这位同学已经很生气了，作为朋友的你建议他采取何种方式来消除这种情绪？

（3）这是一件既成的事实，你碰到这种情况有什么更好的解决方法？

第三章 压力管理

学习目标

- 理解压力和压力管理的含义、特征和作用;
- 掌握压力管理的内容和类型;
- 了解压力管理的发展与趋势。

情景导入

职场上,要学会输得漂亮

没有人在职场上能够一直顺利、一直成功,羽生结弦也不例外。在2022年的北京冬奥会上,他虽然没能三届冬奥继续蝉联冠军,但也展现出了非常高的花滑水平。

2022年7月19日,27岁的日本男子花样滑冰运动员羽生结弦宣布结束花滑竞赛生涯的决定。退赛但不退场,未来的他将继续做一名职业花滑表演者,"通过不同方式将花样滑冰带到不同的地方"。羽生结弦被视为花滑历史最伟大的男子运动员,除两枚奥运金牌外,他还斩获了2次世锦赛冠军、4次大奖赛总冠军、6次日本全国冠军,他赢得了该运动项目里所有能够赢得的荣誉。

一、他就像一把镶了钻的宝剑

央视解说羽生结弦:"他就像一把镶了钻的宝剑,即便被藏在金丝楠木的书柜里,也无法遮挡他耀眼的光芒,他走到哪里都是人群的焦点。"在2018年平昌冬奥会上,他凭借一曲美轮美奂的《阴阳师》,展现出娴熟的技巧和强烈的艺术感染力,再一次征服了全世界,获得男单花滑冠军。

长着少女漫画主角的脸，活得却更像一部热血动画，当时 23 岁的他吸引了无数的目光，甚至改变了人们看待花样滑冰的视角。"贝尔曼旋转"这种很多女性都完成不了的动作，他可以完美演绎。有人评价说：这已经不是滑冰，这是在冰上写诗。央视解说员陈滢这样盛赞他："容颜如玉，身姿如松，翩若惊鸿，婉若游龙。"

二、虽败犹荣

在 2022 年北京冬奥会上，羽生结弦挑战了花样滑冰界的传说级动作"阿克塞尔四周跳"，也就是传说中的"4A"，这个动作比花样滑冰中其他更为常见的四周跳多出半圈，需要跳跃六米之长并在空中停留一秒，被认为超越了人类体能极限，目前尚未有任何运动员在正式比赛中完成过。

虽然他后面完成得还是非常稳定，但前两跳出现了失误，最终在本届奥运会上排名第四，无缘奖牌。对于一项竞赛来说，羽生结弦算是输了，但他还是得到业内选手和场外世界粉丝团的几乎一致的理解、好评、祝福和赞美。

此前他已夺得索契和平昌两届冬奥会的冠军，如果他只追求再夺一块金牌，并非难事，但那样的想法属于"普通运动员"。正因为他关心的不是金牌，而是战胜"不可能"，所以大家才关注他、爱戴他，选手们才敬佩他、称赞他。

三、职场上，学会输得漂亮

羽生结弦 10 岁就获得了全国金牌，19 岁获奥运金牌，19 次打破世界纪录，25 岁获得超级大满贯，是"统治"了男单花滑 2 届冬奥的王者，但他的职业生涯并非一帆风顺。

一个人最伟大的不是超越别人，而是超越自己。羽生结弦就是这样，即使满身的世界纪录及荣誉，他仍然在挑战人类极限、挑战花滑极限，从未停止过自我突破的脚步。羽生结弦在 2022 年北京冬奥会结束比赛谢幕时，已经明知自己与奖牌无缘，可还是深情抚摸了冰面，这也是在向自己热爱的这项事业、这个平台表达爱意。

这样一位始终向自我发起挑战，敢于不断冲破头顶天花板、即使失败也不忘热爱初心的选手，对己不苛责，对外不抱怨。担心会有人把矛头对准主办方中国，羽生结弦刻意强调是自己运气不好，主办方已经做得足够完美了。他又接着解释说："也不知道自己做了什么今天被冰讨厌了，看来不能日行一善，要日行十善才行。北京奥运的冰面，是我参加过的三届奥运之中最舒适的。"对自己，失误而不失望，重要的是专注接下来的比赛。

对于我们普通职场人来说，可能鲜少有一战定输赢、站在聚光灯下接受评论的境况。但在职场上遭遇逆境、无法翻盘时，输的姿态决定了一个人是否有东山再起的未来。

（改编自《羽生结弦退役！他被职场人看到的，不只是花滑……》）

 问题提出

1. 羽生结弦为什么受到中国网友和粉丝喜欢？他的抗压能力如何帮助他成功？
2. 如何评价羽生结弦的体育精神？

 问题解决

1. 首先，羽生结弦之所以备受中国网友喜爱和推崇，是因为他对中国籍参赛人员很友好。其次，作为花样滑冰选手，羽生结弦对滑冰事业的痴迷和全情投入，令人动容。羽生结弦对花滑事业的热爱和精益求精的精神，是奥运会精神的极致体现，值得被喜欢！

无论是在媒体前还是在私底下，羽生结弦努力、刻苦，态度谦逊，温文尔雅。在比赛时，他动作流畅、基本功扎实、对动作的完美演绎引来了观众的阵阵掌声。

2022年羽生结弦即便没有为日本队拿回金牌，仍然获得了大家的认可，中国网民称其为"花滑王者"和"滑冰王子"，可谓是实至名归。

2. 羽生结弦的花滑总能展现饱满的艺术感染力，人们夸他滑冰时，美得如同坠落凡间的仙子。而他，除了从小就身患哮喘，还经常遭遇伤痛：关节韧带损伤、腰肌筋膜炎、脐尿管残余症、术后伤口感染等。纵然带伤，吃超倍量止疼药，打止疼针，也要上场比赛的羽生结弦，是在"用血与力在冰上亮着无尽光辉"。拼命做到最好是他的魅力所在。

第一节 压力概述

压力是个体的一种综合性心理状态，表现为认知、情绪、行为三种基本心理成分的有机结合。个体心理压力是意识的产物，是建立在一定的认知基础上的。人在无意识状态下是没有心理压力可言的，例如，睡眠状态下，人无心理压力；人无认知能力时也不会有心理压力，例如，新生儿只有感觉，无心理压力。

一 什么是压力

压力指人的精神遭遇外界影响而带来的心理紧张或者痛苦情绪。压力不是一种想象出来的疾病而是身体"战备状态"的反应，是当我们意识到某种情形，或者某个人，或者某件事情具有潜在的威胁性的时候做出的反应。当这种情况发生的时候，大脑分泌出包括肾上腺素等激素，这些激素通过血管流淌到身体的各个部位。当这些激素流到心脏、肺和肌肉的时候，一种特殊的生理反应就发生了。

压力是心理压力源和心理压力反应共同构成的一种认知、行为和情绪体验过程。人的内心冲突及与之相伴随的情绪体验是心理学意义上的压力。从心理学角度看，压力是外部事件引发的一种内心体验。

二 压力来源

压力主要来自工作、社会和家庭，但是外在的压力往往会因为个人性格的不同而对个体产生不同程度和不同形式的影响。若刺激情境本身不会对个体造成威胁、危害时，而个体由于错误的认知，以为它具有威胁性、危害性，自己又无法处理、摆脱时，也会产生心理压力。

心理压力伴有持续紧张的情绪、情感体验。通常个体有心理压力时，容易出现消极的情绪，如惊慌、害怕、忧愁、愤怒等。但是，有一定的心理压力并不一定伴有消极的情绪出现。在现实生活中，有时我们接受一项比较艰难的工作任务，虽有心理压力，但却乐意去做。

心理压力必引发行为反应。个体有心理压力时，不会无动于衷，而会引发出一定的行为反应，表现为：或针对压力事件，积极应对，化解压力；或逃避压力情境，以维持正常生活；或消极应对，被压力所困，日积月累，逐步形成心理障碍。

三 理解压力

压力会给个体的身心健康带来不利影响，当意识到这些时，个体自然会想要远离压力，永远不要与压力有交集。

但是没有压力的生活是不存在的；并不是所有的压力对人类都产生负面的影响，越来越多的研究表明，适度的压力对保持较高的身心健康水平是必需的。

四 压力大的迹象

在压力长期较大时，个体通常会出现如下几种迹象：反复感冒；头痛；失眠；口唇生疱疹；心神不宁等。

五 应对压力的方法

肌肉放松训练（放松、冥想、瑜伽、生物反馈疗法等）和心理治疗（进行认知重构，或探索压力的深层意义）是相对专业的应对方式。除此之外，在日常生活中，个体也可以通过一些简单的方法来减压，比如写日志、运动、冥想、调节饮食、按摩等。

关于缓解压力：吃葡萄干的9个步骤

请选择几枚葡萄干放在手掌心，如果你没有葡萄干，也可以用其他食物代替，请一定要把手洗干净再吃食物。请认真完成每一个步骤，仔细体会你当下细微的感受，具体做法参照下面步骤：

第一步：把葡萄干放在掌心，感受它的重量、温度和带给你手掌的感觉。

第二步：想象自己是个外星人，从没见过葡萄干，仔细观察它的大小、颜色、反光和质感。

第三步：用手掌、手指、手背的不同部位触摸葡萄干，体会它给你带来的不同触觉感受。

第四步：将葡萄干放到耳朵旁，用手指捏、转、拍，听听会发出什么声音。

第五步：闻闻葡萄干是什么气味，注意闻的时候，会不会分泌唾液。

第六步：将葡萄干放进嘴里，先不要咬，用舌头尝尝它的味道。

第七步：将葡萄干放在牙齿之间，慢慢咬一口，但不要吞咽，注意味蕾感受到的味道。

> 第八步：当准备好吞咽时，注意想要吞咽的感觉，并感受吞咽的过程。
>
> 最后一步：感受食物在吞咽后，从食道进入胃的过程。
>
> 以上，都只是辅助你能够专注当下的例子。
>
> 最重要的地方在于：做一件事的时候，专注在当下，把注意力集中在感官所传递给你的感受上，而不是人在曹营心在汉。

压力的表现如表 3-1 所示。

表 3-1 压力的表现

对压力的反应		
反应过敏		正常反应
生理		
头痛	心跳加速	改善健康 增进心智 加强抵抗力 加强面对压力的忍耐力
颈痛	呼吸不顺	
胃痛	肌肉紧张	
头晕	血压升高	
抽筋	作呕气闷	
腰骨痛	发冷或发热	
麻痹或针刺的感觉		
认知		
难以专心	注意力分散	专心致志 多作观察 建立目标 按部就班 保持正确人生价值观 保持客观的判断
错误百出	记忆力减退	
出现错觉	判断力降低	
思维混乱	反应速度减慢	
组织能力和做长远计划的能力退化		
情绪		
抑郁	焦虑	充满希望 接受挑战 自我控制 肯定个人价值 认识自我能力
激动	惊惶	
无助	困扰	
绝望	愤怒	
情绪低落	心情烦躁	
坐立不安	心神恍惚	

续表

行为			
精神萎靡	常做白日梦	静心思考	保持运动
举止古怪	忽视新事物	放松自己	自我检讨
无故旷工	有自杀的倾向	多作休息	关心别人
敷衍问题	人际关系恶劣	接受新事物	能宽恕别人
推卸责任	语言问题增加	保持良好的人际关系	
滥用药物	失眠或睡眠过多		
玩世不恭	食欲不振或过强	为自己的成长而高兴	
大吃大喝	兴趣和热情减少		

结果	
极端焦虑	焦虑减轻
缺乏安全感	拥有安全感
生产力降低	生产力提高
人际关系疏离	人际关系亲密

ABC 理论的看法

在这里要介绍的是著名的 ABC 理论，这是研究者提出的关于情绪的理论，实际上，这也可以推广应用到压力的产生上。

ABC 理论中：A 表示诱发性事件，B 表示个体针对此诱发性事件产生的一些信念，即对这件事的一些看法、解释。C 表示自己产生的情绪和行为的结果。

通常人们会认为诱发事件 A 直接导致了人的情绪和行为结果 C，发生了什么事就引起了什么情绪体验。然而，同样一件事对不同的人，会引起不同的情绪体验。同样是面临公司提拔，结果两个人都没被升职。一个人无所谓，而另一个人却伤心欲绝。

为什么？就是诱发事件 A 与情绪、行为结果 C 之间还有个对诱发事件 A 的看法、解释的 B 的存在。一个人可能认为：这次没升职也没关系，下次可以再来。另一个人可能说：我努力了那么长时间，竟然没获得提拔，是不是我太笨了，我还有什么用啊，人家会怎么评价我。于是不同的 B 带来的 C 大相径庭。

应用到压力中，可以用这样一条表达式来说明：压力源—个体知觉—认识评价—行为表现。

第二节　压力管理概述

一、压力管理的概念

压力管理是主动地有效应对压力的方式。压力管理就是在压力产生前或产生后，个体主动采用合理的应对方式，以缓解或消除压力。应对压力是指当个体面临压力时，采用一定方式去调节情绪、认知、行为和环境。

同样的压力，不同的人会采取不同的应对方式，比如，失恋是一个压力事件，我们会看到不同的人失恋后的反应是不一样的：A失恋后将自己完全投入工作中，让自己没有一点空余时间；B每天到酒吧买醉，麻木自己。A采取的应对就是工作，而B则是逃避。

压力管理包括压力诊断和压力缓解两个部分。压力管理与其说是一种缓解和消除压力的技巧，不如说是一个过程。压力缓解的前提是必须进行压力诊断。

二、压力管理的种类

第一种是可以通过控制压力源消除且有必要消除的压力，比如因为工作无计划带来的压力、拖沓带来的压力、技术不足带来的压力等。

第二种是没有必要消除的压力。压力研究之父汉斯·塞利曾经说过："压力是人生的调味品。"有一些压力不仅对人们没有负面作用，而且可以激发人们的成就动机和潜在能量，推动人们获得成功。比如追求成功的压力、发明创造的压力等，这一类压力是应该保留的。

第三种是很难消除或者不可消除的压力，比如任务期限的压力、长期野外作业的压力、长期出差的压力等。这种压力的管理重点应该是通过采取措施，降低或消除压力感受。

三、压力管理的误区

心理学研究表明，压力是一种中性的客观存在，本身并不会对人产生危害，伤害人的是我们对压力的认知和态度。很多时候，因为认知的偏差，压力管理会走入误区。常见的压力认知误区有三个。

第一个误区是过于忧虑，承受了过多不必要的压力。据心理学家研究发现，造成压力的事件中，有40%永远不会发生，比如世界末日；有30%的担忧是所做决定的结果，是无法改变的；有12%是别人因为感到自卑而做出的批判；10%的担忧与健康有关，越是担心就越严重；只有8%是合理的。

第二个误区是认为那些没有产生冲击性负面影响的细小压力不会对自己造成伤害。事实上，如果长期处于持续性压力笼罩下，即便这些压力比较细微，时间长了也会对人造成伤害。

第三个误区是所有压力都必须消除掉。这种误解表现在两个方面，首先，正如前面所说，并非所有的压力都可以消除，能消除的只是其中的一部分。其次，并不是所有的压力都是不好的，压力是把双刃剑，有消极的一面也有积极的一面。适度的压力可以让我们对周围的环境更加警觉，可以帮助我们加深对自我的认识，帮助我们设立更现实的目标，使我们增强自信心和成就感。

四　压力管理的影响

（一）保持适度的压力

适度的压力可以激发自己的潜力，帮助自我成长。人一生中都会面临两种选择，一是改变环境去适应自己，二是改变自己去适应环境。既然压力是已经存在的，根本无法彻底消除，何不积极地改变自己，正确引导使各种压力成为自己前进的动力呢？在现代社会，几乎每一个人都有压力，其实，适度的压力对我们自身是十分有用的。一个人的潜力究竟有多大呢？大多数人都不清楚，对此，有学者指出：人的能力有90%以上处于休眠状态，没有开发出来。是的，如果一个人没有动力，没有磨炼，没有正确的选择，那么，积聚在他们身上的潜能就不能被激发出来，而压力会给他们这样的动力。所以，适度的压力不仅能激发出一个人的潜能，而且还能够带来许多快乐。也许，有人会问，什么是适度的压力？适度的压力，就是指时间不长、刺激不大、能让人最终获得成就感的压力。应随时让自己拥有适度的压力，舒缓过大的压力，从而远离无聊、烦躁的心境，追逐生活的快乐。

（二）防止过大的压力

过大的压力会造成很多负面的影响，具体表现在生理和心理两个方面。

生理方面：肾上腺素快速分泌，消化系统停止运作，肾上腺分泌可松体，降低身体免疫系统的反应，性荷尔蒙分泌量降低，造成阳痿、性冷感及不孕等问题。

心理方面：注意力下降与注意广度缩小，组织能力与长期计划能力变差，脱离现实的妄想与思考违背常理程度增加，情绪调节能力变差，担心患病的感觉增加，忧虑与无助感出现，自尊心明显降低，兴趣与热忱感消失，药物滥用的频率增加及将责任转移给别人。

压力管理分类

1. 问题取向

问题取向：针对压力源造成的问题本身去处理。较理想的处理问题态度为冷静面对并解决，问题解决过程的步骤如下。

（1）认清压力事件的性质。

（2）理性思考及分析问题事件的来龙去脉。

（3）确认个人对问题的处理能力。

（4）累积寻求能帮助解决问题的信息，包括如何动用家庭及社会环境支持系统。

（5）运用问题解决技巧，拟定解决计划。

（6）积极处理问题。

（7）若已完全尽力，问题仍在短时间内无法消除，则表示问题本身处理的难度甚高，有可能需要长期奋战不懈，除了必须培养坚忍不拔的斗志之外，可能还需要其他的精神力量支持。

2. 情绪取向

情绪取向：处理压力所造成的反应，即情绪、行为及生理等方面的舒解。

情绪舒解的方式如下。

（1）认清并接受情绪经验的发生。情绪经验的发生是相当正常的，因此觉察自己的情绪，并接受自己情绪的过程，会使自己正面去看待情绪本身，而采取较为适当的行动。

（2）情绪调节。如寻找忠实的聆听者诉苦，对方也可以给予精神上的支持与关怀。另外，痛哭一场或捶打枕头，把情绪适当宣泄出来，以避免在解决问题的重要时刻把不适切的情绪表露出来。

（3）保持正向乐观的态度。危机即是转机，在整个问题处理过程，使其成为增强自己能力、发展或成长的重要机会；另外，如果是环境或他人的因素造成的，则可以理性沟通解决。如果无法解决，也可宽恕一切，尽量以正向乐观的态度去面对每一件事，将问题导向正面的结果。

第三节 压力管理的方法和策略

适度的压力可使人集中注意力，提高工作效率。有效的压力管理可将压力变动力。当员工感觉压力越来越大时，组织应该想方设法减轻他们的压力，降低压力对员工的负面影响。要对员工的工作压力进行成功的管理和运作，组织的管理者首先要依据员工的态度和行为来考察员工的压力程度，从而采取相应的措施。当员工有对工作失去动力、工作态度消极、工作质量明显下降、流动性加大等表现时，需要引起组织足够的重视。

一、压力管理的主要方法

人们面对压力做出的反应主要有三种，即控制式、支持式、回避式，由此产生的压力管理的方法有三种。

（一）应对方式

◆ **1. 控制式应对方式**

这是一种以问题为中心的应对方式，指积极主动地针对不同压力做出反应，如进行有效的时间管理，是最优的压力应对方式。这种应对方式主要通过改变人的行为或改善周围环境，进而调整自己的情绪状态与个人、环境的关系。管理者在应对压力时，可以尝试用客观、理智的方法处理事情；有效地分配时间；预先做好计划；选择性地把精力集中在某些具体问题上；将问题按轻重缓急排列并依次处理；尝试从旁观者的角度考虑事情等。

◆ **2. 支持式应对方式**

一般利用个人或社会资源的支持来对压力做出反应，如寻求压力的释放或进行压力的宣泄等。支持式的应对行为主要有：借助兴趣及消遣，比如运动、画画、散步、旅行、健身等；向理解自己的亲人/朋友倾诉等。这种应对方式的不足之处是过于依赖环境和资源，一旦资源匮乏就会导致压力适应紊乱。

◆ 3. 回避式应对方式

这种应对方式消极地忽略或回避压力，甚至否认压力的存在，当压力慢慢累积超过一定界限后，就会造成个人的突然崩溃。回避式应对是一种以情绪为中心的应对，它并不改变人与环境的客观关系，而是调节由压力引起的情感上的不适。它最基本的策略就是转移注意的焦点，避免思考引起压力的原因。当个体认为自己对所处环境不能做任何改变时，情绪为中心的应对将占主要位置。常见的回避式应对行为主要有：不去考虑它；不相信那是真的；把问题先放一段时间再说；认为有些事情并不是那么重要，不需要太认真；避开麻烦；不再强求自己；想想有的人状况还不如自己，心里舒服一些；顺其自然，平心静气等。

（二）压力管理的方法

在面对压力的时候，应当采取以下几种方法来管理压力。

◆ 1. 控制压力来源，从根源处有效预防压力

流行的压力管理方法大多是等到压力发展到一定程度，已经出现心理、生理、行为方面的问题时才开始采取措施进行调节。事实上，合理地控制压力来源，是可以从根源处有效预防压力的。

◆ 2. 建立良好的支持系统

倾诉是一种便捷而有效的减压方法，倾诉的对象可以是领导、同事、朋友、家人等。因此，有效建立自己的支持系统，赢得上级、朋友和配偶的支持，对减压具有非常重要的作用。

◆ 3. 自我减压技巧

深呼吸减压。在感觉压力大的时候，可以通过调节呼吸来进行减压。5分钟的深呼吸可以让自己狂跳的心脏放慢速度，可以让焦躁的情绪平复下来，可以让自己因压力而颤动、抽搐的肌肉恢复平静……深呼吸过后再去处理工作，这样压力缓解下来了，思路也变得更加清晰，或许会有意想不到的处理方法。

出汗减压。有人会选择到健身房流汗的方式来缓解压力，这是一种不错的减压方式。当然，也可以选择周末的时间去郊外爬山，在大自然中获得放松。

运动减压。动静协调、张弛有度的适当运动有利于消除疲劳，激发活力，调节大脑功能，可以起到锻炼身体、消除压力、激发活力、唤醒大脑的作用。适用的运动方式有游泳、有氧慢跑、跳绳、跳操、散步、打乒乓球等。每天安排半小时左右运动，即可轻松减压。

小知识

现代社会常见的压力源

1. 压抑的情感

有许多人不愿意表达自己的真实情感。其实，表达情感有利于我们的身心健康。传统中医认为，怒伤肝，喜伤心，忧伤肺。这都说明不良的情感体验对身心的危害，在气闷难受、心灵创伤太大时，不妨哭笑一番，将"势能"释放出来，求得精神上的解脱。心理学家认为，最佳的工作状态的标准之一就是保持愉悦的心情。

2. 紧张而繁重的工作

工作有关的压力常见于需要长时间工作的人。繁忙的工作使许多人变成了工作狂。一旦成为工作狂，唯一的乐趣就是不停地工作。顾不上家庭，没有了友谊，没有了爱好与兴趣，没有了人生的其他乐趣。此外，在经济萧条期，工人还会为被解雇和减少工作时间而担忧。因此，了解自己的工作状态，适应职场的规则，也是有效应对压力的一个好办法。

3. 健康问题

个人健康问题可能给孩子和成年人带来压力。担心医疗费，应对意想不到的健康灾难或慢性疾病等都可以造成心理压力。最糟糕的是压力还会进一步使疾病恶化。实际上，在最近十年中，与压力有关的抑郁等疾病是导致残疾的第二大因素。

4. 工作和生活不平衡

当今社会，人们的工作节奏快了，很多人为了工作放弃了休闲和娱乐，生活中有很多事情都来不及处理，这样，工作和生活就出现了矛盾，有很多人都为之苦恼。

5. 与同事关系紧张

每一个员工都是在一定的环境中工作的。周围环境的和谐与否直接关系到员工工作心情的好坏。如果整个团队能和谐共处、互相支持，遇到事情及时沟通，那么组织中的员工就会开心工作，工作压力就会减轻。

6. 心理问题

有的人很容易发怒，哪怕是遇到一丁点的事情都要大发雷霆；有的人表现为消沉沮丧，萎靡不振；有的人缺乏性欲；有的人丧失幽默感，生活变得非常机械；有的人无法集中精力去做一件事情，心里很烦躁；有的人记忆衰退，有可能刚发生的事情就忘得一干二净；有的人遇事迟疑不决，不能果断地作出决定；有的人觉得无助和失败，渴望得到别人的帮助；有的人感到无能、自卑与没有价值。这些都是心理出现了问题。

7. 童年创伤

一些人长期经受压力是童年时遭受过创伤的结果。1998年在美国进行的一项研究发现，童年时代的不良遭遇会给整个生命中的身体带来生理压力。生活在虐待、酗酒或药物滥用家庭的孩子更容易在成年后经受心理压力。

8. 心爱的人去世

配偶死亡是最容易造成压力的事件之一。如果夫妻还有大量借贷，会给留下的一方带来还债的担忧。此外，年幼的孩子还会使问题变得更加复杂。

9. 离婚

离婚也是给人带来压力的一个重要原因。除了要应对各种情绪以外，离婚通常还意味着一方要离开家。此外，还需要应对财产分割和抚养孩子方面的争议。

10. 资金周围困难

抵押、贷款等资金周转问题是另一个容易造成压力的原因之一。贫穷和面临巨额借款，或破产的人通常会遭受巨大的心理压力。

11. 孩子长期生病

有一个患有严重疾病或残疾的孩子也会使家长处于压力之下。他们会为孩子的康复而担心，甚至难以忍受看到孩子痛苦。此外，为孩子治病往往还面临资金方面的担心。

我们在生活中会遭遇到各种各样的经历，应如何识别自身压力、生活事件与压力指数？从表3-2中可以看到不同事件对应的压力指数。

表3-2 生活事件与对应的压力指数

生活事件	压力指数	生活事件	压力指数	生活事件	压力指数	生活事件	压力指数
丧偶	100	怀孕	40	责任压力增加	29	信仰的转变	19
离婚	73	性问题	39	子女离开父母家	29	休闲时间增加或减少	19

续表

生活事件	压力指数	生活事件	压力指数	生活事件	压力指数	生活事件	压力指数
合法分居	65	增添家庭新成员	39	提出高要求	28	社交活动的变化	18
刑狱	63	更换工作	39	同伴开始工作或者停止工作	26	还清小额借款	17
亲友过世	63	经济问题	38	开始或结束学校课程	26	睡眠习惯改变	16
个人受伤或疾病	53	好朋友过世	37	生活环境的变化	25	家庭聚会增加或减少	15
结婚	50	职位的变动	36	个人生活习惯的变化	24	饮食习惯改变或者节食	15
解雇	47	婚姻问题增多	35	与领导意见不合	23	度假	13
婚姻调解	45	沉重的抵押负担	31	工作时间和/或劳动条件发生转变	20	春节	12
退休	45	借贷请求被拒	30	搬家	20	违章	11
家庭成员或者亲友生病	44	与亲家的矛盾	29	转校	20		

数字资源 3-1
生活压力源
识别

数字资源 3-2
如何缓解
压力

二 压力管理四大策略

从组织角度来看，压力管理主要是为被管理者营造一个能充分发挥所长的适度压力的工作环境，同时要避免过度压力的产生。综合起来，管理者可以运用以下几个策略来改善管理模式，满足员工的合理化需求，缓解和消除员工的压力。

（一）改善工作环境

管理者应致力于创造宽松宜人的工作环境，如适宜的温度、合理的布局等，有利于员工减轻疲劳，使员工更加舒心、高效地工作。

（二）创造合作上进、以人为本的组织文化

要达此目标首先要增强员工间相互合作和支持的意识，当面临激烈的市场竞争或者艰巨任务的时候，大家作为一个团体彼此支持，士气就会比预期的要高涨；同时，上下级之间要积极沟通。压力产生并不可怕，关键是要及时发现并消除。沟通方式可以采取面谈、讨论会或者设立建议邮箱等多种形式。国外有些企业常采用"部落会议"的形式，每个人都有平等的地位和发言权，这使员工有更多的主人翁感和责任感，减少了交流的障碍。

（三）任务和角色需求的管理

主要从工作本身和组织结构入手，使任务清晰化、角色丰富化，增加工作的激励因素，提高工作满意度，从而减少压力及紧张产生的机会。要达到这个目标，需关注以下两项内容。

其一是目标设置。当员工的目标比较具体而富有挑战性，能及时得到反馈时，他们会做得更好。利用目标设定可以增强员工的工作动机，相应地减轻员工的受挫感和压力感。

其二是工作再设计。再设计可以给员工更大的工作自主性、更多的反馈，使员工对工作活动有更强的控制力，从而降低员工对他人的依赖性，有助于减轻员工的压力感。减轻压力的工作再设计包括工作轮换、工作扩大化、工作丰富化。

如果员工的工作过于例行化，那么可以选择工作轮换方法（也叫交叉培训法）。当员工觉得一种活动已不再具有挑战性时，就把员工轮换到技术水平要求相近的另一个岗位上去工作。工作轮换的优点在于，通过丰富员工工作活动的内容，减少员工的枯燥感，使员工积极性得到提高。

如果工作数量不足、工作内容简单化是工作压力的来源，那么工作扩大化可以发挥作用。通过工作的横向扩展，增加员工的工作数量，丰富工作内容，使工作本身更具有多样性，这种方法可以克服专业化太强、工作多样性不足给人带来的压力。

工作丰富化是指对工作内容的纵向扩展，可以提高员工对工作计划、执行和评估的控制程度。

（四）生理和人际关系需求的管理

这主要是为员工创造良好的生理和心理环境，满足员工在工作中的身心需求。相关的管理方法有以下六种。

◆ 1. 弹性工作制

允许员工在特定的时间段内，自由决定上班的时间。弹性工作制有利于降低缺勤率，提高生产率，减少加班费用开支，从而增加员工的工作满意度，减少压力的产生。

◆ 2. 参与管理

员工对工作目标、工作预期、上级对自己的评价等问题会有一种不确定感，而这些方面的决策又直接影响员工的工作绩效。因此，如果管理人员让员工参与决策，就能够增强员工的控制感，帮助员工减轻角色压力。

◆ 3. 制订身心健康方案

从改善员工的身心状况入手，其理论假设是，员工应该对自己的身心健康负责，组织则为他们提供达到目的的手段。例如，组织一般都提供各种活动以帮助员工戒烟、控制饮食量、减肥、培养良好的训练习惯等，从而使员工身心健康，增加控压能力。

◆ 4. 有效疏导压力

组织应充分认识到员工有压力、有不满是十分正常的现象，所以，组织有责任帮助他们调节情绪。员工只有将不满的情绪发泄出来，心理才能平衡，情绪才能平稳，因此，组织管理者应该开发多种情感发泄渠道，有效地改善员工不适的压力状况。

◆ 5. 努力创造条件帮助员工完成工作

组织员工进行提高工作能力的培训，如工作技巧的培训、谈判和交流技巧的训练等，帮助员工克服工作中的困难。另外从硬件和软件上不断改进，对员工的工作进行支持，而不能不顾实际情况提出不合理的要求。

◆ 6. 针对特殊员工采取特殊措施

如对常出差的员工给予更多的帮助和支持，因为他们的工作与照顾家庭可能有更多的冲突，面临着更加复杂多变的工作环境，因此承担着更大压力。

在组织压力管理方面，飞利浦公司一直做得很好，他们有七条经验值得学习。

飞利浦的压力管理七条经验

经验一：成为利益相关方（股东、顾客、员工、供应商及社区等）首选的世界级公司。

经验二：善待所有员工。员工是公司的内部客户，也是"上帝"，同样需要关怀和爱护，公司真心实意地关心员工是最好的压力管理，真心实意关心员工的企业能够让员工拥有愉快的心情。同时，提供有竞争力的薪酬福利待遇，也能让员工心情稳定，缓解压力。

经验三："逼"员工进步。对员工的放任自流会使员工应付压力的能力降低，有时对员工"残酷的爱"才能真正让他们自如地应付压力，给员工制定有挑战性的目标，并帮助他们达到目标，这是企业对员工压力管理的最高境界。

经验四：密切关注员工的情绪变化。在工作时间，随时发现员工情绪变化并立即控制和缓解不良情绪，避免事态进一步恶化。

经验五：公平公正批评、处理员工。批评时要就事论事，不要人身攻击。批评处理员工以前应该事先和员工进行谈话，最好是让其心服口服，处理问题努力做到公平、公正。

经验六：选择最适当的放松方式。过长的工作时间会导致员工的心态失去平衡，过强的工作压力会导致员工精神难以承受，选择员工喜欢的方式给予员工适当的放松。

经验七：探寻舒缓员工压力的方法。让员工自主管理与自发工作，充分授权，让其有成就感。企业聘请心理咨询专家为心理承受能力差的员工提供咨询，同时要关心、重视、欣赏、尊重、称赞员工。

活动设计

活动一：随身物品测压力来源

你觉得总有一种无形的力量在背后揪着你吗？让你夜不能寐，心情总是不能放松。其实生活是自己的，只要你调整心态反过来控制住糟糕的局面，就能安然过好生活。下面我们一起来做个心理压力测试，通过你的随身物品测压力来源。

题目：有什么东西是你一定要带出门的？否则一天下来就会觉得没有安全感，老是觉得少了什么东西似的。

（1）手表；

（2）手机；

（3）护身符；

（4）面纸。

活动二：1. 界定你的压力所在

（1）我目前最关切最担忧的事是什么？

（2）我目前所承受的最大压力是什么？什么时候我会有所感觉？我必须为此做些什么？

（3）改变我命运的是什么？

（4）我期望能在此生中达到的目标是什么？

（5）我这一生寻求的最重要的报酬是什么？

（6）我曾有过哪些强烈、令人满足又深具意义的经验？未来我还希望有哪些种类的经历？

（7）现在我的生活中有哪些重大的约束和限制，以至于我很难取得我所寻求的目标或成绩？

(8) 我想停掉哪些事？我想开始去做或学着去做哪些事？

(9) 我能期望怎样的理想未来？希望去经历些什么？希望能与谁一起生活或共事？

(10) 未来几年我必须要做的重要抉择是什么？

 2. 看图测试你的抗压性

在压力普遍存在的时代，每个人都像戴着一顶"紧箍咒"一样，被压力左右着心情和命运。通过这个小小的心理压力测试，看看你的抗压性有多强。注意：学会适当为自己减压。

题目：你要去一个布局如下图的公共卫生间，里面没有一个人，那么凭直觉你会选择去哪个小间方便呢？

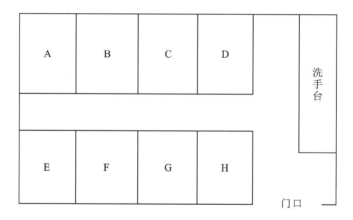

> 延伸阅读

 资料一

员工压力管理五大原则

从心理学的角度讲，压力是指个体在环境中受到各种因素刺激的影响而产生的一种紧张情绪，这种情绪会正向或负向地影响个体的行为。当员工感觉压力越来越大时，组织应该想方设法减轻员工压力，降低压力对员工的负面影响。

要对员工的工作压力进行成功的管理和运作，组织的管理者首先要依据员工的态度和行为来考察员工的压力程度，从而采取相应的措施。当员工有对工作失去动力、工作态度消极、工作质量明显下降、流动性加大等表现时，需要引起组织足够的重视。这些情况大多源于组织给予员工的压力不适当，同时缺乏良好的压力疏导和缓解。

适度的压力可以使人集中注意力、提高忍耐力、增强机体活力、减少错误的发生。压力可以说是机体对外界的一种调节需要，而调节则往往意味着成长。在压力情境下学会应付的有效办法，可以使应付能力不断提高，工作效率也会随之提升，所以压力是提高人的动机水平的有力工具。在把握压力的"度"时，要熟知管理的基本原则。

压力产生的原因是多方面的，组织在进行压力管理时应该注意五个原则。

第一，适度原则。进行压力管理并不是不顾组织的经济效益而一味减轻员工压力，而是要使员工保持适度的压力。

第二，具体原则。压力在很大程度上是一种主观感觉，因此在进行压力管理时要区别不同的对象，采取不同的策略，根据对象的不同特点做到具体问题具体分析。

第三，岗位原则。组织中不同部门、不同岗位的员工面临的工作压力不同。一般岗位级别越高，创新性越强；独立性越高的员工，承受的压力也就越大。比如销售人员的压力一般比生产人员要大，因为生产人员面对的更多是可控因素，而销售人员就不一样，销售业绩的好坏不仅取决于自己努力的程度，还与客户、市场大环境、竞争对手有关系。

第四，引导原则。压力的产生是不可避免的，所以引导压力向积极的一面发展就显得很重要。对员工来说，有些外部因素是不可控的，比如面对强大的竞争对手，这时可以灵活地将压力变为动力，激发更多的工作热情。

第五，区别原则。在消除压力前，首先要找出压力的来源并区别对待。有些压力是可以避免的，比如由于员工之间不团结，人际关系复杂造成的工作压力，岗位职责不清，分工不合理所造成的压力；而有些压力，比如来自工作本身的压力是不可避免的，只有通过提高员工自身的工作能力和心理承受能力来解决。

资料二

员工帮助计划

员工帮助计划（Employee Assistance Program，以下简称EAP）又称员工心理援助项目、全员心理管理技术。它是由企业为员工设置的一套系统的、长期的福利与支持项目。通过专业人员对组织的诊断、建议和对员工及其直系亲属提供专业指导、培训和咨询，帮助解决员工及其家庭成员的各种心理和行为问题，提高员工在企业中的工作绩效，并改善组织管理。

到今天，EAP 已经发展成一种综合性的服务，其内容广泛包括压力管理、职业心理健康、裁员心理危机、灾难性事件、职业生涯发展、健康生活方式、法律纠纷、理财问题、饮食习惯、减肥等方面，全面帮助员工解决个人问题。解决这些问题的核心目的在于使员工从纷繁复杂的个人问题中得到解脱，减轻员工的压力，维护其身心健康。研究表明，EAP 的实施可以大幅度降低员工的医疗费用，减少由于健康原因造成的缺勤等。

当然，EAP 不是神奇的灵丹妙药，它并不能彻底消除员工的压力，更多的是起到缓解、抑制、分散压力的作用，使员工保持一种积极、乐观向上的工作心态，以此促进员工提高工作绩效。

世界 500 强企业中，有 80％以上的企业建立了 EAP 项目。企业在应用 EAP 时创造了一种被称为"爱抚管理"的模式。一些企业设置了放松室、发泄室、茶室等，来缓解员工的紧张情绪；或者制订员工健康修改计划和增进健康的方案，帮助员工克服身心疾病，提高健康程度；还有的是设置一系列课程进行例行健康检查，进行心理卫生的自律训练、性格分析和心理检查等。

完整的 EAP 包括：压力评估、组织改变、宣传推广、教育培训、压力咨询等几项内容。具体地说，可以分成三个部分：第一是针对造成问题的外部压力源本身去处理，即减少或消除不适当的管理和环境因素；第二是处理压力所造成的反应，即情绪、行为及生理等方面症状的缓解和疏导；第三，改变个体自身的弱点，即改变不合理的信念、行为模式和生活方式等。

（改编自百度百科。）

资料三

如何衡量压力

三个简便的衡量压力的方法。

1. 健康智能手表

现在很多智能手表都能通过心率变化情况，来监测压力反应分数的高低。我们通过监测反应的图表，就能观察出压力反应分数有没有变化，也能分析什么因素会令你的压力反应分数增加。

2. 情绪记录 APP

情绪记录是抑郁症治疗中的重要环节，同样地它对压力管理也很有帮助。

苹果系统可以使用 Moodily APP，安卓系统可以使用 Daylio APP，都是免费的。可以记录每天完成不同行为之后的情绪，比如记录运动之前和运动之后的情绪。逐渐地，你就能发现具体是哪些日常行为，容易带给你负面情绪。这样，能更有针对性地调整，而且这个记录过程本身也能改善情绪。

3. 专业的压力评估量表

使用最广泛的压力评估工具是应激感受量表。可以追踪自己压力管理的效果。

智能手表：非常方便，只要每天佩戴即可，很适合做长期压力记录。在觉得精力不足或者大脑停不下来的时候，看看当时的压力反应分数，或者过去几天的压力数据。

情绪记录 APP：可以作为心情烦躁、情绪不好，那一段时间里的干预工具。虽然需要每天手动做记录，但能很清楚地发现情绪究竟在受哪些因素的影响。建议每次持续记录两周。

应激感受量表：心理学专业工具，它根据过去一个月的情况，算出一个分数，这样便能定量地衡量一段时间的压力。建议每3~6个月，做一次。

综上所述，智能手表、情绪记录 APP、应激感受量表，都是衡量压力的方式，不必过度关注，仅起到建议和参考作用。

举一反三

企业管理者要灵活运用压力管理方法

疏减员工压力，不仅仅是调整工作计划、有效使用时间、改善工作环境和提供咖啡等，真正改变员工对压力的感觉要从他们的内心加以引导和调节，改变他们对于工作的看法，提高他们对工作的兴趣和积极性，增强他们对工作的承受力。作为管理者，最好是通过一些软性的措施和方式来疏减下属的压力，协助下属度过暂时的困境。充分关心、关注、调查、分析员工体会到的压力源及其类型，从组织层面上拟定并实施各种压力减轻计划，有效管理、减轻员工压力，针对性运用各种压力管理方法。

1. 勤于观察下属是否有异常行为

如果下属有较大的压力和不愉快的事情，往往会表现出异常神态或异常行为。管理者要常常观察，多看多思考，当发现有问题，要及时采取措施，比如进行心理辅导。不要认为事关员工私事，可以高高挂起的。当员工的私事影响到工作时，管理者就得主动管一管。其实这样做，为下属疏减了压力，下属会成长得更快。

2. 建立"无事不可谈"的良好沟通渠道

假如有员工说他再也不愿待在某个作业区或班组,同时又表示他十分喜欢目前的工作岗位。可能是他觉得气氛非常压抑,演变为同事见面不打招呼,更不要说互相帮助了。如果任由这种状况下去,他不知会变成什么样子。如果管理者和员工有一个"无事不可谈"的良好沟通渠道,让下属在友好的气氛下互相协作,这样的事情是完全可以解决的。长期缺乏沟通将会使得一支素质很高的团队处于半瓦解状态。因而管理者要想拥有一支出色的团队,务必建立良好的沟通渠道,了解他们的意见,让下属的心声有倾诉对象,疏减其工作压力,同时应尽量协助他们解决疑难问题。有时白天沟通不了的事情,晚上去茶楼、去咖啡屋,在一个自由、轻松的环境里更有利于沟通。

3. 让每个下属都知道管理者对他们在工作上的期许

如果下属干得很不错,管理者可以轻轻地拍他的肩或背,表扬他们。管理者给下属一些期许,表示下属很重要。如果管理者阴沉着脸,不愿去夸奖,对下属的成绩不予肯定,就会给下属造成一定的压力。员工在工作中,因为没有管理者的期许,一直会承受一种压力。管理者要肯定员工的贡献,承认他在组织团队中的价值。

下属取得阶段性成绩时,要积极肯定他;下属承受压力时,轻轻地拍拍他的肩,敲敲他的桌子,说一句鼓励的话,对他都是一个安慰。安慰和期许能让下属知道管理者对他在工作上有期许,他们的工作效率和工作绩效会提高,压力也会自然疏减。

4. 多让下属参与组织的决定

管理者要相信下属是优秀的,他们在现场冲锋陷阵,看到的很多,他们面对第一现场知道的第一手信息很多,完全具有发言权。做管理者的容易认为自己比较高明,经验比较丰富,其实有时不是这样,他往往不知道全面的实情,容易作出错误的决定。

只要情况许可,就应让下属参与决定,让员工感到受重视,他们会工作得更卖力。管理者应向员工提供组织有关信息,及时反馈绩效评估的结果,使员工知道组织里正在发生什么事情,他们的工作完成得如何等,从而增加其控制感,减轻由于不可控、不确定性带来的压力。

5. 不要出现无意义的加班

有些管理者看到下属经常主动加班,很欣慰地说:"你看我的下属多么努力。"其实他错了,他们会疲劳的,最后都会厌倦,会产生过多的工作压力,这些压力甚至会把下属累垮。天天逼他们加班,其实没什么意义。不要让下属把加班看成家常便饭,你的下属如果常常加班,你要自问是不是他的工作真的太多还是白天不努力工作。

事实上，如果白天认真努力地工作，把该做的事情都做了，最重要最紧急的事情做了，是没有必要加班的。所以，管理者不要让下属常常加班，要合理安排工作内容，不要让有的人忙得厉害，有的人变成闷得发慌的"闲人"。

6. 鼓励下属到办公室以外呼吸新鲜空气

不要让下属总是一天到晚待在办公室，天天在同样的工作环境里他们会压抑的，应该鼓励或带他们出去呼吸一下新鲜空气，看看外面天空的颜色。不要一天到晚在公司吃工作餐，偶尔聚个餐，组织周边区域自助游一次，放松放松，让大家有种新鲜感。开会时不要总是在办公室一待就是几个小时，可以换个环境，解除下属的拘谨，发言会更积极，效果反而很好。

7. 帮助员工提高心理保健能力

企业管理者要创造条件向员工提供压力管理的信息、知识。可为员工征订有关保持心理健康与卫生的期刊、杂志，让员工免费阅读。这也能体现企业对员工成长与健康的真正关心，使员工感受到关怀与尊重，从而也会成为一种有效的激励手段，激发员工提高个人绩效进而提高整个组织的绩效。

可开设宣传专栏，普及员工的心理健康知识，还可开设有关压力管理的课程或定期邀请专家做讲座、报告。尤其可以抓住长假前夕通过电子邮件进行健康资料散发，效果很好。可告知员工诸如压力过大的严重后果、代价（如疾病、工作中死亡、事故受伤、医疗花费、生产率下降而造成潜在收入损失等）；压力的早期预警信号（生理症状、情绪症状、行为症状、精神症状）；压力的自我调适方法（如健康食谱、有规律锻炼身体、放松和睡个好觉、发展个人兴趣爱好等）……让员工筑起"心理免疫"的堤坝，增强心理"抗震"能力。

积极鼓励员工养成良好的、健康的生活方式。通过健身、运动不仅保持员工的生理健康（这是心理健康的基础），而且还可使员工的压力很大程度上得到释放和宣泄。

8. 有针对性地开展员工培训

第一，可培训员工提高处理工作的技能（如撰写公文或报告、工作陈述、新技能等），使之工作起来更得心应手，减少压力；第二，可进行员工时间管理培训（按各项任务的紧急性、重要性区分优先次序、计划好时间），消除时间压力源；第三，可培训员工的沟通技巧等，消除人际关系压力源。

9. 切实做好员工职业生涯设计工作

员工职业生涯设计可以帮助员工改善思维，抛弃不切实际的期望值太高的目标，建立现实客观的 SMART 式的发展目标：S（specific，特定的、适合自己的），M（measurble，可衡量的），A（achievable，可实现的），R（realistic，实际的），T（time-based，基于时间的）。同时，管理者应与员工积极沟通，真正关心员工的生活，全方位了解员工在生活中遇到的困难并给予尽可能的安慰、帮助，减轻各种生活压力源给员工带来的种种不利影响和压力，并缩短与员工的心理距离。

10. 适当借助专业的科学方法和工具

做一些如压力测试等心理测试来辅助组织的目标管理、考核，利用工作分析，制定合理可行的工作标准，在实践中逐步调整工作量，使员工的能力与工作内容成正比，同时让员工明白并非所有的压力都是负向的。列举有些人在压力大的情况下职业生涯更上一层楼的成功范例，激励员工克服困难。人们通常是通过学习克服压力从而升迁到高层职位。但是当压力使你感到要崩溃时，这种压力便发生了质的变化。对于我们每一个人来说，危机的爆发点是不同的。压力就像一根小提琴弦，没有压力，就不会产生音乐；但是如果弦绷得太紧，就会断掉。我们需要将压力控制在适当的水平，使压力的程度能够与员工的生活相协调。

（改编自武汉理工大学MBA学员案例。）

数字资源3-3
如何建立一个稳固的情绪管理系统？

课后练习

练习一

测试题——与梦境对话排解压力

绝大多数的人都有做梦的经历。但是，为什么会做梦？梦中的情境又代表什么呢？做梦的次数、梦境的记忆，其实与你的潜意识甚至现实环境有着相当奇妙的关系。

Q1　你可以立即清楚说出最近（约一周内）做过的印象最深刻的梦。

　　　　　　YES→2　　　　　　　　　　NO→3

Q2　你做过的梦曾真的发生，或是以相反的状况发生。

　　　　　　NO→5　　　　　　　　　　YES→4

Q3　现实生活中某一个陌生人的脸孔或还没到过的地方曾在梦里出现过。

　　　　　　YES→5　　　　　　　　　　NO→6

Q4　曾梦到一些悲伤的梦，醒来时果然泪流满面。
　　　　　　YES→7　　　　　　　　　　NO→8

Q5　曾有梦游，或熟睡后会无意识做了一些事情，但醒来却完全不知的经验。
　　　　　　NO→9　　　　　　　　　　YES→8

Q6　大部分时间都还是一觉到天亮，整个晚上都没有做梦。
　　　　　　NO→10　　　　　　　　　 YES→9

Q7　曾经在梦中知道自己正在做梦，却又醒不过来。
　　　　　　YES→A 型　　　　　　　　NO→B 型

Q8　曾有过被已故亲人或朋友托梦的经验。
　　　　　　NO→C 型　　　　　　　　YES→B 型

Q9　曾经很清楚地做过连续情景的梦。
　　　　　　NO→C 型　　　　　　　　YES→A 型

Q10　有时知道自己似乎做了整晚的梦，不过醒来时梦的内容大部分都忘记了。
　　　　　　YES→C 型　　　　　　　　NO→D 型

练习二

玻璃杯游戏

选择多个团队来参与本次比赛，注意团队的人数一致。选用一个直径大约15厘米的玻璃杯（如果没有可以用一次性纸杯代替，几个团队选择几个杯子），如果参与游戏的人较多，可以选用直径大一些的杯子。

第一步：把杯子装满水，注意是几乎装满，离杯口差一到两毫米。（多个团队纸杯保持水面高度一致）

第二步：每个团队每次选派一位选手参赛，依次选择一枚大小合适的硬币，轻轻地放一枚硬币入水，注意游戏规则是水不能溢出水面，否则视为该团队被淘汰。

第三步：每一位选手依次选择一枚硬币放入水杯，然后看谁放进去的时候水溢出来了。允许在最后一秒选择放弃投掷硬币或者临时更换其他人参赛。

第四步：最终投掷硬币数量最多，且没有水溢出水面为获胜团队。

游戏优点：

1. 在水与杯口相平时最为紧张，看似水快溢出来了，其实还可以放硬币，因为水有内聚力，这是考验大家压力应激性的游戏。

2. 游戏中可以选择放弃或者换人，也可以一人持续投掷硬币。游戏进行到最后阶段是最考验抗压能力的。

练习三

案例分析

刘国梁执教情商极高　变压力为激情感染球队

跨国配对打双打，是国乒（中国国家乒乓球）总教练刘国梁提出的新点子，韩国公开赛是实施的首秀。首秀现场，由于缺少磨合，六对中外组合既有踩脚的尴尬，也有鸡同鸭讲的混乱，大家满头大汗，心情无一不紧张兴奋。赛场外，"始作俑者"刘国梁舒舒服服地靠在椅子上，歪着脖子，鸭舌帽下时不时露出满意的窃笑。

尽管新点子并没有得到所有协会的支持，比如日本和新加坡，但在这次比赛中的反响却很不错，韩国乒乓球协会（简称韩国乒协）会长赛后就找到刘国梁表态男双前三名奖金韩国队一分不要，为的就是争取下一次和中国队配对的机会。国际乒乓球联合会（简称乒联）主席沙拉拉也迫不及待地发邮件给中国乒协，称韩国公开赛期间，跨国配对一事得到了海外媒体的大量关注和称赞。"刘国梁这个主意非常好！"沙拉拉再次重复他一周前便在广州说过的赞美之词。看来，"桥王"刘国梁这次又成功了！（注："桥"字在粤语中为"点子"之意）

从小就是人精

刘国梁是鬼点子大王，这点乒坛无人不知。在他登上帅位至今的十年，大家甚至难以想象从他的脑袋瓜子里为何总能不断迸发出各种奇思妙想。但熟悉刘国梁的人都知道，刘国梁打小就是个人精，总会想方设法达到自己的目的。

10岁时的刘国梁有件趣事，刚刚加入八一队的他心气很高，总想找高水平的大队员打球，但大家都没把这个小不点当回事。为了逼对方使出真材实料和自己较量，刘国梁想出了一个法子，就是每次和大队员打球都定下一个彩头，谁输谁负责买饮料。于是刘国梁变得很抢手，大家都使出真才实学来和他较量，一段时间后，刘国梁的球技扶摇直上，从过去被让10分，到后来顶多只被让7分。

进入国家队后，刘国梁也因为点子多、好玩而被推崇为"大哥"，他曾怂恿室友孔令辉向当时的主教练蔡振华谎报训练量，最终被蔡振华识破而双双被降入二队。不过做事滑头、略带痞气的他，却偏偏最终被蔡振华选中作为接班人。"只有曾是队中的大哥，转换到教练时才会知道手底下的队员在想什么。"后来蔡振华如此解释。

刘国梁曾经说过，自己是一个有激情的人，而且是一个能够把压力转换为激情，甚至是快乐的人。正因为这种激情，才能点燃他的脑细胞，从而活跃整支球队。

创意灵感泉涌

有人说，刘国梁作为蔡振华的嫡传弟子，很多思维传承自师父蔡振华。他上任后的一系列变革动作，也确实是蔡振华"创业"方针下的产物。不过相比蔡振华"养狼"计划下的作为，刘国梁的改革更加大刀阔斧，符合时代的特点。

比如将队内选拔赛以公开透明的直通赛方式呈现在电视上，开设直板横板大战，将网络投票引入选拔赛，由观众投票决定晋级的队员，开创"血战到底"的赛制，以及这次跨国配对的点子，无不反映刘国梁日益开放的心态和搞活乒乓球的决心。"你是乒坛老大，凭什么别人会愿意跟你一起玩？所以还是要放低姿态，学会让别人尝点甜头，这个就需要我们心胸更宽一些，眼光更广一些。"这是如今刘国梁常常挂在嘴边的一句话。

同时，在创意推广的细节方面，刘国梁也从不怠慢疏忽。今年（2013年）男子直通赛最后一个阶段，在镇江的某场比赛开始前，电视转播信号迟迟未到，坐在评述席上的刘国梁灵机一动，差遣王励勤和马龙临时上阵演出一场妙趣横生的垫场赛，马龙的胯下击球、王励勤的球拍吸球绝技无不引来阵阵掌声。

面对球迷，刘国梁也有新举措——直通赛后，刘国梁当了一回半夜鸡叫的周扒皮，将晋级的男队员一早从被窝里拉出来，陪伴由微博号召而来的女球迷晨跑。这股新风确确实实拉近了过去高高在上的国乒队员与球迷之间的距离。又比如直板横板大战，输赢从来不是刘国梁的初衷，赛前向网友征集对阵图，邀请波尔、柳承敏等国际球星的太太团来观战，包括自己也出动了太太和双胞胎女儿等，尽力达到比赛娱乐化和话题性十足的目的。"无论直板输了，还是横板输了，大家心里都不会服，将来还有得打，'直横对决'是恒久的主题。"刘国梁脖子一歪，点子如泉涌。

在改革路上一往无前的刘国梁也从不畏惧争议和舆论。网络投票就曾引发舆论的一地鸡毛，有争议有谩骂，甚至引发"刷票"丑闻。对此刘国梁却是看在眼里，喜在心头，"不是有这么一句话吗？叫'誉满天下，谤满天下'，没人理你，你才真输了！"

执教情商极高

2003年，刚刚退役的刘国梁曾走进上海交通大学攻读人力资源管理专业。在上海交通大学时，刘国梁写过一篇论文，题目叫《球队中的人力资源》，他也学以致用，在治军过程中很有自己的点子。而超强的洞察力则是他各种治军点子的源泉。

27岁当上男乒主教练，37岁成为国乒总教练，刘国梁岁数不大，却在队内有很高的威信，很能服众，除了魄力和胸怀外，也与他能准确抓住每个队员的心理，因材施教有关。比如对待老队员马琳，刘国梁就下得了狠手。某次马琳和陪练比赛，由于刘国梁故意吹了个黑哨，马琳打起了情绪球，被罚跑一万米。后来马琳和刘国梁较上了劲，午饭不吃，一口气跑了一万两千米。

得知情况后的刘国梁想出了和马琳"赌球"的点子，拉马琳和陪练再打两场，如果马琳继续输球，马琳和自己各赔5000元奖励给陪练。结果马琳拼得非常厉害，虽然最后体力透支还是输掉了比赛，但后来马琳接受采访时表示，如果没有那次的刺激，也就没有后来北京奥运会上的夺冠。

在对乒乓球运动的采访中，刘国梁的采访是记者最为期待的，因为每次他都会妙语连珠，点评弟子时仿如拉家常般的幽默语气，常常会成为记者文章中的兴奋点。但其实刘国梁如此的应对不光是为了取悦媒体或是博取曝光度，他说的每句话都是基于对麾下球员的了解，进行的有针对性的敲打。比如他在不同场合夸奖王励勤，有着在队里树立榜样的目的。比如张继科性格浮躁豪放，刘国梁便会特意打压，不使其锋芒太露。近期张继科频频输球，"不要等到失去了才知道珍惜"、"令人非常失望"、"懒得说他了"，这些一次比一次狠的语言明显就是对张继科的刺激。但对于基本功扎实、技术全面，但性格内敛的马龙，刘国梁就会更多给予鼓励，提高他的自信。

有人曾问过刘国梁，如何能够拥有源源不断的创新点子，刘国梁歪着脖子，双手抱肩，缓缓说道："我坚信，人的梦想有多大，拥有的世界就有多大。成功与否没人能预测，但敢想、敢做是基础。"

（节选自《羊城晚报》2013年4月11日。）

思考题

1. 刘国梁为什么要跨国配对打比赛？用意何在？
2. 请尝试给中国乒坛总教头提一些情绪管理合理化建议。

主体沟通篇

第四章 沟通概述

学习目标

- 了解沟通的概念、过程及要素；
- 掌握沟通的主要方式及其特点，在人际交往中能灵活地运用沟通的各种方式；
- 了解沟通中存在的主要障碍，领会及掌握如何克服沟通的障碍。

情景导入

赞美之后解危机

相传古代有一位宰相请一个理发师理发。理发师给宰相修面到一半时，也许是过分紧张，不小心把宰相的眉毛给刮掉了。哎呀！不得了了，他暗暗叫苦，顿时惊恐万分，深知宰相必然会怪罪下来，那可吃不了兜着走！

理发师是个常在江湖上行走的人，深知人之一般心理：盛赞之下怒气消。他情急智生，猛然醒悟，连忙放下剃刀，故意两眼直愣愣地看着宰相的肚皮，仿佛要把宰相的五脏六腑看个透似的。

宰相见他这模样，感到莫名其妙。迷惑不解地问道："你不修面，却光看我肚皮，这是为什么？"

理发师装出一副傻乎乎的样子解释说："人们常说，宰相肚里能撑船，我看大人的肚皮并不大，怎么能撑船呢？"宰相一听理发师这么说，哈哈大笑："那是说宰相的气量大，对一些小事情，都能容忍，从不计较的。"

理发师一听这话，"扑通"一声跪在地上，声泪俱下地说："小的该死，方才修面时不小心将相爷的眉毛刮掉了，相爷气量大，请千万恕罪。"

宰相一听啼笑皆非：眉毛给刮掉了，叫我今后怎么见人呢？不禁勃然大怒，正要发作，但又冷静一想：自己刚讲过宰相气量最大，怎能为这点小事，给他治罪呢？

于是，宰相便豁达温和地说："无妨，且去把笔拿来，把眉毛画上就是了。"

理发师闯下大祸，却能灵活机智地运用心理攻势，去祸消灾，值得称道。

（摘自汪龙光《人际沟通的心理学》。）

看完案例有什么思考和体会？

人都愿意听赞美的话，理发师赞美的过程也是一个沟通的过程。沟通可以使人们相互了解，解除误会，增进关系。

随着社会关系的日益复杂，"沟通"一词在我们现实生活中出现得越来越频繁。在一个群体中，要使群体中每个成员能够在一个共同目标下协调一致地努力工作，就离不开有效的沟通。尤其是在企业中，沟通已经成为管理者们必备的技能之一。那么，什么是沟通？沟通的过程是怎样？沟通的方式有哪些？如何进行有效的沟通？从本章起，我们将逐一解答这些问题。

第一节　沟通的概念

 沟通的定义

沟通是人类社会的一般现象。那么，什么是沟通？实际上，沟通是一个外来词，源自英语中的communication，原意为交流、互动、传播。《大英百科全书》认为，沟通就是用任何方法，彼此交换信息。即指一个人与另一个人之间用视觉、符号、电话、电报、收音机、电视或其他工具为媒介，从事之交换消息的方法。《韦氏大词典》认为，沟通就是文字、文句或消息的交流，思想或意见之交换。学者西蒙认为，沟通"可视为任何一种程序，借此程序，组织中的每一个成员，将其所决定的意见或前提，传送给其他有关成员"。

从沟通的各种定义中，我们看到，沟通的实质是人与人之间进行信息传递的一个过程。在这个过程中，信息发送者和信息接收者都是沟通的主体，信息沟通可以以语言、文字或其他形式为媒介，沟通的内容除了信息传递，也包括感情、思想和观点的交流。

简而言之，沟通是指信息发送者遵循一系列共同规则，凭借一定媒介将信息发给信息接收者，并通过反馈达到理解的过程。沟通的目的是传递信息，信息的传递过程就是沟通，沟通的内容就是信息。

二 沟通的内涵

沟通首先是意义上的传递。如果信息和想法没有被传递到，则意味着沟通没有发生。也就是说，说话者没有听众或写作者没有读者都不能构成沟通。

其次，要使沟通成功，意思不仅要被传递，还需要被理解。有效的沟通中，经过传递后被接收者感知到的信息与发送者发出的信息完全一致。然而，一种观念或一个信息并不能像有形物品一样由发送者传递给接收者。在沟通过程中，所有传递于沟通者之间的，只是一些符号，而不是信息本身。传送者首先要将信息翻译成符号，而接收者则进行相反的"翻译过程"。由于每个人"信息-符号储存系统"各不相同，对同一符号（例如语言词汇）常存在不同的理解。例如，在用手势表示数字时，中国人伸出食指指节前屈表示"9"，日本人却用这个手势表示"偷窃"。中国人表示"10"的手势是将右手握成拳头，在英美等国则表示"祝好运"，或示意与某人的关系密切。沟通双方往往会忽视"信息-符号储存系统"的差异，因而导致不少沟通问题。

沟通的信息是包罗万象的。在沟通中，我们不仅传递信息，而且还表达赞赏、不快之情，或提出自己的意见、观点。这样沟通信息就可以分为：事实、情感、价值观、意见观点等。如果信息接收者对信息类型理解与发送者不一致，就有可能导致沟通障碍和信息失真。在许多发生误解的问题中，其核心都在于，接收者对信息到底是意见、观点的叙述还是事实的叙述混淆不清。例如："某某同学上课从来不讲话"和"某某同学上课思想总是开小差"是两个人对同一现象做出的描述。但究竟哪个人的表述是客观事实，不是当事人恐怕很难判断。一个良好的沟通者必须谨慎区别基于推论的信息和基于事实的信息。另外，沟通者也要完整理解传递来的信息，既获取事实，又分析发送者的价值观、个人态度，这样才能达到有效沟通的目的。

> **小故事**
>
> 法国作家大仲马到德国一家餐馆就餐,本欲品尝有名的德国蘑菇,可是服务员根本听不懂法语,而他又不会德语。于是,他灵机一动,在纸上画了一个蘑菇图交给服务员。服务员一看,恍然大悟,马上飞奔出去。大仲马心想,总算让服务员明白自己的意思了,谁知一刻钟后,服务员气喘吁吁地跑回来,递给他一把雨伞。
>
> (摘自葛玲《各界名人幽默故事》。)

三、沟通的过程及要素

从沟通的定义中可以看到,沟通过程涉及沟通主体(发送者和接收者)和沟通客体(信息)的关系。沟通的起始点是信息的发送者,终结点是信息的接收者。当终结点上的接收者做出反馈时,信息的接收者又转变为信息的发送者,而最初的发送者就成了信息的接收者。沟通就是这样一个轮回反复的过程。

如图4-1所示,一个完整的沟通过程包括六个环节,即信息源、编码、传递通道、接收者、译码、反馈和干扰源(噪声)。

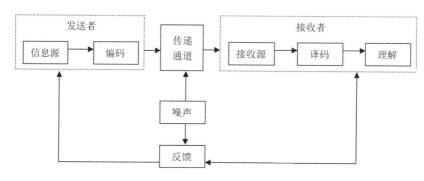

图4-1 信息沟通的过程

(一)编码与译码

编码是发送者将其信息源编成一定的文字、语言符号及其他形式的符号;译码则恰恰相反,是接收者在接收信息后,将符号化的信息还原为信息源,并理解其意义。

完美的沟通,应该是发送者打算发送的信息经过编码与译码两个过程后,接收者感受到信息与发送者发送的信息完全吻合,也就是说,编码与译码完全"对称"。"对称"

的前提条件是双方拥有类似的经验,如果双方对信息符号及信息内容缺乏共同经验,则容易缺乏共同信息理解,从而使编码、译码过程不可避免地出现误差。

(二)传递通道

传递通道是发送者用于传递信息的媒介物,如面对面交谈、电话、网络等。不同的信息内容使用不同的通道。例如:工作报告应该采用书面文件的形式作为通道,绩效反馈如果采用书面的形式则无法取得良好的效果。

在各种方式的沟通中,影响力最大的,仍然是面对面的原始沟通方式。面对面沟通时,除了语言本身的信息外,还有沟通者整体心理状态的信息。这些信息可以使发送者与接收者发生情绪上的相互感染。因此,即使是在网络通信技术如此发达的今天,我们还是主要采用面对面的沟通。

(三)背景

沟通总是在一定背景下发生的,任何形式的沟通,都要受到各种环境因素的影响。一般认为,对沟通过程发生影响的背景因素包括以下几个方面。

◆ 1. 心理背景

心理背景是指沟通双方的情绪和态度。它包括两个方面的内涵:一是沟通者的心情、情绪,处于兴奋、激动状态与处于悲伤、焦虑状态下,沟通者的沟通意愿、沟通行为是截然不同的,后者往往沟通意愿不强烈,思维也处于抑制或混乱状态,编码、译码过程受到干扰;二是沟通者对对方的态度,如果沟通双方彼此敌视或关系淡漠,沟通过程则常常受到偏见的影响,双方难以准确理解对方信息的意思。

◆ 2. 物理背景

物理背景指沟通发生的场所。特定的物理背景往往造成特定的沟通气氛,如当众演讲和在自己办公室慷慨陈词,其气氛和沟通过程是大相径庭的。

◆ 3. 社会背景

社会背景包括两个方面。一方面指沟通双方的社会角色关系。不同的社会角色关系,有不同的沟通模式。如在工作中,上级和下级之间的沟通方式是严肃认真的,但在下班后,上级和下级的相处过程可以是轻松随意的。另一方面,社会背景还包括沟通情境中对沟通发生影响但不直接参加沟通的其他人。如学生和老师一起吃饭,有老师在旁,学生之间的交谈会比较克制和拘谨。

◆ 4. 文化背景

文化背景指沟通者长期的文化沉淀,也是沟通者较稳定的价值取向、思维模式、心理结构的总和。它们已转变为人们精神的核心部分而为我们自动保持,是思考、行动的内在依据。文化背景影响每一个人的沟通过程,影响沟通的每一个环节。当不同的文化发现碰撞、交融时,人们的沟通效果往往受到影响。例如:中国人在沟通中讲究含蓄委婉,美国人在沟通中则非常直接。这种文化差异使得不同文化背景下的管理者在沟通中会遇到不少的困难。

(四)反馈

反馈是指接收者把信息返回给发送者,并对信息是否被理解进行核实。反馈是沟通体系中非常重要的一个方面。在没有得到反馈之前,我们无法确认信息是否已经得到有效的编码、传递和译码。提供反馈有利于增强沟通的有效性。

反馈的形式可以是多种多样的,包括口头或书面的、语言的或非语言的、有意或无意的、直接的或间接的、内在的或外在的。

(五)噪声

噪声是妨碍信息沟通的主要因素,它存在于沟通过程的各个环节,并有可能造成信息失真。常见的噪声来自以下方面。

(1) 价值观、伦理道德观、认知水平的差异会阻碍相互理解。

(2) 健康状态、情绪波动以及交流环境会对沟通产生显著影响。

(3) 身份地位的差异会导致心理落差和沟通阻碍。

(4) 编码与译码所采用的信息代码差异会直接影响理解与交流。

(5) 信息传递媒介的物理性障碍。

(6) 模棱两可的语言。

(7) 难以辨认的字迹。

(8) 不同的文化背景。

在沟通的过程中,噪声是一种干扰源,它可能有意或无意地交织,影响编码或译码的正确性,并导致信息在传递与接收的过程中变得模糊和失真,从而影响正常的沟通与交流。为了确保沟通的有效性,通常要有意识地避开或弱化噪声源,或者重复传递信息以增加信息强度。

第二节 沟通的主要方式

沟通是人们为达到某种目的，通过一定的方式，使彼此了解、相互信任并适应对方的一种活动过程。"一张桌子、两张椅子，面对面的正襟危坐，这才是沟通"，这种认知具有一定的局限性，沟通的方式应该是多种多样的。人们会根据不同的沟通目的、沟通对象及沟通内容，选择不同的沟通方式。

在沟通过程中，根据沟通符号的不同，沟通分为语言沟通和非语言沟通。根据沟通的结构性和系统性，沟通分为正式沟通和非正式沟通。根据在群体或组织中沟通传递的方向，沟通分为上行沟通、下行沟通和平行沟通。根据沟通中的互动性，沟通分为双向沟通和单向沟通。而在人们的日常生活中，使用最为频繁的沟通方式主要有口头沟通、书面沟通、非语言沟通和网络沟通等。

一、口头沟通

口头沟通是指人类以口头语言为信息载体进行的沟通，是人与人之间最常见的交流方式。常见的口头沟通有谈话、会议、演讲、电话、口信等。口头沟通是人类最早发展起来的沟通形式之一，是人类进化史上智人与古人的分界标志。

口头沟通是一种迅速、灵活、随机应变、有信息反馈、适用性强的沟通方式。它既可以是正式的磋商，也可以是非正式的聊天；既可以是有备而来，也可以是即兴发挥。

（一）口头沟通的主要优点

◆ 1. 使用灵活、简便

只要有口能言，任何人在任何时间、任何地点、任何条件下都可以进行口头沟通，可以不借助任何物资设备与物质条件，也不需要进行长期的读写训练。在文化教育不普及的地方，不会书写的文盲照样可以通过口头语言进行沟通。

◆ 2. 快速传递，效率高，反馈及时

在这种方式下，信息可以在最短的时间内被传送，并在最短的时间内得到对方的答复。如果接收者对信息有疑问，迅速的反馈可以使发送者及时检查其中不够明确的地方并进行改正。

◆ 3. 表现力强，辅助手段多，情感信息丰富

首先，经过千万年的发展，口头语言本身已经有极强的表现力，人们可以用很多词汇和方式来生动地表达自己的微妙感觉和事物的细微差别。例如，近年来流行的"忽悠"一词，比起"欺骗""撒谎"等传统词汇更为生动和传神。其次，人们在面对面交谈中，也可以直接从对方的面部表情、肢体语言和语音语气等表达方式中了解对方的真实情感，增加沟通的有效性。我们看书上印成文字的诗歌和现场欣赏演员声情并茂地朗诵诗歌，尽管二者一字不差，但无疑后者的信息量要大得多。

数字资源 4-1
角色扮演

（二）口头沟通的主要缺点

◆ 1. 口说无凭，不易保留

口头沟通从物理学上讲就是声带振动空气，空气振动耳膜，这个过程具有即时性，一旦发声停止，信息流动即告终止，信号无法保存，也就是说口头沟通有时间障碍。为了解决这个问题，人们除了口耳相传以外，还发明了录音、唱片等专门记录和保留声音信号的技术。此外，口头沟通如果不做记录，则会造成事后口说无凭、容易遗忘的缺点。

◆ 2. 规模受限

口头沟通要让对方听到才能顺利沟通，听不到或听不清，沟通自然无法顺利完成，因此口头沟通的规模受制于空间。为了突破空间的限制，使更多的人听到声音，人们发明了扩音器、电话等专门将人的声音传得更远的技术。可是这不仅需要昂贵的成本，还不能保证声音的质量不受设备本身的影响。

◆ 3. 不严谨

口头沟通难以重复阅读，反复思考，所以内容不能过于艰深，结构不能过于复杂，篇幅也不能过长。因此，一些特别复杂、严谨的内容，如科研论文、档案资料、统计数据就不能过分地依赖口头沟通。

◆ 4. 容易造成信息失真

如果信息发送者的表达能力较差，不能准确地传递信息，会使接收者不解其意；如果信息接收者反应不灵敏，不善于分析信息，也可能导致信息传递失误。信息从发送者一次次接力式的传递过程中，存在着失真的可能性。每个人都以自己的偏好增删信息，以自己的方式诠释信息，当信息经长途跋涉到达终点时，其内容往往与最初的含义存在一定的偏差。如果组织中的重要决策通过口头方式，沿着权力等级链上下传递，则信息失真的可能性相当大。

二、书面沟通

书面沟通是指人类以书面文字为信息载体进行的沟通。它是人类自草绳打结记事开始，到产生文字后被广泛采用的一种沟通方式，如会议记录、书面报告、信件、书面通知、书籍、论文等。

由于口头沟通的重要性和局限性，人们很早就开始探索用什么手段能够保留口头沟通的有效性，又弥补其不足，这之中最有效的办法就是可书写的文字。自从有了文字，人类才真正可以保留自己的历史，每一代人通过阅读上一代人留下的文字，可以直接继承上一代人认识世界和改造世界的遗产，从而可以站在前人的肩膀上去进一步认识世界和改造世界。

（一）书面沟通的主要优点

◆ 1. 便于保留，便于传阅

人际沟通的信息载体从口头信息变成书面的文字后，给人类带来的最大益处就是信息可以穿越时间而保留下来，保证了信息的原始性；信息可以穿越空间而传阅开来，保证了信息的唯一性。自古而今，人类的文明可以说绝大部分是通过书面文字传承下来的。

◆ 2. 可以反复修改，反复阅读

书面文字可以反复推敲、反复修改，所以适合传递特别严谨的信息；书面文字可以反复阅读，反复揣摩，所以适合传递复杂的信息。例如，评价一位学者的学术成就，只能以其发表的论文为依据，断不可以以他的电视演讲为依据。

情商与管理沟通

◆ 3. 比口头沟通更为正式、规范

书面沟通比口头沟通更为正式、规范，其所包含的信息也更具有严肃性和可信度，所以适合比较严肃、正式的场合。如领导讲话时口头沟通，但讲话记录稿须本人审阅才能发表。

◆ 4. 有形展示，便于查对，具有法律防护依据

口说无凭，口头表达的信息是无形的，而书面文字是有形的，可以方便人们查对。在一定情况下，书面文字还具有法律效力。

（二）书面沟通的主要缺点

◆ 1. 成本相对较高

文字的发明与改进都是人类高级的智慧和复杂的劳动，其所消耗的成本是无法计数的。且不说自古以来，中国人就有"仓颉造字，鬼神夜哭"的传说，单从甲骨文到金文、篆书，再到隶书、楷书，最后到今天的简化字，这个让中国文字写起来更容易、更方便的进步过程，就纵贯中国文明史。文字的学习和使用成本也很高，就汉字而言，仅仅达到听说读写的最低水平，就需要几年的时间。而在使用文字的过程中，纸张、笔墨、印刷、发行等这些口头沟通没有的环节所造成的成本，也相当的高昂。

◆ 2. 信息损耗

文字是一种记录信息的二维视觉符号，相对于人内心世界的丰富性和复杂性而言，任何文字都是有限的，不可能完全地记录所有的信息。特别是情感性的信息，在诉诸文字时往往会有很大的遗漏、变形、失真。

◆ 3. 效率低下

相对于口头沟通，书面沟通耗费的时间较长，效率较低。事实上，花费一个小时写出的内容可能只需要15分钟左右就能够说完。

◆ 4. 无法及时反馈

口头沟通能使接收者对其听到的信息及时提出自己的看法。而书面沟通则缺乏这种内在的反馈机制，无法保证发出的信息能被接收到，即使接收到，也无法确保接收者对

信息的解释正好是发送者的本意。发送者往往要花费很长的时间来了解信息是否已被接收并被准确地理解。

三 非语言沟通

非语言沟通是指通过非语言文字符号进行信息交流的一种沟通方式。人们利用身体动作、面部表情、空间距离、触摸行为、声音暗示、穿着打扮、实物标志、色彩、绘画、音乐、舞蹈、图像和装饰等来表达思想、情感、态度和意向。人们在日常交往中往往会发现，有时非语言沟通可以起到语言文字所不能替代的作用，一个人的手势、表情、眼神、笑声等都可以"说话"或传情。所以，非语言沟通不仅是利用语言进行信息交流的一种补充，而且是一种人与人之间的心理沟通，是人的情绪和情感、态度和兴趣的相互交流和相互感应。一位老师配合表情和眼神等，对一个在课堂上玩游戏的学生说"玩得很不错"，这位老师真的在表扬学生吗？在语言只是一种烟幕的时候，非语言的信息往往能够非常有力地传达"真正的本质"。一个眼神、一个手势、突然离去，能够交流许多具有价值的信息。激动人心的会议记录使人读起来非常枯燥，因为他们抽去了非语言的线索。据有关资料表明，在面对面的沟通过程中，那些来自语言文字的社交意义不会超过一半，换而言之，有一半以上是以非语言信息传达的。

非语言沟通的内涵十分丰富，主要有身体语言沟通、人际距离、副语言沟通和物体的操纵等方式。

（一）身体语言沟通

身体语言沟通是指通过头、眼、颈、手、肘、臂、身、胯、足等人体部位的协调活动来传达人物的思想，形象地借以表情达意的一种沟通方式。一个人要向外界传达完整的信息，单纯的语言成分只占一部分，另外一些信息需要由非语言的体态来传达，而且因为肢体语言通常是一个人下意识的举动，所以，它很少具有欺骗性。身体语言包括头语、手势、身姿、面部表情和眼神，它们既可以修饰语言，表达口头语言难以表达的情感，也可以表达肯定、默许、赞扬、鼓励、否定、批评等意图，可收到良好的沟通效果。

头语主要是通过头部动作表达信息，如点头就是肯定，摇头就是否定。

手势是会说话的工具，使用频率最高，形式变化最多，因而表现力、吸引力和感染力也最强，最能表达其丰富多彩的思想情感。从手势表达的思想内容来看，手势动作可分为情意手势、指示手势、象形手势和象征手势。情意手势用以表达感情，使抽象的感情具体化、形象化，如挥拳表示义愤、推掌表示拒绝。指示手势用以指明人或事物及其所在的位置，从而增强真实感和亲切感。象形手势用以模拟人或物的形状、体积和高矮等，给人以具体明确的印象。象征手势用以表现某种抽象的概念，以生动具体的手势配合语言构成一种易于理解的意境。

身姿是人们经常使用的姿势动作。例如，老师教学生要从小养成好习惯，站如松，坐如钟，行如风，就可以伴以简洁的身姿作为示范。人们协调各种动作姿势，并与其他无声语言动作，如眼神，面部表情等紧密配合，使各种表现手段协调一致，才能达到良好的沟通效果。

面部表情是身体语言的一种特殊表现。研究表明，在解释相互矛盾的信息过程中，人们更加着重的是面部表情而不是言语内容或声调。面部表情丰富，许多细微复杂的情感，都能通过面部种种表现来传情，并且能对口语表达起解释和强化的作用。同样是笑，微笑、憨笑、苦笑、奸笑，在嘴、唇、眉、眼和脸部肌肉等方面都表现出细微而复杂的差别，因此，要善于观察面部表情的各种细微差别，并且要善于灵活地驾驭自己的面部表情，使面部表情能更好地辅助和强化口语表达。

眼睛是心灵的窗户，它能表达许多语言所不易表达的复杂而微妙的信息和情感。眼神与语言之间有一种同步效应。通过眼神，可以把内心的激情、学识、品德、情操、审美情趣等传递给别人，达到互相沟通的目的。不同的眼神，给人不同的印象。眼神坚定明澈，使人感到坦荡、善良、天真；眼神阴暗狡黠，给人以虚伪、狭隘之感；左顾右盼，显得心慌意乱；翘首仰视，露出凝思高傲；低头俯视，露出胆怯、含羞。眼神会透露人的内心真意和隐秘。

数字资源 4-2
那些领导人的
"小动作"

（二）人际距离

人际距离不仅是人际关系密切程度的一个标志，而且也是用来进行人际沟通的传达信息的载体。所谓人际距离是指人与人之间的空间距离。当人与人交往时处于不同的空间距离中，就会有不同的感觉从而产生出不同的反应，因为人际距离传递出了不同的信息。彼此关系融洽的朋友总是肩并肩或面对面地交谈，而彼此敌意的人只能是背对背以示不相往来。

美国学者霍尔提出了距离学的理论来阐述人际距离影响沟通的问题，他把人际距离划分为四个区域。

（1）亲密区域为 0～0.46 米，在这个区域内来往的人，彼此关系是亲密的，一般在亲属、爱人之间。

（2）熟人区域在0.46米~1.2米之间，一般是老同事、老同学，关系融洽的邻居、师生等。

（3）社交区域在1.2米~3.6米之间，在这一区域内沟通的人彼此不十分熟悉。

（4）演讲的区域一般在3.6米以上，如教师讲课，报告人在礼堂上做报告等。

（三）副语言沟通

副语言是指语言的非词语的方面。即声音的音质、音量、声调、语速、节奏等。他们是语言的一部分，却不是语言的词语本身。副语言有时也可以表达出不同的意思，借助它来传递某方面的信息。如用轻缓和平稳的语调说"你真聪明"，表达了对对方的称赞和敬意；如果语速较快，声调尖刻地说"你真聪明"，那无疑是在讥讽对方。再如护士给同一病人注射时用轻缓的语调说："请准备好，我要给您打针。"同样一句话，用高兴的声调说，所产生的效果是不一样的。前者春风拂面，病人感到温暖、安全，后者则使病人心理上产生紧张感。

（四）物体的操纵

物体的操纵是指人们通过物体的运用、环境布置等手段进行非语言的沟通。如我们可以从一个人的衣着风格来推断此人的性格特征，鲜艳明亮的颜色、时尚新颖的款式表明衣服的主人性格活泼、外向，而淡雅简洁的服饰则表明衣服的主人安静、低调。当客人拜访主人时，主人一边说"热烈欢迎"，一边不停地看表，客人便知该起身告辞了。在工作场所，我们不难发现，秘书们常常给办公场所增添个人格调。专业人员和管理人员的办公室一般是严肃的，但是秘书们的办公桌被鲜艳的颜色、特殊的陈列品、挂在墙上的明信片、宣传画所包围。透过这些装饰，我们对秘书的性格、特征会产生一个初步的认识。

小故事

三国时期，蜀国丞相诸葛亮因错用马谡而失掉战略要地——街亭，魏将司马懿乘势引大军15万向诸葛亮所在的西城蜂拥而来。当时，诸葛亮身边没有大将，只有一班文官，所带领的五千军队，也有一半运粮草去了，只剩2500名士兵在城里。众人听到司马懿带兵前来的消息都大惊失色。诸葛亮登城楼观望后，对众人说："大家不要惊慌，我略用计策，便可教司马懿退兵。"

于是，诸葛亮传令，把所有的旌旗都藏起来，士兵原地不动，如果有私自外出以及大声喧哗的，立即斩首。又叫士兵把四个城门打开，每个城门之上派20名士兵扮成百姓模样，洒水扫街。诸葛亮自己披上鹤氅，戴上高高的纶巾，领着两个小书童,带上一张琴,到城上望敌楼前凭栏坐下,燃起香,然后慢慢弹起琴来。

司马懿的先头部队到达城下,见了这种气势,都不敢轻易入城,便急忙返回报告司马懿。司马懿听后,笑着说:"这怎么可能呢?"于是便令三军停下,自己飞马前去观看。离城不远,他果然看见诸葛亮端坐在城楼上,笑容可掬,正在焚香弹琴。左面一个书童,手捧宝剑;右面也有一个书童,手里拿着拂尘。城门里外,20多个百姓模样的人在低头洒扫,旁若无人。司马懿看后,疑惑不已,便来到中军,令后军充作前军,前军作后军撤退。他的二子司马昭说:"莫非是诸葛亮家中无兵,所以故意弄出这个样子来?父亲您为什么要退兵呢?"司马懿说:"诸葛亮一生谨慎,不曾冒险。现在城门大开,里面必有埋伏,我军如果进去,正好中了他们的计。还是快快撤退吧!"各路兵马都退了回去。诸葛亮的士兵问道:"司马懿乃魏之名将,今统十五万精兵到此,见了丞相,便速退去,何也?"诸葛亮说:"兵法云,知己知彼,方可百战不殆,如果是司马昭和曹操的话,我是绝对不敢实施此计的。"

四 网络沟通

网络沟通是指网络信息的传递和交流的过程,是以文字、声音、图像及其他多媒体为媒介,通过基于信息技术的计算机网络来实现的信息沟通活动。

(一)网络沟通的特点

21世纪是网络时代和信息时代。网络已经越来越走进人们的生活,成为人们学习、工作和生活中不可缺少的一部分。网络沟通已成为人际沟通的重要手段,网络沟通之所以能够产生如此巨大的影响,就在于它具有传统沟通方式所不具备的特点。

◆ **1. 跨时空性**

网络沟通是跨越了时间和空间的一种沟通方式,不论是发布信息,还是与他人交流,都可以不受地域和时间的限制。在世界任何一个角落,只要拥有互联网,都可以随时随地进行沟通和联系。

◆ **2. 广泛性**

互联网的人际网络庞大而复杂,沟通范围更大。信息的发布是以集束形式向四周扩散,在同一时间里,信息在人际中交相影响,信息的传播面广而且速度快。

◆ 3. 多样性

随着网络技术的发展,基于网络的沟通方式层出不穷。人们可以通过互发电子邮件代替传统信件,可以通过即时通信工具交流代替打电话,可以通过 BBS 发表自己的见解,可以通过视频工具进行类似面对面的交流。

◆ 4. 隐秘性

由于网络沟通的各方都存在于网络背后,许多沟通方式又可以匿名化,使得人们可以畅所欲言,有利于信息的传播。

◆ 5. 便捷性

网络沟通具有简单方便的特点。传统沟通方式,如电话沟通需要对方第一时间接听,面对面沟通需要双方在同一时间处于同一地点,而网络沟通则去除了上述所有的限制。

◆ 6. 低成本性

网络沟通大大降低了沟通成本,除了购置电脑,配备网络支持等一次性投入较大外,相比于其他传统的沟通方式,网络建成后的每一次信息交流成本都较为低廉。

小知识

伴随着互联网络技术在经济领域的全面渗透,传统的金融业也悄然兴起一场革命。1995 年 10 月,花旗银行率先在互联网上设站,由此带动了台湾公民银行的网络热潮,虚拟银行的雏形隐约浮现。1995 年 10 月,全球第一家网络银行"安全第一网络银行"在美国诞生。

这家银行没有建筑物,没有地址,营业厅就是首页画面,员工只有 10 人,和资产超过 2000 亿美元的美国花旗银行相比,安全第一网络银行微不足道,但与花旗银行不同的是,该银行所有交易都通过互联网进行,因此具有广阔的发展空间。

互联网将改变银行的排行榜,在网络银行的世界里,银行的规模不再以分行数、人员数衡量。

> 互联网在客户与银行间开辟了新的沟通渠道，使行销更直接，互动更频繁，银行的行销模式不断翻新。如台湾玉山网络银行提供的小额贷款线上申请，上网者如想申请60万元以下的贷款，只需用鼠标回答薪资所得、不动产状况等问题，电脑会自动评估信用等级并存档，只要等级分在60分以上，都可到玉山银行办理贷款。这项业务于1996年7月开办以来，迅速吸引了大量客户。而花旗银行也利用网络主动行销，只要在网上约定时间、地点，花旗银行会派专人当面做投资理财分析。
>
> 通过网络与客户的互动沟通，银行改变了以往传统的经营方式，扩大了客户来源，银行的业务部门能够找到潜在客户，企业策划部门也能够针对客户需求设计金融产品，银行业的经营观念也应由以往的产品导向转为客户导向。
>
> （节选自《广东金融电脑》2000年第2期。）

（二）网络沟通的方式

随着网络和信息技术的发展，人们在社会交往中的网络沟通手段日新月异，可采用的手段呈现多样化的发展趋势。

◆ 1. 电子邮件

电子邮件（E-mail），是指通过互联网进行书写、发送和接收信件，提供信息沟通的通信方式。电子邮件是互联网上最受欢迎且最常用的功能之一。

通过网络的电子邮件系统，用户可以非常快地与世界上任何一个角落的网络用户取得联系，电子邮件既可以是一对一的邮件传递，也可以进行一对多的邮件传递，其内容可以是文字、图像、声音等各种形式。电子邮件使用简易、投递快速、收费低廉、易于保存、全球畅通无阻，作为一种现代沟通方式，使人们的交流方式产生了极大的改变。

◆ 2. 即时通信

即时通信是指能够即时发送和接收互联网消息的实时通信系统，允许两人或多人即时传递文字、文件、语言和视频交流。其从早期的聊天工具，已经发展成集交流、资讯、娱乐、搜索、电子商务、办公协作和企业客户服务等为一体的综合化信息平台。

选择即时通信工具一般要考虑即时的方便性、软件的稳定性、信息安全、信息收发速度、软件功能等因素。可以根据自己的需求不同，选择适合自己的即时沟通工具。目前人们在社会交往中常用的即时通信工具主要有QQ、微信、MSN等。

◆ 3. 网络论坛

网络论坛是基于互联网的一种电子信息服务系统。它提供一块公共电子白板，每个用户都可以在上面发布信息或提出看法，是一种实时性、交互性强，内容丰富而即时的电子信息服务系统。

通过 BBS 可以随时获得各种最新的消息，也可以通过 BBS 来和别人讨论各种有趣的话题，还可以利用 BBS 来发布一些"求职应聘""廉价转让"等启事，更可以召集亲朋好友到聊天室内高谈阔论。

◆ 4. 博客

博客是指以网络作为载体，由个人管理，及时发布自己的心得，不定期张贴新的文章、图像或视频，有效轻松地与他人进行交流的综合性网络信息平台。

通过博客，人们可以传达个人的思想，抒发与分享个人的情绪，分享与交流知识、技术，认识同好，结交朋友，分享创作作品等。企业也可以通过博客对外宣传企业文化，或者通过博客推销自己的产品和服务。

第三节　沟通的主要障碍

沟通的障碍，是指信息在传递和交换过程中，由于信息意图受到干扰或误解，而导致沟通失真的现象。在人们沟通信息的过程中，常常会受到各种因素的影响和干扰，使沟通受到阻碍。在实际的管理活动中经常会遇到各种各样干扰共知与共识达成的因素，这些因素阻碍着沟通的进行。

> **小故事**
>
> 为了帮助年幼的儿子认识酗酒的危害，父亲在桌上放了两只装有虫子的杯子，先在第一只杯子里倒入清水，虫子在清水里不停地扭动，然后又在另一只杯子里倒入白酒，只见虫子剧烈地扭动了几下就死了，父亲问儿子这个实验说明了什么，儿子回答说，我明白了，如果经常喝白酒，肚子里就不会生虫。
>
> （节选自幽默小故事。）

一 认知障碍

事实上，我们每个人都有自己的独特认知框架和偏好的交流方式，所谓认知框架就是人们认识事物的方法和模式，它主要受个人先前的知识经验、文化背景、社会地位以及个人特征的影响。因此，每个人的认知框架是不同的，对同样的事物往往会产生不同的观点。

> **小故事**
>
> 两个孩子得到一个橙子，他们争来抢去。最终，一个孩子负责切橙子，另一个可以先选切好的橙子，他们按照商定的办法各自取得一半的橙子，高高兴兴地拿回家去了。一个孩子把半个橙子拿回家，把皮剥掉扔了，把果肉放到果汁机里榨成果汁喝。另一个孩子回到家，把果肉扔掉了，把皮留下来磨碎，将其混在面粉里做蛋糕吃。
>
> （节选自幽默小故事。）

由此可见，沟通中常见的错误，就是试图用自己的认知框架，而不是对方的认知框架，去解释某一个行为。

二 层级障碍

（一）位差效应

阻碍组织成员间信息和情感沟通的因素很多，但主要的还是组织成员间因地位不同而造成的心理隔阂，这种情况被管理学者称为位差效应。沟通的位差效应是美国加利福尼亚州立大学对企业内部沟通进行研究后得出的重要成果。他们发现，来自领导层的信息只有20%～25%被下级知道并正确理解，而从下到上反馈的信息则不超过10%，平行交流的效率则可达到90%以上。

> **小故事**
>
> 司马光在《资治通鉴》中谈道：臣子、百姓的民情、民声没有不愿意让君王知道的，君王没有不愿意知道民声、民情而求政治清明的，然而百姓总是苦于自己的意见、声音难以上达朝廷，君王也总是苦于难以知道民之实情，实际上，这是九种弊端存在不能去除的缘故啊。所谓九种弊端，在君主方面有六种，在臣民方面有三种。争强好胜；觉得自己超出常人，为听到自己的过失及别人的批评而感到羞耻；显示自己的口才；炫耀自己的耳聪目明；彰示自己的威严；刚愎自用，这六种属于君王方面的毛病。容易谄媚，揣测圣意，见风使舵，犹豫不决；瞻前顾后，患得患失；畏惧刑罚，害怕报复，这三者是臣民容易存在的弊端。
>
> （节选自《司马光故事集》，有改动。）

司马光在此提到的这些情况，正是上位心理和下位心理对上下级之间沟通所造成的不利影响。组织中，上级为了维护自己的尊严，只愿意与同级和领导来往，这样，领导的信息来源就只局限于狭窄的范围，得不到丰富和充实。下级一般也没有主动向上级汇报情况的意愿，以免带来不必要的是非纠纷。

（二）信息失真

组织机构、中间层级太多，就会在沟通过程中引起信息传递的扭曲，从而失去沟通的有效性。日本管理学家在实践中证明：信息每经过一个层次，其失真率约为10%～15%；上级向他的直接下属所传递的信息平均只有20%～25%被正确理解，而下属向他们的直接上级所反映的信息被正确理解的不超过10%。

三 沟通渠道障碍

（一）面对面沟通

面对面沟通是最经常、最直接、最广泛的沟通方式，这种沟通方式虽然具有直观、生动、及时反馈的优点，但是，面对面沟通也常常由于思考不仔细、不全面，造成说出的话不够准确、不合适，甚至出口伤人。

（二）信件沟通

信件沟通最大的弊端在于其滞后性。随着现代科技的迅速发展，一般急需解决的事情都尽量不采用这种方式。不过，在一些电力达不到或者无法使用现代沟通工具的地方，信件沟通依然是主要的沟通方式。

（三）短信（微信、QQ）沟通

短信沟通是现代电子产品普及的产物。相比于面对面沟通，短信沟通不受时间限制。编辑短信的时候也可以弥补语言表达不当的不足，缺点是对方可能没有及时看到短信，或者忘记及时回复。

（四）会议沟通

会议沟通的障碍多在于对主讲人的逆反心理。建议演讲者将演讲内容的关键放在开头和结尾。另外，在会议场景选择、时间安排、主讲人能力、沟通手段等方面若有不足，都会在不同程度上使沟通产生障碍。

（五）邮件沟通

电子邮件虽然是方便的沟通渠道，但缺少具有生命力的表达。现代企业中，公司领导很少面对面地与底层员工沟通，多采用邮件沟通。这种沟通方式无形中加大了领导和下属之间的距离感，影响公司的凝聚力。

四 符号语义障碍

符号语义障碍是指沟通双方对所使用的符号，如语言、文字、图片、手势等含义的不同理解或符号自身局限性而引起的沟通障碍。大多数的沟通，都是使用特定含义的符号来实现的符号沟通，即发送者编码符号，接收者解码和阐释符号。然而，符号通常具有多种含义，沟通时双方不得不从中选择一种含义。由于知识、能力、经验等的不同，有时双方会选择错误或有偏差的含义而产生误解，这样还可能会产生情感障碍，使沟通更加困难。比如符号系统中的语言，它是沟通过程中最重要的载体，但语言又是极为复杂的，不同语系、语族的语言存在不同程度的差异。即使同一语族也会存在地方方言的差异。因此，由语言方面的原因所引起的沟通障碍经常可见。如在山东某地，嬷嬷是奶奶的意思，而在江浙一带嬷嬷是姨妈的意思。

不同的人语言修养不同，表达能力也有高有低，即使是对同一事物，表达起来也有所不同，难免造成歧义。

> **小故事**
>
> 　　一个秀才买柴，曰："荷薪者过来。"（担柴的人过来），卖柴者因"过来"两字明白，担到面前。问曰："其价几何？"卖柴者因"价"字明白，说了价钱。秀才曰："外实而内虚，烟多而焰少，请损之。"（你的柴捆得外面看起来很密实，里面却是虚空的；烧起来烟很多，而火苗却不大，所以请便宜些吧。）卖柴者不知说甚，荷柴而去。
>
> （节选自民间小故事。）

五、跨文化沟通的障碍

沟通是意图的交流，即信息传送者尝试让接收者明白其所要表达的意思。沟通包括任何形式的理解和思考行为。沟通的内容包括语言信息（对话）和非语言信息（声调、面部表情、动作、身体姿势等）。它包含发送者有意发出的和不经意发出的信息。每一种沟通交流都必然有一个信息发送者和一个信息接收者，但是为什么发出和接收到的不是同一个信息呢？原因在于沟通通常是间接的，它是一种象征性的行为。人们传达的信息必须用符号对其具体化，信息发出者必须把他们要表达的意思转换成接收者可以理解的代码，也就是语言和动作等，接收者必须把这些语言和动作解译成自己能够理解的信息。

意思与符号之间的互译过程基于个人的文化背景因人而异。信息发送者与接收者之间的文化背景差异越大，对特定言行理解的偏差就越大。跨文化沟通就是不同文化背景的人之间的信息传递。双方的文化差异越大，出现沟通障碍的机会就越多。例如，一位日本商人想暗示他的挪威客户他对这笔销售不感兴趣，但出于礼貌，他便说："这笔交易太难。"挪威客人却把此话错误地理解为，还有未解决的问题，而不是这桩生意谈砸了。

跨文化沟通产生的误解是由错误的思维、理解和评价导致的。当信息接收者和发送者来自不同的文化背景时，准确传达信息的可能性就会降低。文化能够强烈地影响，甚至在某种意义上决定人们怎么理解所面对的情况。人们的文化背景决定了使用的归类方式以及对其所附加的含义。跨文化误解的来源包括无意识的文化自闭、文化自省能力的缺位、假定相似性以及文化优越感等。

（一）无意识的文化自闭

人类大部分的理解活动都是在潜意识中，因此，人们很少意识到自我判断的假设及其前提。本土文化观念从未强迫人们去检视这些假定或它们产生的文化背景，因为同一文化形态下的人共同分享着这些假定。但是，在其他文化环境中工作时，事情的进展便不会那么顺利了。

有一群在科威特做生意的加拿大商人和一位科威特高官会晤，他们发现会谈并不是在一个密闭的会议室里，并且不断被打断，这使得加拿大人感到不可理解。加拿大人的假定是：如此重要人物应拥有宽阔的私人办公室，并且有多名私人秘书，同时会谈不应被打断。他们错误地理解了科威特人的开放式办公室和不断被打断的会谈，以为该官员不是高级人员，而且对这笔生意不感兴趣。加拿大人对科威特人的办公环境的误解，使他们失去了与科威特合作的机会。

（节选自民间小故事。）

在上面这个例子中，事情的症结在于，这些加拿大商人的理解是基于他们自身的北美文化，而不是中东文化。开放式的办公环境是中东文化的一个特点，该科威特人很可能就是一名对生意有浓厚兴趣的高级官员。

（二）文化自省能力的缺位

在国际企业经营中，最大的障碍并不是如何去理解不同文化，而是如何意识到自身的文化定位。正如人类学家爱德华·霍尔所说："那些最不了解、最不利于研究的东西，正是那些最接近我们本身的东西。"人们一般极少会注意到自身的文化特性，只有当听到外国人描述自己的时候才会表现得非常惊讶。许多美国人会很惊讶地发现，别人认为他们是匆忙的、过分守法的、工作刻苦的、极度直率以及过分好奇的。当人们开始从其他文化的人眼中了解自己的时候，表明他们已经开始修正自己的举止，重点关注那些最适当和最有效的特征，而最大限度地减少那些毫无意义的特征。人们越具有自我文化意识，就越能预测出自己的行为会给别人造成的影响。

（三）假定相似性

假定相似性即假定其他人与自己相似，或另一个人的处境和自己的处境类似，但事实却并非如此。假定相似性是一个非常普遍的现象。有学者曾对此做过研究，让 14 个来自不同国家的经理描述一个外国同事的工作和生活目标，结果每位经理都认为他们的外国同事更像他们自己。

假定相似性产生的原因在于眼界狭小。人们通常假定唯一的方式就是自己的方式，唯一的世界观就是自己的世界观。因此，人们只用自己的世界观去看待他人。多数国际企业管理者都不认为他们思想狭隘，坚信自己能够理解欣赏外国人的观点，但事实上并非总是如此。例如，当巴厘岛的工人家庭拒绝采取节育措施时，解释说这会破坏灵魂再生，很少西方管理者愿意从该地区的文化角度思考。相反，他们轻易下结论，认为巴厘岛人过于迷信，害怕接受西方的医疗技术。

（四）文化优越感

在跨文化交际中，人们把自己的文化作为判断标准，认为与自己文化相似的就是正常的，而不同的则是异常的。自己的文化成了评判的标准，其他文化与自己的文化不同，就倾向于判定其他文化都是落后的。在北京申办 2008 年奥运会期间，一个国际动物协会的代表给国际奥林匹克委员会写了一封信，表示反对北京举办 2008 年奥运会，其理由非常简单，因为中国人吃狗肉。在他看来，狗是"人类最好的朋友"，吃狗肉的民族一定是不文明的民族。一位印度人对此提出了自己的看法，认为尽管印度人不吃狗肉，但如果因为吃狗肉就不能举办奥运会，那么印度人也可以提出凡是吃牛肉的国家都不能举办奥运会。因为在印度，牛是神圣的动物。

六 消除沟通障碍的对策

（一）针对认知偏差的对策

对于认知偏差所引起的误解，我们可以根据对方所习惯的交流方式选择不同的沟通策略。

（1）必须了解对方的信息接收方式，对症下药地选择合适的交流手段，才能使要传达的意图得到比较完整、准确的接受和理解。

（2）领导者和被领导者都要有不断学习的精神，使自己领导、工作的组织成为学习型组织，使自己成为所从事工作的内行和专家，紧跟最新的技术发展步伐。

（二）避免位差效应的措施

之所以会造成"上之难达，下之难知"的结果，主要责任在于上级。因此，要最大限度地避免位差效应所造成的负面影响，应该从管理者入手。首先，管理者在沟通和交流过程中,应尽最大努力获取第一手材料,即原始信息,少用或不用经过各种职位层级传输过来的信息,除了要尽快获得原始信息外,还应多注意了解反面信息,并要在沟通和交流中保持信息内容的准确无误。

其次,在组织架构中应尽量减少层级。信息传递中参与者越多,信息失真的可能性越大。因此,双方最好直接沟通,这样才能使信息及时、有效地在双方之间传递。特别是部门规划得比较精细的公司,更是要注意这一点。

(三)减少语言模糊的方法

说话时应自信、平静、肯定而有力,音量应大到足以让人听清楚,但又不要大喊大叫,目光要保持适当接触,让对方有参与和受重视的感觉。要尽量使用对方易于理解的语言,增加传播内容的可接受性。尽量多用具体化的语言,非用抽象语言不可的时候,要鼓励对方反馈,以促进对沟通信息的理解。

(四)克服沟通渠道障碍的方法

积极疏通和拓宽沟通渠道,避免沟通渠道单一,尤其要注意多利用非正式渠道。事实证明:"通过权限的正式途径向下级或上级传递的信息,实际只占组织整个信息网络的小部分,大部分是通过非正式组织传递的。"最后,要多提倡下属间的平行沟通,因其极少存在"上位"和"下位"之分,故其沟通的效率可达90%以上。

活动设计

活动一

嘴巴说"我好想你"或"你讲得真好",同时肢体语言表现:
(1)眼睛侧视、看上、看下、东张西望;
(2)双手抱胸、手插裤袋;
(3)手指指着你;
(4)对你冷笑;
(5)低音、没有感情、低头不看你;
(6)高声地笑着;
(7)点头、微笑、眼光注视你。

要求:分小组点评语言和肢体语言不同步的感受,分组讨论如何避免出现语言和肢体语言不一致。

第四章·沟通概述

活动二

交际能力对于一个人的职场开拓至关重要。美国心理学家在贝尔实验室所做的研究表明了交际能力的重要性。该实验室的成员均为高智商的科学家和工程师，然而有的仍然灿若明星，而有的却已失去了光彩，为何有如此差别？

原来明星们具有很强的交际能力，工作之外他们与技术权威们建立了可依赖的关系，一旦工作中需要帮助，几乎总能很快地得到答复；而业绩平平者，向技术权威请教，然后等待答复，结果往往是得不到回音。你的交际能力足以使你在职场中游刃有余吗？

做完以下测试你就会了解。接下来测试开始：

1. 你与朋友的交往能保持多久？
A. 大多是天长地久型
B. 长短都有，志趣相投者通常较长久
C. 弃旧交新是常有的事

2. 你与别人交往中的表现是什么样的？
A. 我使人沉思，能给人带去智慧
B. 和我在一起，人们总是感到随意自在
C. 我走到哪儿，就把笑声带到哪儿

3. 与朋友们相处，你通常的情形是：
A. 善于赞扬他们的优点
B. 不吹捧奉承，也不苛刻指责
C. 以诚为原则，有错就指出来

4. 对你来说，与人结交的主要目的是：
A. 想让他们帮你解决你应付不了的问题
B. 希望被人喜欢
C. 使自己生活得热闹愉快

5. 朋友或同事劝阻或批评你时，你总是：
A. 愉快地接受
B. 非常勉强地接受
C. 断然否决

6. 出门旅行度假时，你：
A. 喜欢一个人消磨时间
B. 内心非常希望结交朋友，虽然不是很成功，但仍然勇于实践
C. 通常很容易就交到朋友

7. 结交一位朋友，你通常是：

A. 通过某特定场合的接触开始

B. 经过考虑而决定交往

C. 由熟人的介绍开始

8. 如果别人对你很依赖，你的感觉是：

A. 避之唯恐不及

B. 我不太在意，但如果他们有一定的独立性就更好了

C. 我喜欢被依赖

9. 对那些精神或物质上帮助过你的人，你：

A. 铭记在心，永世不忘

B. 认为是朋友间应该做的，不必牵挂在心

C. 时过境迁，随风而逝吧

10. 对身边的异性，你：

A. 与他们互不来往

B. 只在必要的情况下才去接近他们

C. 乐于接近他们，彼此相处愉快

11. 和一个同事约好了一起去跳舞，但下班后你感到很疲惫，这时同事已回去换衣服，你：

A. 仍去赴约，尽量显得情绪高涨，热情活泼

B. 去赴约，但会询问，如果你早些回家，同事是否会介意

C. 决定不赴约了，希望同事谅解

12. 别人邀你出游或表演一个节目，你会：

A. 断然拒绝

B. 借故委婉推脱

C. 兴致勃勃地欣然允诺

13. 你的朋友，首先应：

A. 诚实可靠，值得依赖

B. 能使人快乐轻松

C. 对我很欣赏，很关心我

14. 在编织你的人际关系网时，被考虑的人选一般是：

A. 上司及有钱有权有势的人

B. 社会地位和自己差不多的人

C. 诚实且心地善良的人

15. 来到一个新的环境，对那些陌生人的名字和他们的特点，你：

A. 能很快地记住

B. 想记住，但不太成功

C. 不在意这些东西

题号得分选项

题号	1	2	3	4	5	6	7	8	9	10	11	12	13	14	15
A	1	5	1	5	1	5	1	5	1	5	1	5	1	5	1
B	3	3	3	3	3	3	3	3	3	3	3	3	3	3	3
C	5	1	5	1	5	1	5	1	5	1	5	1	5	1	5

延伸阅读

职场女实习生故事

一个刚刚毕业的女大学生安迪面试进入穿普拉达的女魔头梅琳达的公司，成为梅琳达的助手。很快，梅琳达的雷厉风行、尖酸刻薄就令她苦不堪言。如何适应工作环境？如何和老板相处？安迪在自身的努力之外，又有哪些巧妙的沟通技巧呢？

刚到公司，面试之前，接待安迪的艾米莉告知她："梅琳达几周内炒了两个女孩，我们需要能够适应这个高强度工作的员工。"接下来所有员工各就各位，从工作环境的整理到衣着的整理，就能让安迪知道梅琳达是一个不好惹的上司。

进入公司之后，适应工作环境是首要的任务，而作为新人，与同事之间进行良好的沟通是必不可少的。安迪作为一个新人，非常谦虚地请教，问艾米莉电话应该怎么接，怎么应对梅琳达的要求，而艾米莉作为安迪的前辈，也很乐意赐教、帮助安迪。两人之间建立了良好的关系，后来她们在晚会的时候也彼此夸赞，安迪知道艾米莉为了瘦下来已经几周没有怎么吃过东西了，所以她夸艾米莉很瘦，让艾米莉有极大的满足感。因为没有给梅琳达订到回程的机票，安迪被梅琳达责骂，并被否定工作能力，她委屈得想要放弃，找到奈杰尔哭诉，认为梅琳达看不到自己的努力，故意为难自己。而奈杰尔开导她，告诉她要从自己身上寻找问题，还帮助她搭配了衣服。同事之间良好的沟通让安迪对自己的工作有了努力的动力，也让安迪收获了良好的人际关系。

在工作过程中，与其他人的沟通也是必要的，安迪因为去一个聚会帮梅琳达取东西，而结识了克里斯丁·汤普森，与他进行了短暂的沟通，事实证明，在后来帮梅琳达的双胞胎找《哈利·波特》的手稿时，克里斯丁帮了大忙。

如何与上级相处？这是关乎能否被重用，事业是否能够上升的关键。倾听上级：①简短、及时地记录关键词。安迪总是在打电话的时候，拿着本子记录。② 注意一些细节，专门用语、语气、身体语言等透露的信息。比如在梅琳达看会展时，喜欢就微笑，不喜欢就摇头，紧闭嘴唇就会是大灾难。③ 在上级与其他人交谈时，也应积极倾听，捕捉其中有意义的信息。在一次梅琳达为裙子配腰带的时候，安迪觉得两条腰带是一样的，所以笑出了声，这触怒了梅琳达，这件事给梅琳达的感受是，安迪认为这件事是和自己无关的。

梅琳达是实干型上司，这类上司是快速决策者，她们总是恨不得马上有个结果，她们最见不得他人干事拖拖拉拉、拖泥带水。所以对待这类上司，要注意主动性，采取主动的行动。比如：① 梅琳达让安迪打电话确认晚餐时，她回答已经订好了，接着梅琳达说"我还需要换身衣服"，她回答"我已经发短信通知把您的衣服送去杂志社了"。也因此，安迪获得了去梅琳达家中送书的资格。② 梅琳达问安迪，只有一本手稿，双胞胎怎么看？一起看？她说："不，我已经做成两本，装订好并添加了封面，那样就不会看起来像手稿，复制成一模一样的两本，以防万一。"梅琳达又问："那么装订好的两本手稿在哪呢？我怎么没看到。"她说："双胞胎已经在去外婆家的火车上开始看了。"在与上级的沟通中，安迪深得梅琳达的喜欢，当在酒会上艾米莉窘迫得答不出来宾姓名时，她在最后时刻给出答案，没有一开始急于表现。在得知梅琳达要离婚的消息后，她及时安慰，换位思考。在遇到危机时，不顾一切地去通知梅琳达。最终，她获得了梅琳达的认可，工作得十分出色。

最初的安迪会与家人朋友沟通，吐槽梅琳达的严苛、压迫。而当她越来越融入工作，把她的私人时间安排得满满当当，与家人和朋友缺少沟通和交流，家人和朋友就渐行渐远。最终，安迪放弃了令万千少女梦想的工作，选择了家人和朋友，而家人和朋友也回归她身旁。

（改编自电影《穿普拉达的女王》片段。）

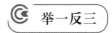 举一反三

阿维安卡52航班的悲剧

1990年1月15日晚7：40，阿维安卡（Avianca）52航班飞行在美国南新泽西海岸上空3.7万英尺（11277.6米）的高空。机上的油量可以维持近两个小时的航程，在正常情况下飞机降落至纽约肯尼迪机场仅需不到半小时的时间，这一缓冲保护措施可以说是十分安全。然而，此后发生了一系列耽搁。首先，晚上8：00，肯尼迪机场航空交通管理员通知52航班的飞行员，由于严重的交通问题他们必须在机场上空盘旋待命。8：45，52航班的副驾驶员向肯尼迪机场报告他们的"燃料快用完了"。管理员收到了这一信息，但在9：14之前，飞机仍没有被批准降落。在此之前，阿维安卡机组成员再没有向肯尼迪机场传送

任何情况十分危急的信息,但飞机座舱中的机组成员却相互紧张地通知他们的燃料供给出现了危机。

9:14,52航班第一次试降失败。由于飞行高度太低及能见度太差,无法保证安全着陆。当肯尼迪机场指示52航班进行第二次试降时,机组成员再次提到他们的燃料将要用尽,但飞行员却告诉管理员新分配的飞行跑道"可行"。9:31,飞机的两个引擎失灵,1分钟后,另外两个也停止了工作,耗尽了燃料的飞机于9:34坠毁于长岛,机上73名人员全部遇难。

当调查人员考察了飞机座舱中的磁带并与当事的机场管理员讨论之后,他们发现导致这场悲剧的原因是沟通的障碍。为什么一个简单的信息既未被清楚地传递,又未被充分地接收呢?下面我们对这一事件进行进一步的分析。

首先,飞行员一直说他们"油量不足",机场交通管理员告诉调查员这是飞行员们经常使用的一句话。当被延误时,管理员认为每架飞机都存在燃料问题。但是,如果飞行员发出"燃料危机"的呼声,那么管理员有义务优先为其导航,并尽可能迅速地允许其着陆。一位机场管理员指出:"如果飞行员表明情况十分危急,那么所有的规则程序都可以不顾,我们会尽可能以最快的速度引导其降落。"遗憾的是,52航班的飞行员从未说过"情况危急",所以肯尼迪机场的管理员一直未理解到飞行员所面对的真正困难。

其次,52航班飞行员的语调也并未向管理员传递有关燃料紧急的严重信息。许多管理员接受过专门训练,可以在这种情境下捕捉到飞行员声音中极细微的语调变化。尽管52航班的机组成员表现出对燃料问题的极大忧虑,但他们向肯尼迪机场传达信息的语调却是冷静而职业化的。

最后,飞行员的文化和传统以及机场的职权也使得52航班的飞行员不愿意声明情况危急。当对紧急情况正式报告之后,飞行员需要写出大量的书面报告。另外,如果最终发现飞行员在计算飞行中需要多少油量方面存在疏忽大意的话,那么联邦飞行管理局就会吊销其驾驶执照。这些消极的强化因素极大地阻碍了飞行员发出紧急呼救。在这种情况下,飞行员的专业技能和荣誉感则变成了赌注。

课后练习

练习一

玩游戏。

时间:15分钟

材料：准备总人数两倍的 A4 纸（废纸或报纸亦可）

适用对象：全体成员

活动目的：为了说明我们在平时的沟通过程中，经常使用单向的沟通方式，结果听者总是见仁见智，个人按照自己的理解来执行，通常都会出现很大的差异。但使用了双向沟通之后，又会怎样呢，差异依然存在，虽然有改善，但增加了沟通过程的复杂性。所以什么方法是最好的？这要依据实际情况而定。沟通的最佳方式要根据不同的场合及环境而定。

操作程序：

1. 给大家每人发一张纸。

2. 主持者发出单项指令：结果会发现各种答案。

3. 重复上述的指令，唯一不同的是这次大家可以问问题。

有关讨论：

1. 完成第一步之后可以问大家，为什么会有这么多不同的结果？

2. 完成第二步之后又问大家，为什么还会有误差？

练习二

案例分析

余华：我为何写作

二十多年前，我是一名牙科医生，在中国南方的一个小镇上手握钢钳，每天拔牙长达八个小时。在我们中国的过去，牙医是属于跑江湖一类，通常和理发的或者修鞋的为伍，在繁华的街区撑开一把油布雨伞，将钳子、锤子等器械在桌上一字排开，同时也将以往拔下的牙齿一字排开，以此招徕顾客。这样的牙医都是独自一人，不需要助手，和修鞋匠一样挑着一副担子游走四方。

我是他们的继承者。虽然我在属于国家的医院里工作，但是我的前辈们都是从油布雨伞下走进医院的楼房，没有一个来自医学院。我所在的医院以拔牙为主，只有二十来人，因牙疼难忍前来治病的人都把我们的医院叫成"牙齿店"，很少有人认为我们是一家医院。与牙科医生这个现在已经知识分子化的职业相比，我觉得自己其实是一名店员。

我就是那时候开始写作的。我在"牙齿店"干了五年，观看了数以万计的张开的嘴巴，我感到无聊至极，我倒是知道了世界上什么地方最没有风景，就是在嘴巴里。当时，我经常站在临街的窗前，看到在文化馆工作的人整日在大街上游手好闲地走来走去，心里十分羡慕。有一次我问一位在文化馆工作的人，问他为什么经常在大街上游玩。他告诉我：这就是他的工作。我心想这样的工作我也喜欢。于是我决定写作，我希望有朝一日能够进入文化馆。当时进入文化馆只有三条路可走：一是学会作曲；二是学会绘画；三就是写作。对我来说，作曲和绘画太难了，而写作只要认识汉字就行，我只能写作了。

在1983年11月的一个下午，我接到了一个来自北京的长途电话，一家文学杂志让我去北京修改我的小说。当我从北京改完小说回家时，我才知道我们小小的县城轰动了，我是我们县里历史上第一个去北京改稿的人。我们县里的官员认为我是一个人才，他们说不能再让我拔牙了，说应该让我去文化馆工作。就这样我进了文化馆。在八十年代初的中国，个人是没有权利寻找自己的工作，工作都是国家分配的。我从医院到文化馆工作时，我的调动文件上盖了十多个大红印章。我第一天到文化馆上班时故意迟到了两个小时，结果我发现自己竟然是第一个来上班的，我心想这地方来对了。

这几年很多外国朋友问我，为什么要放弃富有的牙医工作去从事贫穷的写作？他们不知道在八十年代的中国，做一名医生不会比一名工人富有，那时候的医生都是穷光蛋，拿着国家规定的薪水。所以我放弃牙医工作去文化馆上班，没有任何经济上和心理上的压力，恰恰相反，我幸福得差不多要从睡梦里笑醒，因为我从一个每天都要勤奋工作的穷光蛋变成了一个每天都在游玩的穷光蛋，虽然都是穷光蛋，可是文化馆里的是个自由自在和幸福的穷光蛋。我几乎每天都要睡到中午，然后在街上到处游荡，实在找不到什么人陪我玩了，我就回家开始写作。到了1993年，我觉得能够用写作养活自己时，我就辞去了这份世界上最自由的工作，定居北京开始更自由的生活。

现在，我已经有二十年的写作历史了。二十年的漫漫长夜和那些晴朗或者阴沉的白昼过去之后，我发现自己已经无法离开写作了。写作唤醒了我生活中无数的欲望，这样的欲望在我过去生活里曾经有过或者根本没有，曾经实现过或者根本无法实现。我的写作使它们聚集到了一起，在虚构的现实里成为合法。二十年之后，我发现自己的写作已经建立了现实经历之外的一条人生道路，它和我现实的人生之路同时出发，并肩而行，有时交叉到了一起，有时又天各一方。因此我现在越来越相信这样的话——写作有益于身心健康。当现实生活中无法实现的欲望在虚构生活里纷纷得到实现时，我就会感到自己的人生正在完整起来。写作使我拥有了两个人生，现实的和虚构的，它们的关系就像是健康和疾病，当一个强大起来时，另一个必然会衰落下去。于是当我现实的人生越来越贫乏时，我虚构的人生已经异常丰富了。

我知道阅读别人的作品会影响自己，后来发现自己写下的人物也会影响我的人生态度。写作确实会改变一个人，会将一个刚强的人变得眼泪汪汪，会将一个果断的人变得犹豫不决，会将一个勇敢的人变得胆小怕事，最后就是将一个活生生的人变成了一个作家。我这样说并不是为了贬低写作，恰恰是为了要说明文学或者说是写作对于一个人的重要，当作家变得越来越警觉的同时，他的心灵也会经常地感到柔弱无援。他会发现自己深陷其中的世界与四周的现实若即若离，而且还会格格不入。然后他就发现自己已经具有了与众不同的准则，或者说是完全属于他自己的理解和判断，他感到自己的灵魂具有了无孔不入的本领，他的内心已经变得异常的丰富。这样的丰富就是来自长时间的写作，来自身体肌肉衰退后警觉和智慧的茁壮成长，而且这丰富总是容易受到伤害。

二十年来我一直生活在文学里，生活在那些转瞬即逝的意象和活生生的对白里，生活在那些妙不可言同时又真实可信的描写里……生活在很多伟大作家的叙述里，也生活在自己的叙述里。我相信文学是由那些柔弱同时又是无比丰富和敏感的心灵创造的，让我们心领神会和激动失眠，让我们远隔千里仍然互相热爱，让我们生离死别后还是互相热爱。

我的写作经历

"文学的伟大之处就是在于它的同情和怜悯之心，并且将这样的情感彻底地表达出来。"

我是1983年开始小说创作，当时我深受日本作家川端康成的影响，川端作品中细致入微的描述使我着迷，那个时期我相信人物情感的变化比性格更重要，我写出了像《星星》这类作品。这类作品发表在1984年到1986年的文学杂志上，我一直认为这一阶段是我阅读和写作的自我训练期，这些作品我一直没有收入到自己的集子中去。

由于川端康成的影响，使我在一开始就注重叙述的细部，去发现和把握那些微妙的变化。这种叙述上的训练使我在后来的写作中尝尽了甜头，因为它是一部作品是否丰厚的关键。但是川端的影响也给我带来了麻烦，这十分内心化的写作，使我感到自己的灵魂越来越闭塞。这时候，也就是1986年，我读到了卡夫卡，卡夫卡在叙述形式上的随心所欲把我吓了一跳，我心想：原来小说还可以这样写。

卡夫卡是一位思想和情感极为严谨的作家，而在叙述上又是彻底的自由主义者。在卡夫卡这里，我发现自由的叙述可以使思想和情感表达得更加充分。于是卡夫卡救了我，把我从川端康成的桎梏里解放了出来。与川端不一样，卡夫卡教会我的不是描述的方式，而是写作的方式。

这一阶段我写下了《十八岁出门远行》《现实一种》《世事如烟》等一系列作品，在当时，很多作家和评论家认为它代表了新的文学形式，也就是后来所说的先锋文学。

一个有趣的事实是，我在中国被一些看法认为是学习西方文学的先锋派作家，而当我的作品被介绍到西方时，他们的反应却是我与文学流派无关。所以，我想谈谈先锋文学。我一直认为中国的先锋文学其实只是一个借口，它的先锋性很值得怀疑，而且它是在世界范围内先锋文学运动完全结束后产生的。就我个人而言，我写下这一部分作品的理由是我对真实性概念的重新认识。文学的真实是什么？当时我认为文学的真实是不能用现实生活的尺度去衡量的，它的真实里还包括了想象、梦境和欲望。在1989年，我写过一篇题为《虚伪的作品》的文章，它的题目来自毕加索的一句话："艺术家应该让人们懂得虚伪中的真实。"为了表达我心目中的真实，我感到原有的写作方式已经不能支持我，所以我就去寻找更为丰富的，更具有变化的叙述。现在，人们普遍将先锋文学视为八十年代的一次文学形式的革命，我不认为是一场革命，它仅仅只是使文学在形式上变得丰富一些而已。

到了二十世纪九十年代，我的写作出现了变化，从三部长篇小说开始，它们是《在细雨中呼喊》《活着》和《许三观卖血记》。有关这样的变化，批评家们已经议论得很多了，但是都和我的写作无关。应该说是叙述指引我写下了这样的作品，我写着写着突然发现人物有他们自己的声音，这是令我惊喜的发现，而且是在写作过程中发现的。在此之前我不认为人物有自己的声音，我粗暴地认为人物都是作者意图的符号，当我发现人物自己的声音以后，我就不再是一个发号施令的叙述者，我成为一个感同身受的记录者，这样的写作十分美好，因为我时常能够听到人物自身的发言，他们自己说出来的话比我要让他们说的更加确切和美妙。

我知道自己的作品正在变得平易近人，正在逐渐被更多的读者所接受。不知道是时代在变化，还是人在变化，我现在更喜欢活生生的事实和活生生的情感，我认为文学的伟大之处就是在于它的同情和怜悯之心，并且将这样的情感彻底地表达出来。文学不是实验，应该是理解和探索，它在形式上的探索不是为了形式自身的创新或者其他的标榜之词，而是为了真正地深入人心，将人的内心表达出来，而不是为了表达内分泌。

就像我喜欢自己九十年代的作品那样，我仍然喜欢自己在八十年代所写下的作品，因为它们对于我是同样的重要。更为重要的是我还将不断地写下去，在我今后的作品中，我希望自己的写作会更有意义，我所说的意义是写出拥有灵魂和希望的作品。

（节选自余华访谈录，有改动。https://www.sohu.com/a/144673187_195772?_trans_=000019_wzwza.）

思考题

1. 从余华的经历里，如何理解"写出拥有灵魂和希望的作品"？
2. 文学的"同情心和怜悯之心"如何应用在生活中？

练习三

案例分析

高端大气　思想深邃：学习习总书记系列重要讲话体会

十八大以来，习近平总书记着眼新时代新特点新变化，围绕改革发展稳定、内政外交国防、治党治国治军发表了一系列重要讲话，提出许多富有特色和个性的新思想新观点新论断新要求，内涵丰富、思想深邃、博大精深，闪耀着马克思主义真理的光辉，是中国特色社会主义的最新理论成果。通过学习，主要有以下三点体会：

大国战略

习近平对大国战略思想的调整创新，体现了马克思主义与时俱进的理论本质。"世界潮流，浩浩荡荡，顺之则昌，逆之则亡。"正确处理中国和世界的关系，是事关中华民族实现伟大复兴的关键。面对当今世界深刻复杂的变化，习总书记准确把握世界大势，科学统筹国内国际两个大局，对国家发展战略进行了及时调整和创新，提出了中国梦的伟大战略思想，确定了新的发展战略目标，创新了国家崛起模式，丰富和发展了中国特色社会主义理论宝库。这种理论创新跳出了西方的话语体系，在国内外具有凝聚力、吸引力和说服力。

中国梦伟大战略思想架起融通世界的桥梁。2012年11月29日，习总书记在参观《复兴之路》展览时深情指出："现在，大家都在讨论中国梦，我以为，实现中华民族伟大复兴，就是中华民族近代以来最伟大的梦想。"中国梦不仅在国内引起强烈共鸣，而且在国际社会产生强烈反响。中国梦与其他国家人民的梦想的关系如何，中国梦将给世界带来什么呢？对此，习近平在美国、俄罗斯、欧洲以及世界其他各地多次宣示："中国梦是和平、发展、合作、共赢的梦，与世界各国人民的美好梦想相通。"把中国人民期待和平与发展的美好愿景传递给各国人民，把中国发展带来的机遇展示给全世界。

二是中国和平崛起理论超越西方国强必霸的逻辑。在西方的思维逻辑中，一个大国的崛起必定以牺牲其他国家的利益为代价，国家强大必定会称霸，对于中国的迅速崛起，美国等西方国家有着种种担忧，频频鼓吹"中国威胁论"，如果不能超越西方狭隘的逻辑思维，中国的发展就必定会受到西方国家的更大的阻力和遏制。习总书记出访欧洲时强调："中国不认同'国强必霸'的陈旧逻辑，决不会称霸，决不搞扩张，中国越发展，对世界和平与发展就越有利。"习近平在中法建交50周年纪念大会上的讲话中指出："中国这头狮子已经醒了，但这是一只和平的、可亲的、文明的狮子。"

大家气势

习近平大刀阔斧地推进全面深化改革和反腐倡廉建设，彰显了中国共产党人攻坚克难的伟大气魄。深水区的改革如何推进、腐败如何根治是事关我党长期执政的关键问题。从习近平总书记系列重要讲话中，我们可以深刻体会到，新一届党中央领导集体对改革和反腐的力度是空前的。

一是以巨大的政治勇气推进改革。十八大后，习总书记首选广东视察就是宣誓推进改革开放决心。习近平在视察时说："我们生长的时代是一个令人激动的时代。面临改革大潮，我们要做改革的弄潮儿，要有强烈的历史担当精神。革命战争年代冲锋陷阵、英勇献身，现在，就是要勇于改革、善于改革。"对于突破利益集团的藩篱、对于化解来自各方面的对深化改革的阻力，与邓小平当年南方谈话有着同等重要的意义。习总书记在党的十八届三中全会上，全方位部署了经济、政治、文化、社会、生态文明、党的建设等各领域的改革重点，形成"六位一体"的全方位改革蓝图。十八届三中全会通过的《决定》2万字左右，涵盖15个领域、60个具体任务，300项举措。可以说句句谈改革，字字有力度。体现了新的中央领导集体敢于啃硬骨头、敢于涉险滩的伟大气魄。

二是以壮士断腕的勇气推进反腐倡廉。在中国共产党第十八届中央纪律检查委员会第三次全体会议上，习近平强调："我们坚持从中央政治局做起，以上带下，发挥了表率作用；坚决查处腐败案件，坚持'老虎'、'苍蝇'一起打，形成了对腐败分子的高压态势。"、"全党同志要深刻认识反腐败斗争的长期性、复杂性、艰巨性,以猛药去疴、重典治乱的决心,以刮骨疗毒、壮士断腕的勇气,坚决把党风廉政建设和反腐败斗争进行到底。"习近平还十分明确地要求党的各级干部:"公款姓公,一分一厘都不能乱花;公权为民,一丝一毫都不能私用。"这样的论述亲切、通俗、生动!十八大以后,中央强势反腐的成果足以让违法违规的干部胆战心惊,全国政协副主席苏营、中央军委前副主席徐才厚以及众多省部级高官纷纷落马。习总书记的讲话给我们一个非常明确的信号:中央反腐倡廉的力度前所未有,一抓到底的决心前所未有!

大众语言

大众化的语言,清新朴实的语言风格,凸现了习总书记务实亲民的作风和人民情怀。习总书记在讲话中善于把抽象的理论通俗化,把深奥的道理浅显化,用大众化的语言和中国特色的文化方式生动形象地阐述创新理论和执政理念,令人耳目一新。

一是善用大白话诠释执政理念。习总书记讲话最鲜明的特色是善于用大白话诠释执政理念。比如,他用"小康不小康,关键看老乡"来生动指出衡量小康的根本标准;用"让居民看得见山,望得见水,记得住乡愁"来说明保护生态传承文明的重要性;用"缺钙"、"软骨病"来比喻理想信念的缺失;用"鞋子合不合脚,自己穿着才知道"来形象比喻一个国家对发展道路的选择正确与否;用"国家好,民族好,大家才会好"来阐明每个人的前途命运与国家和民族的前途命运紧密相连。这些很接地气的群众语言,通俗易懂,使人易记、易传播、易接受。

二是善用聊天式话语沟通心灵。习总书记讲话中,常用聊天式话语与听众进行沟通,起到了"春风化雨,润物无声"效果。比如,他在十八届中央政治局常委与中外记者见面时的讲话,第一句话就说"让大家久等了",接下来又讲"大家很敬业、很专业、很辛苦",这是一种近乎谈心式沟通交流,让人的心灵沐浴着阳光,让人倍感亲切、温暖和感动。在谈中国"三农"问题时,他说"中国要强,农业必须强;中国要美,农村必须美;中国要富,农民必须富。"这样没有高调和口号的语言,让农民感受到的是真真切切的关怀和看得见的希望,体现出党的领导人务实亲民的作风和执政为民的情怀。(作者单位:湖南衡阳市委宣传部)

(选自人民网-人民论坛,2014年7月24日,有改动。http://theory.people.com.cn/n/2014/0724/c40531—25338484.html.)

思考题

如何理解习主席的"谈心式沟通交流"?有何沟通效果?

第五章 自我沟通

学习目标

- 掌握自我沟通的含义和意义；
- 了解自我沟通的目标和内容；
- 正确运用自我沟通的策略和技巧。

情景导入

失意的新东方老师，惊艳了直播间

底蕴的绽放，如同"老罗语录"一样，"董宇辉语录"正以短视频的形式在各大社交媒体传播，东方甄选也被贴上了"双语直播间""直播带货的一股清流""可以学知识顺带购物的直播间"等标签。

但需要强调的是，现在被网友们津津乐道的东方甄选直播间并非突然出现，董宇辉也已经直播了半年多。去年（2021年）底，新东方在线相关人士就告诉《21世纪经济报道》记者，东方甄选的直播团队将结合新东方自身风格和主播特点，打造出"以产品故事结合带货，将美食与精神食粮融合在一起"的直播风格。

该人士表示："首先，新东方在线的老师多数拥有大班网课教学经验，所以我们选择培养老师们转型为主播。良好的沟通能力和富有亲和力的外形，让我们省去了从零培养的步骤。其次，新东方在线的老师拥有较丰富的知识储备，这是我们独一无二的优势，打造出了适合个人、有新东方特色的主播。"

所以从一开始，双语直播、知识与产品结合等，就是新东方转型直播带货的既定策略，但为何最近突然火了，如董宇辉在直播时所说，这是个偶然。

情商与管理沟通

偶然在于，董宇辉在6月9日直播中的表现，毫无预兆地解锁了流量密码。在那场直播中，董宇辉和往常一样直播，或许是因为多了一些对自己长相的自嘲，抑或是那天自由发挥的"小作文"格外动人，让直播间的观众感受到了脱口秀的乐趣，或者是突然击中了心灵的某个地方。

然后，这段直播视频被传到社交媒体上，随即引发病毒式传播。很多人是在其他平台被董宇辉的人设所吸引，然后涌入抖音观看直播。

要知道，现在被追捧的董宇辉，曾经也被网友质疑过。刚开始直播的时候，有人质疑董宇辉的长相，也有人说不好好卖货说什么英语，当时，这些评论都让董宇辉极为难受，但现在看来，这些被质疑的内容却是现在成为爆款的重要因素。

所以，董宇辉的走红确实是偶然，但这背后，更多的是必然。作为曾经的新东方名师，他的底蕴和积累，是他能够被人看到的基础。据悉，东方甄选的主播在直播时没有提词器，都是面对一个镜头靠自己的积累侃侃而谈，如果没有足够的知识储备，这很难做到。

董宇辉在社交平台分享道，转型初期，他曾无比沮丧、痛苦、彻夜失眠，因为看不到自己的价值，甚至都已经准备找人力资源部门签离职协议。最终，是在公司CEO孙东旭的开导下，董宇辉坚持了下来。

过去，在课堂上夸夸其谈，是董宇辉认为的自我价值，而现在，他把助农带货当作自我价值。就像他说的，人生不会一直如你所愿，跌宕起伏才是人生，但只要坚持对的事情，就一定能够成功。现在，董宇辉的努力已经得到了应得的反馈。

（节选自《21世纪经济报道》2022年6月13日，有改动。）

问题提出

1. 董老师如何进行自我沟通，如何坚持直播？
2. 除了自我沟通，未来东方甄选还有什么其他沟通方式？

问题解决

1. 董老师以一种轻松愉快的方式和粉丝交流，这是建立彼此好感的第一步，因为他不喜欢过于严肃、拘谨而且无趣的人。倾听他伟大的梦想和计划，不必马上指出他的不切实际，只把这当成一种分享想法和喜悦的方式。他在直播中穿插各种专业知识，实现自我价值。

2. 与利益相关联各个方面沟通，如企业和顾客的沟通，企业与股东的沟通，企业与社区的沟通，企业与新闻媒体的沟通等。尤其做得最好的是和媒体沟通，一夜之间爆红之后持续助农，帮助农民卖货。

第一节　自我沟通的基础

自我沟通（intra-personal communication），或称内向沟通，是指个人接受外部信息并在人体内部进行信息处理的活动，是在主我（I）和客我（me）之间进行的信息交流。

自我沟通是其他一切沟通活动的基础，任何一种其他类型的沟通，如人际沟通、群体沟通、大众沟通等，都必然伴随着自我沟通的环节，自我沟通的性质和结果，也必然会对其他类型的沟通产生重要的影响。

目前，有关自我沟通的机制，其大量的研究工作是由心理学家完成的。心理学家的有关人的知觉、意识、感觉、情感、想象、记忆、思维等大量研究成果为我们提供了很大的帮助。

一、自我沟通是一个生理过程

人之所以能够进行自我沟通，首先与人体的生理机制是分不开的。人的身体具有一般信息沟通系统的特点：人体既有信息接收装置（感官系统），又有信息传输装置（神经系统）；既有记忆和处理装置（人的大脑），又有输出装置（发声等表达器官及控制这些器官的肌肉神经）；人的身体既是一个独立的有机体，又与自然和社会外部环境保持着普遍联系。

小故事

施拉姆曾引用，温德尔·约翰逊对两个人对话的前后过程的一段描述。

一个事件发生了。这一事件刺激了A先生的眼睛、耳朵或其他感觉器官，造成神经搏动到达A先生的大脑，又到达他的肌肉和腺线，这样就产生了紧张、未有语言之前的"感觉"等；然后，A先生开始按照他惯用的语言表达方式把这些感觉变成字句，而且从"他考虑到的"所有语句中，他"选择"或者抽象出某些字句，他以某种方式安排这些字词，然后通过声波和光波，A 先生对 B 先生讲话。B 先生的眼睛和耳朵分别受到声波和光波的刺激，结果，神经搏动到达 B 先生的大脑，又从大脑到达他的肌肉和腺线，产生紧张（张力）、未讲话前的"感觉"等；接着 B 先生开始按照他惯用的语言表达方式把这些感觉变成字句，并且从他"考虑过的"所有字句中，他"选择"或抽象出某些词，他以某种方式安排这些词，然后 B 先生相应地讲话，或做出行动，从而刺激了 A 先生或其他人。这样，沟通过程就继续进行下去……

施拉姆认为在 A、B 二人对话的前后，存在着两个自我沟通的过程，一个是 A 先生的，一个是 B 先生的。这两个过程大致相同：A 先生或 B 先生通过他们的感官接收外部世界的信息，在体内尤其是通过大脑来处理这些信息，并把处理的结果转化为信息输出前的预备状态——这些内在的信息活动，就是自我沟通。

日本学者渡边一央等人提出的人的视听觉信息处理模式充分地反映了自我沟通的系统性，这个模式从生理学的角度非常详细地解析了自我沟通的过程和结构，表明人体内的信息处理活动是一个复杂而有机的系统。

二 自我沟通是能动的意识和思维活动过程

自我沟通一般都是作为对外界事物的反应而发生的，但是，这种反应并不单纯是生理层面上的刺激和反应，相反，能动的意识和思维活动才是自我沟通区别于其他动物体内沟通的根本特点。

辩证唯物主义认为，自然界经历了漫长的历史过程，从自身的发展中产生出具有思维能力的人。这个过程包括三个决定性的环节：由一切物质所具有的反应特性到低级生物的刺激感应性；由刺激感应的反应形式到高级动物的感受和心理反应；由一般动物的感觉和心理反应到能动的人的意识的产生。

同时，人的意识不仅是自然界长期发展的产物，而且是劳动和社会的产物。在劳动和社会中，人不仅要认识事物的表面现象，而且要认识事物的本质和规律，反复的社会实践使人的意识超越了一般动物感觉和心理反应而达到更高的境界。劳动不仅推动了作为意识的物质

数字资源 5-1：
自我沟通
过程

基础的人脑的发达，而且推动了思维的工具——语言的产生。有了语言人就能够使用语言符号来概括各种感觉材料，进行抽象思维活动，从而使人类的意识和思维活动产生更大的飞跃。

三、自我沟通是一个社会心理过程

自我沟通是个人体内的信息沟通活动。自我沟通与人的自我意识是紧密相关的。正是由于自我沟通，自我意识才得以形成，而自我沟通也是在个人的主体意识——自我意识的指导下进行的。

关于自我，西方有两个容易混淆的概念，即 self 和 ego。这两个概念无论在其起源、内涵，还是研究领域方面都有着高度不同。self 是指认识、行动着的主体，是由生物性、社会性以及自我意识诸因素相结合的有机统一体，被分为主我和客我，主要受后天和社会环境影响。而 ego 是保证个人适应环境、健康成长、取得个人自我意识同一的根源。这是弗洛伊德最早提出的概念，它是从本我中分化而来的，ego 主要由先天遗传因素决定。在研究领域中，在 self 这个标题下，研究领域十分广泛，并有大量实证研究。自我意识、自我概念的研究都是在 self 的意思上进行的。

James 把我分为主我（I）和客我（me），因而自我意识也就是主体的我对客体的我的意识。如一个人对自己的外貌、身高的了解，对自己的能力、性格等的认识，对自己在与他人相处的融洽程度和自己在他人眼中的地位的理解等，这些都是自我意识的具体表现。

概括来说，自我意识是对自我及自我与周围关系的意识，包括个体对自身的意识和对自身与周围世界关系的意识两大部分。从形式上看，自我意识可表现为认识、情感、意志三种形式，也被称为自我认识、自我体验、自我调节。从内容上看，自我意识又可分为生理自我、社会自我和心理自我。自我认识是指一个人对自己的生理、社会、心理等方面的意识，属于自我意识的认识范畴。它包括自我观察、自我图示、自我概念、自我评价等。

近现代社会学和社会心理学的研究成果表明，人的自我并不是封闭的和孤立的，相反，它是在与他人的社会联系中形成的，自我具有鲜明的社会性和互动性。自我的社会性和互动性体现了自我沟通的社会性和互动性。

（一）米德的"主我与客我"理论

最早从沟通的角度对人的自我意识及其形成过程进行了系统研究的是美国社会心理学家 G.H. 米德。米德在研究人的内省活动时发现，自我意识对人的行为决策有着重要的影响。自我可以分解成相互联系、相互作用的两个方面：一个是作为意愿和行为主体的"主我"(I),它通过个人围绕对象事物从事的行为和反应具体体现出来;另一个是作为他人的社会评价和社会期待的代表的"客我"(me),它是自我意识的社会关系性的体现。换句话说,人的自我是在"主我"和"客我"的互动中形成的,并且是这种互动关系的体现。例如,李先生是一位教师,又是一个丈夫和父亲,在社会生活中扮演着各种各样的角色。他非常喜欢人体健美,并想当一个业余模特。但是,在他就此事做出某种决定之前,他要经过一番考虑:当模特是否符合教师、丈夫和父亲的形象?同事、妻子、孩子、朋友对此事会如何评价?他们对自己的角色期待是什么?如此等等。经过这些考虑,李先生才能最终做出决定。不管这种决定的性质如何,这个决定都是李先生自己做出的,它表现了"主我"的作用,然而,这个"主我"并不是一意孤行的,相反,它是对各种社会关系的体现的"客我"的反映。

米德认为,人的自我意识就是在这种"主我"和"客我"的辩证互动的过程中形成、发展和变化的。"主我"是形式(由行为反应表现出来),"客我"是内容(体现了社会关系的方方面面的影响)。"客我"可以促使"主我"产生新的变化,而"主我"反过来也可以改变"客我",两者的互动不断形成新的自我。

由此看来,自我沟通的社会性、双向性和互动性也就表现得很明显了。自我沟通是一个"主我""客我"之间双向互动的社会过程,互动的介质同样是信息,用米德的话来说即"有意义的象征符"(significant symbol)。这个过程我们可以用图 5-1 表示。

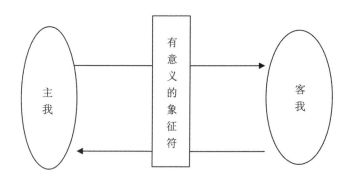

图 5-1　自我沟通的双向互动性

在这里,"有意义的象征符"可以是声音的,也可以是形象的。米德认为,"有意义的象征符"不但能够引起他人的反应,而且能够引起使用者自己的反应,作为自我沟通的思考活动,就是通过"有意义的象征符"来进行的。

(二)布鲁默的"自我互动"理论

现代象征互动理论的集大成者 H. 布鲁默的"自我互动"理论也是对自我沟通的社会性和互动性的一个很好说明。布鲁默的"象征互动论"提出了这样一个观点:人能够与自身进行互动——自我互动(self interaction)。他认为,人是拥有自我的社会存在,人在将外界事物和他人作为认识对象的同时，也把自己本身作为认识的对象。在这个过程中，人能够认识自己，拥有自己的观念，与自己进行沟通，并能够对自己采取行动。

布鲁默指出，这种与自身的互动——"自我互动"在本质上是与他人的社会互动的内在化，也就是与他人的社会联系或社会关系在个人头脑中的反映。不过，自我互动并不是与他人的社会互动在头脑中的简单再现，而具有独自的特点。换句话说，在自我互动的过程中，人脑中会出现关于他人期待（例如妻子期待自己是个好丈夫，子女期待自己是个好父亲、上司期待自己是个好下属等）的印象，这些期待具有一定的意义，个人会考虑这些期待对自己意味着什么。但是，个人又不是原封不动地接受这些期待，在自我沟通的过程中，个人会沿着自己的立场或行为方向对他人期待的意义进行能动的理解、解释、选择、修改、加工，并在此基础上重新加以组合。经过这个过程的他人期待已不是原来意义上的他人期待，它所形成的自我也已不是原来意义上的自我，而是一个新的行为主体。

布鲁默的"自我互动"理论有助于我们理解社会沟通与个人的自我的关系。它告诉我们，人不但与社会上的他人进行沟通，而且与自己本身进行沟通，即自我沟通。自我沟通同样具有社会性，它是与他人的社会沟通关系在个人头脑中的反映。自我沟通对个人具有重要的意义，通过自我沟通，人能够在与社会、他人的联系上认识自己、改造自己，不断实现自我的发展和完善。

第二节　自我沟通的目标

一　自我沟通的认知

自我认知与自我概念是密切相关的。自我概念是对自己性格特征及行为方式的总的评价，而自我认知是个体对自我存在状态的一种认识，而这种认识正是建立在自我概念的基础上的，是以自我概念为原则的对自我的判断。

从心理学上分析，人们在沟通的过程中，往往表现出三种自我状态，即"孩童状态""父母状态""成人状态"。

（一）孩童状态

这是指一个人在成长过程中先期阶段的主要表象，它分为两个方面："自然的孩童"与"被熏染的孩童"。"自然的孩童"表现为人最纯真的一面，无忧无虑、率性而为，在沟通过程中,会有亲密、好奇、愉快、直率等表现。"被熏染的孩童"沾上了一些世间的不良习气,在沟通过程中,表现为耍赖、反抗、吵闹、焦躁等方面。

(二)父母状态

这是形容沟通者为人父母般的态度,这也可分为"慈祥的父母"与"挑剔的父母"两种倾向。"慈祥的父母"犹如仁厚的长者,在沟通过程中表现为亲切、关怀、体恤、容忍等态度。"挑剔的父母"是严峻的沟通者,喜欢批评他人,有指使他人等现象。

> **小故事**
>
> 　　某旅游公司的员工,满脸忧愁地对她的上司说:"我花了三十多个小时为公司设计的海报稿,不知道怎么搞的就不见了。我急得都快发疯了。"这位员工所说的话是出于她的"自然的孩童"状态。假如她的上司回答:"又找不到东西啦!不要着急,慢慢找,我们都来帮助你。"这就是一种"慈祥的父母"状态。但是如果上司的回答是:"你太不像话。你可知道我公司是最讲究实效的,如果你今天无法如期交出海报稿,本公司在面对客户的压力下,可能对你有所处置。"这就是一种"挑剔的父母"的态度。这种态度可能会导致该员工"被熏染的孩童"状态:"既然你这么说,我辞职好了。"这种态度导致的沟通效果无疑是不佳的。

(三)成人状态

这是指个体已熟于世故,进行沟通时不受个人情绪的影响,找出最具利益的方法或途径。一方面,此状态有助于冷静与理性的沟通;另一方面,以"成人状态"与他人沟通将由于一板一眼、斤斤计较、缺乏感情,而导致双方只有表面接触,却达不到心灵的交流。更为严重的是,沟通双方可能因为太虚矫而难以达到沟通的目的。因此,对于"成人状态",在沟通过程中,必须把握冷静理智又不失诚意的原则。

> **小场景**
>
> 　　某建筑公司的刘工程师认为自己工作年限已超过二十年,但公司始终未打算把他调升至主管的职位,颇觉委屈。为此问题,刘工程师与总经理相约一谈。一开头,他就委婉地说出了心中的积怨:"我进公司二十多年,看着公司迅速成长,

> 很庆幸自己选对了发展事业的目标。不过，我也感觉在很多方面，似乎可作更多的奉献。如果有机会让我担任主管的工作，我必全力以赴。"这席话相当明白地道出了他的心声，可是听起来合情合理，不会给人突兀之感。这是一种理智的"成人状态"。他的沟通对象总经理也以一种"成人状态"回应："我十分了解您的问题，我也希望能妥善加以处理。您看这样好不好？我最近跟董事会详细研究一下，看看能否为您调整一个更具发挥空间的职位。"

总经理的回答不仅切题，也十分合理。他没有规避刘工程师的要求，但并未做出任何夸张的承诺。这个沟通情境的效果就比较好。

我们每一个人在不同的沟通情境下都可能反映出不同的态度，对于相同的情境，人们的态度也是不稳定的。自我态度的认知，可以使沟通主体尽力地避免那些有碍沟通效果的态度。"被熏染的孩童""挑剔的父母""虚矫的成人"，往往会导致不良的沟通。

二 自我定位

自我定位是建立在明确的自我认知基础上的。与自我认知类似，自我定位的内容也涉及有关个体的地位、能力、个性形象及价值观等方面。针对沟通的情境，沟通主体要做好自我价值的定位、自我角色的定位和沟通程度的定位。

（一）沟通主体自我价值的定位

自我价值的定位要求沟通主体在沟通过程中，从社会认同和社会道德的高度来修炼自身的价值，把自身价值的实现建立在他人和社会利益满足的基础上。自我价值的定位直接影响沟通主体对沟通对象的沟通方式。只讲究个人价值的实现，全然不顾他人利益的定位是一种狭隘的自我价值观。

（二）沟通主体自我角色的定位

组织内的沟通无时无刻不在进行，所有的沟通者在组织沟通的过程中都扮演着一定的角色。研究人群关系的学者 E. M. Rogers 将组织沟通的各种角色的定位，分成了四种，即"守门者""联络者""孤芳自赏者""五湖四海者"。

（三）沟通主体沟通程度的定位

◆ **1. 卓哈瑞视窗**

近年来，组织沟通专家常以"卓哈瑞视窗"作为帮助组织成员了解并改进自我沟通的工具。"卓哈瑞视窗"是根据沟通者对自我的了解程度和他人对沟通者的了解程度，分为 4 个区域，即敞开的自我，盲目的自我，隐藏的自我，不明的自我。如图 5-2 所示，组织成员可参考这个图形做自我沟通行为的分析。

图 5-2　卓哈瑞视窗

◆ **2. 沟通主体自我开放程度的定位**

管理沟通不同于其他类型的沟通，管理沟通的目的性很强，它是为了达到一个具体的结果，而且沟通的结果又总是和组织密切相关的。为了实现一定的沟通目标，沟通者要采用一定的沟通方式。沟通方式的选择也依具体情境的不同而不同。

三　沟通主体目标的确定

（一）目标的组成

沟通主体的目标由三个层次组成，即总体目标、行动目标和沟通目标。

（1）总体目标，是指沟通者希望实现的最根本的结果，它往往和组织密切相关。总体目标往往体现为一种意图和方向，不具有可操作性。

（2）行动目标，是指沟通者为了实现总体目标而制定的用以指导具体行动的目标。行动目标不再是一种意图和方向，它明确地规定了沟通者应该做什么，应该怎么做。根据行动目标，沟通者可以制定具体的、可度量的并有时限的步骤。

（3）沟通目标，是指沟通者在具体的沟通情境中，期望达到的沟通效果。沟通目标的确定以行动目标为基础，行动目标的实现是无数个沟通目标实现的结果。

例如，营销部门的目标为保持并扩大市场份额，这也是每个业务员工作的总体目标。本着这个总体目标，每个业务员都要求在每个月内，至少与7位客户签订合同。这就是业务员的行动目标。为了完成这个任务，每个业务员每月要与很多客户联系、洽谈。对于每一个与客户沟通的情境，业务员都希望对方能够表现出合作、接纳的意向，最终签订合同，这就是业务员的沟通目标。

（二）目标的评价

目标的可行性与合理性是决定沟通成败的前提条件。沟通者可以通过问自己以下类似的一些问题来检验所确定的目标。

（1）我的目标符合社会伦理、道德伦理吗？

（2）是否有足够的资源（人、财、物、知识信息）与条件（包括主观条件与客观条件）来支持我的目标的实现？

（3）我的目标是否能得到那些我所希望的合作者的支持？

（4）我的目标是否会与其他同等重要或更重要的目标发生冲突？

目标实现的后果如何？能否保证我及组织能够得到比现在更好的结果？

我们来分析下面例子中的目标的情况。

> **小故事**
>
> 　　鑫鑫服饰集团公司是H市最大的国有控股企业。小王2014年大学毕业后，分配到该集团控股的全资子公司——朵朵童装公司工作。他热情活泼，工作投入，能力出众，深受领导赏识，2021年被提拔为公司营销部经理，全面负责市场开发的工作。虽然在事业上一帆风顺，但看到他的大学同学纷纷考研成功，也考虑到自己的长远发展，小王特别渴望继续深造，希望能在职攻读MBA。2019年、2020年都征得单位同意报了名，但因忙于工作均未能参加考试。2022年的报名时间又到了，对小王来说，今年如果再放弃这个机会，无论是从年龄上，还

> 是从冲动与热情上讲，可能以后就不会再考了。可是如果他今年报名，势必影响工作。一方面，他刚刚提拔为营销部经理，需要好好表现；另一方面，更重要的是，小王是在公司总经理刘总的提携下迅速成长的。而今年是刘总个人发展的关键年，因为年底集团公司的领导班子要进行调整，刘总是竞争集团公司常务副总的有力人选。小王觉得在这个时期如果自己离开或耽误工作，也显得不够仗义。因此，他非常矛盾，提出请假备考觉得不好开口，不提出又觉得心有不甘。

在这个例子中，小王可以通过对目标的理智评价，来决定是否向刘总提出请假要求。在这个事件中，作为沟通主体的小王，他的总体目标是满足个体深造，以满足在组织中发展的需要；他的行动目标是在工作中，争取学习的时间；针对请假这个具体的沟通情境，他的沟通目标是刘总能够答应他的请假要求。通过认真的考虑，小王认为他的目标从总体上讲，是符合组织目标的，因为个人的深造发展对他的工作与组织也是有益的。另外，通过对刘总本人的分析，他认为刘总之所以赏识他，很重要的一条就是认可他的学习劲头。刘总经常在公司的会上强调全体员工要加强学习，为此还特地表扬了小王。虽然从表面上看，他的发展时机与刘总的发展时机有一些冲突，但从实质上看，是工作与学习，个人发展与组织发展的冲突，对于这个冲突，就刘总一贯对学习的态度来看是可以统一的，因此，不管是小王的总体目标、行动目标，还是沟通目标都是可行的。小王的顾虑是出于对刘总的私人感情，站在刘总的利益立场上为刘总考虑。如果在请假这个具体的沟通情境中，能够表达出他的这种想法，也将促使刘总站在小王的利益立场上来考虑这个问题。这对于小王沟通目标的实现无疑是有利的。另外，对于因为学习而可能耽搁的工作时间与工作任务，小王应该事先就想好弥补的措施与应对的策略，尽量将对工作的影响降至最低，并在沟通的过程中表达出来，这将更有利于沟通目标的实现。

第三节 自我沟通的策略

沟通主体向沟通对象传递的信息，并不是客观存在的现实信息，而是经过沟通者主观处理后的信息。沟通者对客观信息的主观处理与认识，实际上是一个与自我沟通的过程，即"自我心灵的对话"。在组织中，人们已普遍认识到人际沟通的重要性，在这里我们将强调自我沟通的基础作用与自我沟通技能的培养，因为对于每一个人来说，要想成功地与他人进行沟通，首先必须有效地实现自我沟通。

一 自我沟通的过程与特征

（一）自我沟通的过程

沟通是指沟通主体为了某种目标，通过编码和组织信息，选择有效的沟通渠道（媒介）输出信息，沟通客体（沟通对象）通过解码来接收信息，并以反应的方式对信息做出反馈的过程。在这个过程中，包含了主体、客体、目标、信息、媒介、反馈等要素。自我沟通同样也遵循这一过程，不同的是沟通的主体与客体都是同一对象——自我。图 5-3 是对自我沟通过程的描述。

图 5-3　自我沟通过程

（二）自我沟通的特征

自我沟通相对于一般沟通活动而言，有其自身的特殊性，主要表现在以下几点。

（1）主体与客体的同一性。在自我沟通的过程中，沟通的主体与客体都是"我"本身。"我"同时承担着信息编码和解码的功能。

（2）自我沟通的目的在于说服自己，而不是说服他人，因此，自我沟通常常在自我的原来认知和现实的外部需求与期望出现冲突时发生。

（3）沟通过程中的反馈来自"我"本身——主我。信息输出、接收、反应和反馈几乎同时进行，因此，这些基本活动之间没有明显的时间分隔，它们几乎同时发生，同时结束。

（4）沟通媒介是以"我"为载体的，可以是"我"的语言（如自言自语）、文字（如日记、随感等），也可以是自我的心理暗示。

二 自我沟通的作用与意义

自我沟通的目的在于通过自我内在的认同，更有效地解决现实问题，它是"自我"

内在与外在得以统一的连接点，没有自我沟通的过程，自我认知和外在需求就成为各自孤立的分离体。"要说服他人，首先要说服自己"是对自我沟通重要性和必要性的现实概括。作为管理者，经常会面临对下属的指导、管理和激励。根据赫兹伯格的双因素理论，个体对自身工作价值的认同和兴趣是内在激励的本源。管理者要成功地实现对下属的管理与激励，首先自身应该认同工作的价值，这是通过管理者的自我沟通来完成的，只有这样，管理者才会努力把他对工作的积极认识有效地传递给下属，使下属也能产生对工作价值的认同，从而产生持续的内在激励，主动欣然地接受指导、安排和管理。如果通过自我沟通，管理者没有形成对工作的认同，同时又要求下属服从对工作的安排，这就违背了建设性沟通的表里一致原则，其结果下属可能会因为迫于权威而暂时性地接受命令或服从安排，但无法获得持续的内在激励。因此，对于管理者来说，自我沟通技能的开发和提升是保证事业成功的基本素质。

自我沟通的作用与意义尤其体现在个体处于困惑和矛盾的境地时，在这种情况下，良好的自我沟通往往能使个体对问题形成一个清醒的认识，从而走出困惑，较好地解决问题。

> **小故事**
>
> 　　小军在一家大型国有企业下属的A公司从事管理工作，今年26岁的他是全公司最年轻的中层干部。五年前，他以学生党员和学生会主席的在校经历在人才市场上脱颖而出，最终被百里挑一，选进了A公司。由于表现突出，他进公司不久就被提升为中层管理干部，负责机关行政管理工作。在工作中，小军非常活跃，与下属年轻人在一起关系非常融洽，工作干得十分出色，还一度被评为省级岗位能手，因此，全公司上下都认为小军应该在公司前途无量。
>
> 　　然而最近的一件事让小军感到很沮丧。已经快两个月了，自己跟小伟是一句话也没说，谁都不理谁。想当年，小伟是小军最好的朋友，小伟比小军大3岁，两人一起进公司，同住一个宿舍，同年被提拔，关系特别的"铁"。但自从两个月前小军被推荐参加公司党校中青年干部培训班回来后，情况就发生了变化。他总觉得小伟对他的态度怪怪的，经常神经兮兮地问这问那，"刘总找你谈过什么话""你是否准备换岗位"之类的问题问了一遍又一遍，当小军回答否定时，他很生气，埋怨小军不讲义气，随后就有意无意地疏远小军。小军心中很委屈，但又不想失去这个朋友，因此他时常感到很困惑，不知怎样解决这个问题。

要想解决这个问题，小军与小伟的直接沟通自然是不可避免的，但小军在自己的心中应该对这个问题有一个清醒明确的认识，有自己解决问题的原则与立场。首先小军要自问，真的很看重小伟对自己的看法吗？恢复和小伟的友谊很必要吗？如果是，小军应该抱着解决问题的态度来思考一些问题，而不应该一味地委屈、抱怨和困惑。小伟为什么会有这种态度？确实是自己在朋友面前有意隐藏了什么，不够坦诚，还是小伟的嫉妒心、疑心太重所致；或者有人在小伟面前有意中伤自己？小军只有清楚地回答了这些问题，才可能和小伟进行有效的沟通。而小军对问题思考定性的过程正是他进行自我沟通的过程。

自我沟通可以说是无处不在的，它在我们每个人的身上悄悄地、看似不经意地发生着。你的某个思想的火花、决策的结果可能都是自我沟通的产物。

三、自我沟通的媒介——自我暗示

自我沟通过程的媒介、载体是"自我"本身，在自我沟通的过程中，人们有意无意地都会运用自我的心理暗示。

（一）有关暗示的基本概念

暗示是一个心理学上的概念，它是指用含蓄、间接的方式，对他人的心理和行为产生影响的过程。其往往会使他人接受一定的信息与观念，或者不自觉地按照一定的方式行动。根据暗示所指向的对象，可以把暗示分为"他人暗示"与"自我暗示"。

◆ **1. 他人暗示**

"他人暗示"是指被暗示者从他人那里接受某些观念，使这种观念在其意识和潜意识中发生作用，并使它实现于动作或行为之中，这是暗示的基本形式。可以说，我们每一个人都是在不断接受身边人的"暗示"而成长起来的。

◆ **2. 自我暗示**

"自我暗示"是指自己把某种观念通过各种方式（如自我的座右铭）暗示给自己，并使它实现为行动或行为，这种影响作用同样也发生在自我的意识和潜意识之中。

（二）自我暗示的积极效应与消极效应

自我暗示对人体的心理和行为活动会产生影响，在现代社会生活的许多领域，暗示效应都有着广泛的应用。不同的自我暗示对自我的心理和行为会产生积极或消极的影响。对于自我暗示的认识、研究与训练，就是要努力克服自我消极的暗示，发挥自我暗示的积极作用。我们经常说自信会导向成功,自信实质上就是对自我的积极暗示。

在现代竞技体育中,心理暗示已成为一项重要的训练内容。在自我学习的过程中,自我暗示往往有助于学习主体发挥自身的潜能,取得好的学习效果。孙子在《军形篇》中说:"胜兵先胜而后求战,败兵先战而后求胜。"意思是,胜利的军队总是先创造获胜的条件,而后才寻求同敌决战;而失败的军队却总是先同敌交战,而后企求侥幸取胜。也就是说,要使自己立于不败之地就要打有把握之仗。竞技比赛要做到打有把握之仗首先要做的是树立好自信心。自信心是一种自我暗示,在比赛中起着至关重要的作用。良好和适中的自信心对运动员的技术发挥起积极和促进作用,相反,过高或缺乏自信对运动员的技术发挥起消极和阻碍作用。

积极自我暗示能实现良性的自我沟通,从而为有效的人际沟通打下基础。表 5-1 是积极的自我暗示与消极的自我暗示的比较举例。

表 5-1　自我沟通中的自我暗示

情景	消极自我暗示	积极自我暗示
当你刚刚在同事面前做了一件错事时,你对自己说:	"现在他们知道我没用!"	"下次,我会……"
当你第一次做某件事并且发现做起来很困难时,你对自己说:	"我太笨了,什么也学不会!"	"我以前学过类似的东西,如果我坚持,我会做好它!"
当你忘记做某件你曾许诺过的事时,你对自己说:	"我是这样愚蠢和健忘!"	"这不像是我,只是我该如何安排……"
当你与你以前不认识的人一同走进会场时,你对自己说:	"我讨厌与这个陌生人在一起。"	"这将是一个挑战;我要保持镇静,一切都会变好的。"
当你的老板叫你过去而你不知道是为什么时,你对自己说:	"我现在就要进去,我一定又做了什么错事!"	"我想知道发生了什么。"
当你摔倒在去商店的路上时,你对自己说:	"我真蠢,我甚至不能做到在路上不出丑!"	"哎呀!我应该好好注意走路!"
当你跑着去赶一个要迟到的重要约会时,你对自己说:	"我相信我又要迟到了,我总是迟到,把事情弄得一团糟。"	"迟到不是我的一贯风格,我最好先打个电话通知他们。"
当你对某事信心不足时,你对自己说:	"我做这件事是没有希望了,我总是做不好。"	"这是必须做的,而我知道我能做好。"
当你把某事做得非常出色时,你对自己说:	"奇迹发生了,真幸运。"	"我做得真不错。"

自我沟通技能的培养与提高

自我沟通从某种意义上讲是我们每一个人的本能，只不过不同的人通过不断的自我修炼和自我完善，在自我沟通技能上存在差别。当不同的人面临同样的问题，或者同一个体在不同的阶段面临相同的问题，其解决方式总是不一样的。在我们年轻时，会因为处事比较冲动而后悔，而到年纪大之后，又会因为处事保守而遗憾；当心情好时，即使突然面临挫折也能泰然处之，当心情不好时，即使小的挫折也会使人心烦意乱。从自我沟通的角度来看，这主要是因为自我沟通的技能总是在动态变化。人的成长与成熟往往也伴随着自我沟通技能的提高。如同人的自我发展是一个认识自我、提升自我、超越自我的过程一样，自我沟通技能的培养与提高也是一个不断认识自我、修炼自我、超越自我的过程。下面我们主要针对组织的管理者来谈其自我沟通技能的提高。

（一）创造独立的时间与空间，经常性地进行自我反省

自我反省是对自我再次认识的过程，管理者处于一个多变的环境，自身的内部动机时刻都可能与外部动机发生冲突，这就需要管理者经常性地从内部动机和外部动机两方面去审视物质的自我、社会的自我和精神的自我。自我的反思与审视往往是一个痛苦的过程，在这个过程中，必须要保证静心。只有排除外来干扰，静下心来，才能清醒、理智、客观地进行自我剖析。为了能够静心地思考自我，要善于给自己创造真正属于自己的独立时间与空间。把自己从烦琐的事务中解脱出来，从他人的干扰中解脱出来。

有效的管理者应该做自己时间的主人。管理者需要思考、处理的问题往往比一般人多。管理者的时间几乎都为他人所占据着，这也是由管理者的工作性质所决定的。为了有效地管理下属，实现组织目标，管理者要花很多的精力去分析下属和上司的需要，去安排、指导并监督工作的完成，对于工作中出现的种种问题，要进行决策和处理。当然，这些都是管理者所应该做的，但是管理者一定不要成为自身工作的奴隶，在繁忙中，务必给自己留出一些思考自我的时间。这种时间可以是休假，休假不仅能起到放松的作用，也是一个绝好的沉淀自我、审视自我的机会，好的休假往往能使管理者以新的面貌更好地投入工作。自我的时间也可以是晚上睡觉前的冥思，对一天中的自我进行总结与评价。时间如海绵里的水，只要用力地去挤，总是有的，关键是要养成自我思考与反省的习惯。

除了时间上的保证，管理者还要善于为自己创造静宜的、独处的空间，这样的空间，可以是在办公室里，可以是在自己的家里；可以在自然界里，也可以在其他的地方。某集团的总裁曾这样说："每当我出差时，我会把车子看作自己的空间；回家后我把书房作

情商与管理沟通

为独享的空间;当外出参加会议时,别人到风景处游玩,这时我就把宾馆作为我自己的空间……"可见,这样的空间无处不在,关键在于自身是否有意识地去发现这样的空间,或利用这样的空间。

(二)基本素质与行为的自我修炼

管理者的自我修炼应该是多方面的,通过修炼达到态度与行为的改变、提升是结果,但态度与行为的改变是以基本素质的改变为基础的。要想有效地与他人进行沟通,从管理者自我沟通的角度来看,也必须从基本素质与态度、行为两方面来不断修炼自我。管理者的基本素质包括很多内容,在这里主要强调管理者信誉与胸怀的修炼。对于态度与行为的改变,则要求管理者通过不断自我学习与自我否定来转换视角,开放心灵,达到提升的目的。

◆ **1. 信誉与胸怀的修炼**

(1)信誉修炼。所谓信誉,就是"言必行,行必果""一诺千金"。古人对领导者的要求是"修身、齐家、治国、平天下",这里的"修身",就是修品德。在社会呼唤诚信回归的今天,信誉是企业经营管理者品德的第一体现。我们知道,有效沟通的前提是沟通双方必须彼此信任。管理者在组织内部的沟通活动,首先必须赢得员工对自身的信任,否则会造成领导"说话不算话",工作无法开展的局面。企业的经营管理者对组织外部的沟通,也必须以信誉为基础。管理者的信誉往往代表着企业组织的信誉与形象,管理者的信誉是赢得客户、在社会环境中生存的基础。那么,一个现代企业的经营者怎样才能做到有信誉呢?总的来讲,要切实做到以下两点:第一,要能够实现自己的事业目标。也就是说,在领导企业生产经营活动的历程中,不管有多少艰难险阻,对员工、客户、政府、银行、媒体以及合作伙伴等说过的目标都要一一实现,不能失言;第二,在工作和生活细节上也要言必行,行必果,一诺千金。要通过自己的日常行为和细节,日积月累、点点滴滴地在企业员工中建立起自己的信誉。

(2)胸怀修炼。古人用"沧海不择细流""有容乃大"的哲理来激励人们要有开阔胸怀。现代企业的经营者是企业的领导者,要领导一群人,所以他必须具有广阔的胸怀,否则就会"无容则小",导致企业无法形成团队。那么,什么样的现代企业经营者才是有胸怀的呢?总的来讲,要能够坚持做到以下两点:第一,要做到厚人薄己。既要能够容许别人犯错误和乐于接受改正错误的人,还要能够容忍他人的缺点。现代企业经营者需要修炼的厚人薄己,除了通常说的要在物质利益上厚人薄己之外,更要在思想感情上厚人薄己,也就是说宰相肚里要能撑船。第二,要能够做到果断决策,勇于承担责任。现代企业经营者作为企业整体生产经营活动的领导者和责任承担者,其工作内容主要是与人有关的管理和与事有关的决策这两项活动。日新月异的科技进步和此起彼伏的市场竞争,要求现代企业的经营者在工作决策时一定要谨慎从事,谋定而动;在关键时刻,又要善于抓住机遇、敢于迎接挑战，不要瞻前顾后、患得患失，这是一种处事不惊、镇定自若的胸怀。

◆ **2. 通过自我学习与自我否定，不断提升行为**

不断学习进取，是当今社会的竞争格局对现代企业经营管理者提出的要求，而能否进行主动的学习，首先取决于能不能自我否定。对于经营管理者来讲，经验丰富、业绩突出往往使他们看不到自身的不足，从而不能坚持学习、不断进步。在今天这样一个竞争的时代，经营管理者不能沉醉于昨天的成功经验，因为昨天的成功经验很有可能在今天就不灵验了。当你有成功感的时候，失败可能正在开始，甚至你只要陶醉其中一分钟就可能导致失败。作为领导与管理者，只有新的探索才能避免犯经验主义的错误，而新的探索，就是学习新知识、熟悉新事物、研究新方法、解决新问题，不断提升自我的过程。除了自我的学习与探索，还需要倾听他人的意见。很多的经营管理者，总是醉心于向别人倾诉自己的成功业绩、经验、成果，而当部下向他们提出各种意见或建议时，他们不是觉得对方过于幼稚无知，就是只听上一两句就按捺不住地把对方的话语打断。虽然他们可能在表面上表现出愿意倾听的态度，但在他们的潜意识里却排斥着他人的意见。这实在是一个很大的误区。精明的经营管理者应该明白，多听取一些他人的意见，就等于使自己多增加一些智慧，只有这样，才能带来行为的提升。经营管理者的学习修炼与行为提升的关键所在，并不是用什么方法进行学习的问题，而是要善于自我否定，抛开自身的成功与经验，不断地做新的探索，在这个过程中，还要积极有效地倾听他人的意见。

（三）**不断自我超越**

自我超越又叫自我突破或自我完善。自我超越是个体成长、学习、修炼的最高境界。认识自我和修炼自我是自我超越的必要条件。没有自我的认识，也就无所谓超越的目标；没有修炼的过程，也达不到超越的高度。自我超越是我们每一个人都希望达到的境界，但又不是我们每个人在任何时候都能实现的，在自我发展的过程中，我们要努力跨越自我超越的障碍，把握自我超越的关键所在，有意识地实施自我超越的心理练习。

◆ **1. 自我超越的障碍**

彼得·圣吉在《第五项修炼》中指出"自我超越"的意义在于以"创造"而不是"反应"的观念来面对自己的生活与生命。"创造的观念"表现为自我在思维上的突破，也就是以创新的思维模式不断打破旧的思维模式。在现实生活中，存在着一些不利于思维自我突破的障碍，具体表现在以下几个方面。

（1）思维定式。所谓"思维定式"，指的是一种思维方式形成之后，它就会长期积淀下来，并以一种固定的框架限制人们的思维。有了这种思维框架，人们往往喜欢走老路、向后看或维持现状；对新事物，不是坚决反对，就是挑鼻子竖眼睛看不惯。自我超越要求个体在思想上，首先要打破自我的思维定式，进行思维的创新。

（2）盲目崇拜权威。权威人物往往在某方面做出的贡献比一般人大，或者他们是某些领域的专家，对于他们的贡献与成果，我们自然应予以尊重。但是，尊重并不等于可以对他们盲目崇拜。所谓"盲目崇拜"，是指个体认为杰出权威的一切理论，甚至是一举一动都是绝对正确的，不假思索地完全接受或模仿。盲目崇拜也就是个人迷信。一个人，一旦对某人产生了个人迷信，就会对其思想不加分析地继承下来，使自己完全丧失创新的勇气，创新思维就会因此窒息。

（3）谨小慎微、作茧自缚。一个勇于创新的人，往往是一个勇于尝试的人，既要认真吸收自己或他人的经验或成果，又要善于发现以往的不足之处，不断探索新的路子。在这个过程中，需要有一种勇气，一种不怕失败、甘冒风险的勇气。过于谨小慎微往往走不出一条新路，自我超越也就无从谈起。

（4）过时的知识结构。每一个人，由于出身、经历、所受教育与社会实践的不同，形成的知识结构也因人而异。在当今知识更新的周期不断缩短的情况下，以往的知识体系如果不能及时地加入新鲜的知识血液，不对其进行调整，那么，迟早会成为接受新知识的阻力，人们会因此停滞不前，因循守旧。

◆ **2. 自我超越的心理练习**

（1）建立个人"愿景"。所谓"愿景"是指期望的景象，它是个体所追求的理想目标（彼得·圣吉在《第五项修炼》中把这种目标称为"上层目标"）的具体化。如一个100米的短跑运动员的上层目标可能是挑战极限，而他的愿景则可能是打破9.5秒的记录。

建立个人愿景，就是清楚我们真正需要什么。一个从内心出发的愿景，对每个人都具有深远意义，而大多数人对真正愿景的意识很薄弱，人们往往说不清自己真正想要的是什么。建立个人愿景的练习，要求人们看清自己的需求，把焦点放在真正追求的目标上。萧伯纳曾这样描述愿景，"生命中真正的喜悦，源自当你为一个自己认为至高无上的目标，献上无限的心力的时候。它是一种自然的、发自内心的强大力量"。正是因为它是人们真正想做的事情，所以人们自然会给自己或他人以承诺，当面对挫折时，也能保持热忱，坚忍不拔，意愿坚定。

（2）保持创造性张力。创造性张力是"自我超越"的必要条件，它来自愿景与现实之间的差距。如"我想要成立自己的公司，但是没有资金"，"我想从事自己真正喜欢的职业，但是为了求度日和生存，我不得不另谋他职"。这种差距会使愿景看起来好像空想或不切实际，可能使我们感到气馁或绝望。与此相反，这种差距也可能是一种力量，激发我们去创造，想办法去填补这个差距，以实现自己的愿景。这种因差距而产生的创造力，我们称之为"创造性张力"，创造性张力是一种寻求改变现状的正面力量。伴随着

"创造性张力"的还有因差距而产生的"情绪性张力",它是指当愿景与现实存在差距时,人们所产生的焦虑、压力、无力感、悲观和沮丧等负面情绪。善于自我超越的人会借着愿景与现实之间的创造性张力来提升自己。他们能真切地面对愿景与现实的差距,不急于求成。保持这样的心态,压力和沮丧的情绪性张力就会减小,方法与资源便会变得多起来,而愿景也因此而愈真切。

(3) 看清结构性冲突。我们可以用这样一个比喻来描述结构性冲突:假想你正朝着自己的目标愿景移动,有一根橡皮筋象征着创造性张力,把你拉向想去的方向;但与此同时,还有一根橡皮筋象征着你对自己的怀疑,如认为自己没有能力或资格去实现目标,这根橡皮筋的作用是把你拉离想去的方向。这两种力量的相反作用,反映了一种结构性冲突,它们同时把我们拉向和拉离所想要的。一般来讲,当我们越是接近愿景时,第二根橡皮筋把我们拉离愿景的力量也就越大。这个向后拉的力量可以有许多方式呈现,如询问自己是否真正想要这个愿景;意外的障碍在这个过程中突然冒出来;周围的人开始让人觉得失望等。我们往往并不能意识或察觉到这种结构性冲突的存在。自我超越的心理练习,需要我们建立对自身所遭遇的结构性冲突的清醒认识。

(4) 诚实地面对真相。如何来处理"结构性冲突",最好的办法是说真话,诚实地面对真相。当我们发现自己为了某个问题在责怪某件事或某个人时,我们要意识到自己可能正处于结构性冲突中。当能认清这样的事实时,人们就能开始以改变结构方式,把自己从原有的思维与行为的框架中跳出来,对结构做有创意的变革,从而使创造性张力更有力量。诚实地面对真实会使我们把现状看作盟友,而不是敌人。诚实地面对真实,也会使我们正确地看待失败,失败不过是做得还不够好,是愿景与现况之间存在差距,是一个好的学习机会。

(5) 运用潜意识。其实人类的学习过程,是从意识层到潜意识层的。比如学开汽车,一开始当你不熟练时,你会有意识地关注着开车过程中的情况处理,但一旦熟练了,你可以漫不经心地一边吹牛一边开车,因为你将很多熟练的部分都交给潜意识去处理了。

活动设计

活动一:自我沟通技能测试

1. 我经常与他人交流以获取关于自己优缺点的信息,以促使自我提升。
2. 当别人给我提反面意见时,我不会感到生气或沮丧。
3. 我非常乐于开放自我,与他人共享我的感受。
4. 在完成工作任务的过程中,我常常能够将领导以及其他外在的要求与对自我的要求统一起来以提高工作的主动性与积极性。

5. 在工作中，当我发觉与某个同事交流非常困难时，我不会沮丧，我会对自己说，"没关系，继续努力，再想想办法，没有突破不了的障碍"。

6. 在处理不明确或不确定的问题时，我有较好的直觉。

7. 我有一套指导和约束自己行为的个人准则和原则。

8. 在人际交往中，我往往能很清楚地分析自己与他人交往时可能出现的冲突和摩擦。

9. 只有当我自己认为做某件事有价值时，我才会要求别人这样做。

10. 每个星期，我总是保证自己有一段时间来静心地进行自我总结和自我反省。

11. 在人际交往的过程中，对不同的人，即使是面对相同的问题，我也往往采取不同的沟通方式。

12. 在工作问题方面，当他人误解了我或冒犯了我，我能够做到平心静气地面对。

13. 在与人交往的过程中，我能做到坦诚相待，信任对方。

14. 我很乐意听取他人对我的评价与意见，并且我会认真分析，对合理的部分，我会做出相应的改进。

15. 我很强调自我的思想，不管是谁说的话，我都不会不加思考地盲从。

16. 对于某个问题，当我几乎不加思考地做出了下意识的反应，我马上能清楚地意识到这是潜意识在起作用，并能对之加以分析。

17. 当理想与现实存在差距时，我不会感到悲观、焦虑或怨气重重，我会想办法改变现状或修正自己的理想。

18. 当我以一种方式成功地做好了一件事，我也愿意再尝试其他的方式，看能否找到更便捷的途径。

19. 我常常能够很清醒地分析自我所处的环境状况。

20. 我总是很清楚自己想要什么。

测试的方式

对以上20句陈述，以下有6种评价，对于每一句陈述，找出最符合你的评价。不同的评价对应着不同的分值，将每一句的得分相加，就是你的最后得分。

1分：非常不同意/非常不符合

2分：不同意/不符合

3分：比较不同意/比较不符合

4分：比较同意/比较符合

5分：同意/符合

6分：非常同意/非常符合

如果你的最后得分为 100 分或更高，表明你具有优秀的自我沟通技能；如果你的得分在 92～99 之间，表明你具有良好的自我沟通技能；如果你的得分在 85～91 之间，表明你的自我沟通技能还有较多的地方需要改进、提高；如果你的得分低于 84，表明你需要严格地训练自己以提升沟通技能。

活动二：看你不一样！

规则：背对背坐，谈论"我们初次见面时的情景和感受"。肩并肩坐，谈论"我们之间的共同点"。面对面坐，目光注视对方膝盖，谈论"我们之间的差异"。面对面坐，目光注视对方下巴，谈论"我们在一起时最想做的一件事情"。

思考题
1. 分享各种状态下交流的感受，在哪一种状态下进行谈论感觉最好？
2. 哪一种状态下谈论感觉最差？进行排序。不同心理体验，感受如何？

> 延伸阅读

变换沟通的角度

以下是几则对话，以"提问"为主的一方均用"A"代表，以"回答"为主的一方均用"R"代表。

对话 1：变换提问角度

背景：某私营企业的老板，希望增强员工对企业的向心力，召开了一次有公司高层管理人员参加的会议，会议的重点是讨论"员工如何以企业为家"的问题。会上有一位高层管理人员提出一个似乎有点对立的观点，"要让员工以企业为家，首先企业要像个家"。以下是该老板主持会议的大致对话过程。

A：今天我们开个会，讨论的主题是"如何让员工以企业为家？"，希望大家畅所欲言，各抒己见。

R：好的，我先谈点看法。第一，如何让员工以企业为家，这一问题本身提法就不妥。第二，要使员工以企业为家，首先要将企业办得像个家。（显然，这一发言有点情绪化，如果应对不当，很容易将员工与老板的关系引向对立。）

A：你的观点很有新意，那么你觉得我们怎样才能将企业办得像个家？

R：（受到鼓舞，积极响应）我觉得，第一，……；第二，……

A：刚才大家从企业的角度出发，提出了如何使企业办得像个家的建议，对此我们将采取切实有效的措施并认真加以落实。现在，我们想从员工的角度出发，再听听各位的高见，怎样才能让员工真正做到诚心"以企业为家"？

R：我想，是否可从这样几个方面来考虑。首先，……；其次，……；再次，……；最后，……

解析：

在现实对话中，经常碰到这样的情况，许多领导提出一个问题让大家讨论，尽管事先表示，大家可以敞开思想，自由发表意见。但实际上，自己心中往往有一个预设的答案一，而一旦发现大家回答的答案二与自己预设的不一致，就马上觉得，"可能自己没有说清楚，需要再补充几句"，以便让大家也能导出与自己一致的答案；或者直接指出"答案二不对，应该这样才对……"；或者干脆说"今天不讨论答案二，而是对甲问题进行解答"。这种做法，自然会使对话陷入双方对立的僵局，使会议不欢而散。

长此以往，员工就会形成习惯性预期，认为领导名义上是组织讨论以便集思广益，实际上是希望大家把思想统一到他的意见上去。结果就会出现这样的情况，每次开会大家都不太愿意发言，而倾向于等着老板做指示。而老板却据此做出判断，认为这些人就是没水平，根本提不出什么好想法。这种现象并不少见，需要引起高度重视。

对话2：提升层次、走出困境

笔者在某个由许多公司高层管理人员参加的培训班上，曾经碰到过这样一件事。在谈到改变假设以拓宽思路时，笔者对听众提出了这样一个人们所熟悉的测试题："如何将木梳卖进寺院？"结果有位听众的回答似乎有点令人意外，但他却从一个奇特的角度提出了一个较为特别的问题，只是其表达方式显得比较唐突。

A：改变观察与思考的角度，有助于突破思维定式，找到原本似乎不存在的解答。下面我们来讨论一个问题，假设你的企业是生产木梳的，请问怎样才能将木梳卖进寺院？（众人发言踊跃，有人提出，可向寺院住持提出建议，在寺院内备些木梳，以方便香客在拜佛前梳理散乱的头发，以表示对佛祖的虔敬，这样也许可以卖出一些木梳。另外有人提出，在木梳上刻些带有祝福之类的字句，以便将木梳作为纪念品出售给香客……这些都是从寺院的服务对象出发，考虑木梳的市场需求。）

R：（突然大声地）让和尚娶妻，这样就有需求了。（显然，这一说法，转移了管理论坛的话题，不是发现需求，而是要改变人们的宗教信仰与习俗。更不要说，在正式的课堂上，做此类话题的直接讨论，必然会陷入令人尴尬的境地。）

A：你的观点很特别。但从思路上看，这不是发现顾客的潜在需求，而是希望通过改变人们的价值选择，试图创造市场需求。现代社会中的一些大公司，就经常借助各种传媒，影响顾客偏好，试图营造自身产品的需求环境。而就本例来说，采取让和尚还俗的做法，实际上是要改变他人的宗教信仰。请大家谈谈，这样做将会产生哪些后果？（将"娶妻"变成"还俗"，进而谈及宗教信仰，再讨论这种做法的后果，从而引入商业伦理问题。让人看到，大公司对于顾客的影响作用及所应承担的社会责任。这就摆脱了在此论题上任何就事论事的争议可能产生的媚俗后果。）

R：噢，这一点我倒没想到。

提示：以上对话发生在有组织的讨论中，这是一种一对多的对话。此时，面临这样的甚至是带有一点恶作剧性质的回答，作为提出问题的一方，既无法回避进一步的对话，又不宜直接评论。如果不注意提升层次，会令自己或对话的另一方当众陷入十分窘迫的境地。面对这种情况，只有提升对话层次，方有可能使其进入正常的雅俗共赏的局面。

说明：面对以上对话中的情况，有些人可能主张采取针锋相对的做法。这样做的结果，一方面会使部分讨论参加者产生反感，另一方面也可能会使讨论偏离真正的、启发人思考的主题。

举一反三

小红书关店：换了一条赛道，成败言之尚早

随着新零售风潮的盛行，线上线下联动成为新趋势，各大电商平台纷纷布局线下门店，小红书也投入其中，在2018年开启了线下体验店之旅，先后在上海、江苏苏州和常州以及浙江宁波开设了实体门店。

小红书线下门店布局之路从上海开始，不好的消息似乎也是从上海传出。据《财经涂鸦》报道，小红书已于近期关闭其在上海的所有线下体验店小红书之家。消息一出，不免引起外界猜测，小红书到底发生了什么？

外界很紧张，小红书却很平静，小红书表示线下门店是其在新零售领域的实验性项目，一年多以来，大部分线下门店已经实现盈利，但开店数量和盈利规模本身不是小红书探索新零售业务的目的，所以策略会不断调整。言下之意，小红书的关店动作只是正常的运营调整，大家不必过分解读。

事实上，小红书关闭的上海所有线下门店也仅仅只有两家，而在江苏和浙江还有更多门店已经实现了盈利，上海两家门店的关闭对于小红书而言，远没有达到伤筋动骨的地步，或许只是皮毛而已。

更重要的是，小红书对线下市场的布局仍处于探索阶段，既然是探索，那就必然会存在一定的风险，关闭部分门店应该也在小红书预料之中。而在近期，小红书似乎已经换了一条更好的赛道。

关店背后赛道已换

小红书试水线下门店是希望能够搭建用户与品牌更高效、深度互动的新场景，虽然线下门店能够做到这一点，但却面临无法实现盈利等问题，而小红书在近日正式将旗下品牌号升级为企业号，似乎已经找到了一个较为理想的替代方案。

小红书旗下的"品牌号"于2019年初上线，用户可以通过品牌号主页和入驻商家沟通，但只是在线上交流。而升级为企业号后，入驻商家可以实现线上店铺与线下门店相互关联，小红书能够根据用户所在地理位置就近推荐拥有连锁店的商家，如此一来，不用专门布局线下门店也能实现线上线下相互协同。

与线下门店关联，意味着有更多的线下服务场景可以进入小红书，而场景正是新零售的关键要素之一，小红书此举或许能够更加高效地拓展市场。

2019年以来，包括连锁美发造型品牌PayaHair、旅行行业的木鸟民宿、连锁摄影机构海马体在内，一大批本地生活、服务型企业相继入驻小红书。此次企业号在原有品牌号将线上店铺和消费者打通的基础上，同步打通了线下门店的连接，这就为更多生活服务类商家和用户之间建立了一个消费闭环。

虽然小红书在新零售风口下向着线上线下双线融合的全链路服务平台转型，但其"种草"的本质并没改变，小红书线上线下打通之后，用户可以在线上"种草"，同时也可以在线下门店"拔草"，这让小红书在实现经济效益的同时也可以收获更多优质内容。

除了各具特色的场景，优质的"种草"内容同样能够加强用户与小红书之间的深层互动，小红书近期正在不断调整各项策略，其中就包括以内容为根本的创作者中心。

在宣布将品牌号升级为企业号之后，小红书紧接着上线了创作者中心，放宽了以个人为单位的主播们将内容变现的权限，此举有利于提升内容质量和提高主播稳定性，最终的目的也是实现各个维度的增长。

优质的内容和活跃的内容创作生态是社区实现扩张的源动力，为实现用户稳定增长，小红书需要保证更稳定地产出优质内容，但一些迹象表明，小红书还需要努力。截至2019年9月底，小红书月活跃用户数为7288万，呈现下滑趋势。

此外，据QuestMobile发布的《内容电商研究报告》显示，小红书用户在关闭平台后分别流向了淘宝、拼多多、京东、唯品会等其他电商平台。这表明用户或许在小红书看到了"种草"内容，但却选择在其他电商平台购买。这些都表明小红书在提升用户黏性方面还有提升空间，寻找解决办法需要从内容入手。

上线创作者中心虽然放宽了内容变现的权限，使得小红书商业化进程有所提速，但小红书仍将社区生态与用户体验置于比商业变现更加重要的位置，将创作者中心定位为一款"生态型"产品，小红书希望围绕创作者各个层面的需求提供服务，旨在激励优质内容，孵化优秀创作者，尽可能提高社区的活跃度和影响力。

虽然社区发展面临挑战，但社区是小红书的命脉。此外，文娱行业近年来发展放缓，但以小红书为代表的社区却不断获得融资，为资本市场和大众所认可，小红书的创作者中心方案能够进一步巩固社区，这是小红书必须去做也更加擅长的领域。

商业变现迈出第一步

小红书变换赛道之后，围绕内容布局再次发力，而商业变现需要基于优质内容，从这个角度来讲，小红书近期的一系列举动可视为迈出了商业变现的第一步。

事实上，自2017年下半年开始，小红书已经开始尝试建立内容生态并实现商业变现。到2019年上半年，小红书也取得了一定的成果。但2019年7月底被部分应用商城下架的小插曲让小红书受到了一定影响，造成部分用户流失。

此外，各大电商平台日益崛起，小红书也受到了较大挑战。QuestMobile发布的《内容电商研究报告》显示，小红书的核心VIP用户占7.8%，而天猫、京东、拼多多、苏宁这一比例都在12%以上，小红书还有较大提升空间，如果高价值用户的占比无法有效提升，或将造成商业变现的难度加大，效果不够理想。

而吸引足够数量的优质用户需要源源不断输送优质内容，凸显创作者的重要性，防止创作者流失，小红书平台目前并未对个人创作者或者MCN（短视频）机构抽佣。为了更好地服务创作者，小红书进一步优化了运营规则和准入机制，用更明确的规则和更清晰的数据指标，帮助有优质内容创作能力的创作者和品牌达成合作，实现个人影响力的变现。

关闭线下门店的同时，小红书的重心已经重新转移到了线上。如果小红书能够坚定不移地布局社区生态，极有可能走出一条独此一份的成功道路。究竟鹿死谁手，留给时间解答。

（改编自《电商报》2020年1月16日报道。）

思考题：小红书换赛道是改变了什么沟通渠道和方式？

课后练习

练习一

案例分析

> 爱的唠叨

其一："同理心"是非暴力沟通的核心

"同理心"是非暴力沟通的核心，其中又涵盖了两个彼此相关的层次：一是"同理自己"，也就是先懂得体谅自己的感受及需要；二是有了同理自己的经验之后，才有办法"同理他人"，体会对方的感受及需要。

这是我常常举的一个例子。一早起床，太太跟先生说："我头痛，我想我是感冒了……"先生回了一句："我昨天就跟你讲了，要多穿点衣服，你就是不听！看，现在果然感冒了！赶快，上午赶紧去挂号，去看医生……"

这样的对话，熟悉吗？我猜我们都跟最亲密的家人这样说过。跟这位太太一样，先生说这么一大串，句句当然都是关心，然而，都不是太太想要得到的回应。太太最想要的，是先生的安慰与疼惜。

这就是同理心，同理自己及他人的感受与需要。

我们先换位思考。想想看，如果换作是先生跟太太说感冒了，会不会想听太太说什么"我早就跟你讲了，你就是不听"这样的话？我想应该不会，先生应该也希望获得安慰与疼惜。

首先，先生只要花一些时间，感受一下自己曾经生病、四肢无力，当下多么希望太太能泡个茶、拿个枕头，有包容、有耐性、有品质地给予温暖。单单一个从主观切换到客观的小小动作，就能让对方从懊恼提升到跟我们有亲密联结。

其二：爱的沟通

年轻时，一度我母亲住在南宁，而我在广州。她经常打电话给我，特别是晚上。提醒一下，那是个家家有电话、人人没手机的年代，如果到了晚上十一点打来我不在家，第二天通上电话，她就会一直叨念："女孩子这么晚还不在家，像什么样子，一个人在外面，人家会怎么看你？晚上那么晚跑去哪里了？你那些朋友难道没爹没娘……"

通常我不是把话筒移开，当作没听到她在电话那头的数落，就是回呛她："好了啦，你每次都讲一样的话，可以了啦！"其实心里想的是：烦不烦呀！

当时的我当然还没开始学非暴力沟通，但是那一天，我突然想到心理学提到的同理心，决定换个方式跟妈妈互动。

我对她说："妈，我发现你真的超爱我，整天满脑子都在想我！你这么爱我，我真好命！谢谢你耶！"

她突然停了下来，我可以想象母亲在电话那头愣住的表情。她的语气快速从急躁和缓了下来，我甚至能听到她因为放松而轻缓地舒了一口气。她当下觉得被了解，她在"了解"上充分得到了满足，而我也因为她不再碎碎念，心情跟着平和许多。

两个人的互动立刻就像汽车换了挡，从原来的R倒退挡换到D前进挡，心境明显开阔了起来。

从人与人的相处来看，"爱"是非常重要的基本需求。母亲的需要，是让我知道她很爱我，因此一而再再而三地提醒我。以往当她觉得我没有把她的话听进去的时候，就会气急败坏，而她越生气，我就越不想听。后来，当我选择把她的话听进去，并且明确说出她的感受及需要时，她觉得我懂她的心意，对她而言，这样的联结就足够了。

同理心的培养，可以取代想要开导对方、跟对方讲道理的习惯，我们会逐渐发现想改变或开导一个人，真的很消耗能量。倒不如先把自己理清楚、讲明白，最后让对方自己去做判断，看看能否为我们的关系做出更好的抉择。

有时候我们说的道理，或许有些人真的不明白，但也有很多人不是不懂，而是不愿意配合。很多人在碰到问题时，心里往往会冒出这样的想法："凭什么要我配合你？"

例如家人吵架，可能会劝其中一方说："你就好好跟他说嘛……"但他却回呛"我才不要！"也就是说，他其实知道怎样可以让另一方释怀，但就是不情愿那么做。

这个时候，就可以思索："他渴望什么？需要什么？"

或者换个方式，这个时候，就是我练习同理他人及同理自己的机会。我们可以回头想想，问问自己："如果我是他，我为什么这么不情愿？我有什么感觉、什么需要没有得到满足？"

（https://baijiahao.baidu.com/s? id ＝ 1671389048293583767＆wfr ＝ spider＆for＝pc.）

思考题

1. 沟通中同理心如何运用？如何真正做到感同身受？
2. 为什么我们大多数人把好脾气给外人，最糟糕的一面是对自己最亲的家人？

第六章
自 我 接 纳

学习目标

- 了解自我认知概念；
- 掌握接受现实和自我认同的方法；
- 掌握自我接纳方法和策略。

情景导入

苏格拉底的助手

古希腊的大哲学家苏格拉底在风烛残年之际，知道自己时日不多了，想考验和点化一下他的那位平时看来很不错的助手。他把助手叫到床前说："我的蜡所剩不多了，得找另一根蜡接着点下去，你明白我的意思吗？"

"明白。"那位助手赶忙说："您的思想光辉得很好地传承下去……"

"可是，我需要一位最优秀的承传者，他不但要有相当的智慧，还必须有充分的信心和非凡的勇气……这样的人选直到目前我还未见到，你帮我寻找和发掘一位好吗？"苏格拉底慢悠悠地说。

"好的，好的，"助手很温顺、很尊重地说，"我一定竭尽全力地去寻找，以不辜负您的栽培和信任。"

苏格拉底笑了笑，没再说什么。

那位忠诚而勤奋的助手，不辞辛劳地通过各种渠道开始四处寻找。可他领来一位又一位，总被苏格拉底委婉拒绝了。

半年之后，最优秀的人选还是没有眉目。助手非常惭愧，泪流满面地坐在病床边，苏格拉底不无遗憾地说："本来，最优秀的就是你自己，只是你不敢相信自己，才把自己给忽略了……"话没说完，一代哲人就永远离开了这个他曾经深切关注着的世界。

问题提出

让苏格拉底永远遗憾的是什么？

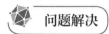 **问题解决**

苏格拉底的遗憾是他非常器重的助手没有学会自我接纳。其实，每个人都有优秀的一面，差别就在于如何认识自己，如何发掘和重用自己。

自我接纳是指个体对自我及其一切特征采取一种积极的态度，简言之就是能欣然接受现实自我的一种态度。自我接纳包含两个层面的含义：一是能确认和接纳自己的身体、能力和性格等方面的正面价值，不因自身的优点、特长和成绩而骄傲；二是能欣然正视和接受自己现实的一切，不因存在的某种缺点、失误而自卑。

第一节 自 我 认 可

 认识自我

（一）客观审视自己的动机

认识自我，就是人在社会实践中，对自己（包括自己的生理、心理、社会活动和整个主观世界）以及自己和周围事物的关系的认识。它包含在人的自我观察、自我体验、自我感知、自我评价等活动中。

要认识自我，首先要理性地审视自己的动机。从心理学的观点看，人因为有需要，引起了动机，从而产生行为，因而在心理学中，把动机定义为由需要而引起的个体的行为倾向。其中动机可以分为内部动机和外部动机：所谓内部动机，就是从个体自身的需要出发而产生行为；而外部动机是根据社会环境的需要而产生行为。内部动机和外部动机是一个相互作用的过程，如果内部动机与外部动机发生冲突，但仍按内部动机去发生外部所不需要的行为，往往会演变成不纯的动机；相反，如果外部动机所需要发生的行为与内部动机不吻合，就会缺乏内在的激励力量而导致行为发生强度的减弱。重新审视

自己的动机,是为了唤起自己的内在动机,激发对工作的兴趣,认识自我在工作中的价值,从而以饱满的精神投入工作。

在管理沟通过程中,强调审视自己的动机,就是要客观地评价动机的社会性、纯正性和道德性。如果内在动机与外部动机发生冲突,就要修正自身的动机,因为只有内部动机和外部动机得到了统一,才能为沟通对方所接受,并提升自己的形象。

(二)自我认知的组成要素

自我认知包括三个组成要素:物质自我认知、社会自我认知、精神自我认知。物质自我认知是主体对自己的身体、仪表、家庭等方面的认知;社会自我认知是主体对自己在社会活动中的地位、名誉、财产以及与他人的相互关系的认知;精神自我认知是主体对自己的智慧能力、道德水准等内在素质的认知。

(三)静心思考自我

客观地审视自我往往是一个痛苦的过程。要清醒、客观地审视自己的动机,必须以静心地解剖自我、反省自我为前提,这就要求我们学会静心思考。

> **小故事**
>
> 黄美廉,一位自小就患脑性麻痹的病人。脑性麻痹夺去了她肢体的平衡感,也夺走了她发声讲话的能力。然而,她没有让这些外在的痛苦击败她内在奋斗的精神,她昂然面对,迎向一切的不可能。终于获得了加州大学艺术博士学位,她用她的手当画笔,以色彩告诉人"寰宇之力与美",并且灿烂地"活出生命的色彩"。
>
> 在一次学校的演讲中,全场的学生都被她不能控制自如的肢体动作震慑住了。一个学生小声地问:"请问黄博士,从小就长成这个样子,请问你怎么看你自己?"
>
> "我怎么看自己?"美廉用粉笔在黑板上重重地写下这几个字:"我只看我所有的,不看我所没有的。"沉静片刻,教室里掌声猛然响起。
>
> 【感悟】
>
> 自我接纳是一个人健康成长、不断发展的前提。一个人如果不接纳自己,不敢正视自己的问题,那他怎么可能成长?有了自我接纳,有了不断自我完善的动机和行为,总有一天,自我就会得到发展、完善。所以,自我接纳是成功的起点。

二 提升自我

（一）自我意识的核心

自我意识的核心包括自我价值的定位、面临变革的态度、人际需要的判断以及认知风格的确立四个方面。自我价值的定位在于确定自身的个体价值标准和道德评判的差异性和一致性；面临变革的态度在于分析自身的适应能力和反应能力；人际需要的判断在于分析不同沟通对象的价值偏好和相互影响方式；认知风格的确立在于明确信息的获取方式和对信息的评价态度。这四个方面的相互关系如图6-1所示。

修炼自我意识就是从这四个核心要素出发，不断提升自我的价值观、面临变革的态度、认知风格和对人际需要的洞察力。

自我价值的定位，要求管理者在管理沟通中，从社会认同和社会道德的高度来修炼自我价值，要把自我价值的实现建立在他人和社会利益满足的基础上。这就要求在自我修炼和自我提升过程中，把自我认知、社会认知和精神认知三个方面结合起来，在问题思考和自我认知过程中，使自我价值判别和社会价值衡量得到统一。

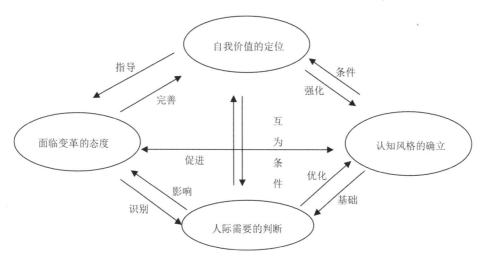

图6-1 自我意识的四个核心要素

（二）转换视角，开放心灵

◆ 1. 从他人的角度去思考问题

要从封闭的自我约束中跳出来，通过转换自己传统的思维方式，跳出习惯思维的约束，以退一步海阔天空的视角分析问题。转换视角要求我们从封闭的视角转换为开放的视角，打开心灵的窗户，把思绪、思想和观念接纳到自己的大脑中，要以向每一个人学习的勇气去与他人沟通。"三人行，则必有我师"，"海纳百川，有容乃大"，把自己的心灵开放了，沟通就无拘无束了，沟通双方就平等了，新的知识和新的思想就进来了。

◆ **2. 要尊重他人**

开放自己的心灵和尊重他人是紧密相关的为人之美德。把自己封闭在自我的世界里，紧闭心灵的窗户，就看不到外面的阳光；拒绝他人的接近，就把自己置于自我的"山巅"上。于是，他人万物在我的俯视之下，不自觉中，与他人的距离越来越远。只有当你开放你的心灵，才能让外面新鲜的空气、温暖的阳光、和煦的春风吹进你的心灵。

◆ **3. 转变思考问题的角度**

良好有效的人际沟通的理念基础是不强加自己的观念和意识给他人。不能仅仅把自己定位在出发点上，强调自己是沟通主体，要求对方作为被动的信息接收者适应沟通主体。古人提倡"己所不欲，勿施于人"就是要从根本上转换视角，我们倡导"人所欲，施于人"的理念，要根据沟通对象的特点，组织信息的内容和编码方式，把问题的解决和人际关系的正强化有机地结合起来。

◆ **4. 积极消除自己的成见**

消除自己的成见就是有意识地将不符合自己思想观念的信息"改造"成为自己的观点框架。具体而言，一是要意识到与你的信念、态度、想法和价值观相矛盾的信息并不都是对自己的威胁、侮辱或抵触；二是我们尽量不要注意讲话者的外表和举止，不要因为你不喜欢他们的外观就排斥他们的想法，如果你意识到自己的成见，就有可能加以注意和控制；三是不要过早地对讲话者的人格、主要观点和你自己的反应下结论，如果你过快地做出决定，你也许会错过听到真理的机会。

 自我超越

（一）超越目标和愿景，

"自我超越"是指突破极限的自我实现，或技巧达到精熟。自我超越是个人成长、学习修炼之高级境界。认识自我和修炼自我是自我超越之必要条件，它是对"原我"（原来的目标和愿景）的突破。显然，在没有认识原我的前提下，就失去了超越的目标，也就无所谓自我超越。具有高度自我超越能力的人，能不断扩展他们创造生命中真正价值的能力。

一个具有自我超越理念的人，无论是在处事还是在为人方面，总有一个追求的目标和目标引导下的愿景。在自我沟通过程中，设定的目标是认识自我、反省自我和修炼自我的方向和精神支柱。为了这个目标，他会乐于接受他人的建议和忠告；他会开放自己的心灵，接受他人的思想，以修正自己的观念和行为；他会不断审视自己的动机，调整内在动机以达到与外在动机的统一；他会追求物质自我、社会自我和精神自我的和谐统一。

一个具有高度自我超越的人，在学习和发展技能的过程中要具有不断否定"原我"的气魄和胆略。自我超越的过程，是不断超越原先设定的目标和愿景的过程。自我超越不是你所拥有的某些能力，它是一个过程，一种终身的修炼，因为自我超越没有终极境界。为了实现新的目标和愿景，具有自我超越精神的人会永不停止地学习，向他人学习，向社会学习，向自然界学习。当他们在学习过程中不断"扬弃"自我，自身人格的力量得到不断升华，与他人的关系得到正强化，人际团结合作更加成为可能。

（二）设立自我目标

◆ 1. 目标和愿景的设定是一个自我定位的过程

在建设性的自我沟通中，应建立"以自我为目标"的理念，也就是要从纵向的、历史的角度去设定目标和愿景，去评判自我、超越自我，而不是一味地做横向比较。

> **小故事**
>
> 世界著名的"奥美广告公司"的创始人大卫·奥格威，他的人生就是一个矛盾体，有着互为对立的两面，对我们不无启示。
>
> 他的一面是：天生哮喘，夜里总是辗转难眠，白天又异常疲惫，这个病症一直折磨着他。他对很多东西都有恐惧症，比如大海。由于没有耐心，他成了牛津大学的肄业生。他总觉得自己的智商比天才低一点，结果一测试，只有96，类似于普通人的正常智商。
>
> 他的另一面是：一生都在冒险，大学没读完，跑到巴黎当厨师，继而又卖厨具，到美国好莱坞做调查员，随后又做了农民和广告大师。他最信奉的一句话就是："只要比竞争对手活得长，你就赢了。"他活了88岁。他依靠6000美元，建立起全球著名的广告公司。

情商与管理沟通

【感悟】
如果你人生的一面是失败和沮丧，你完全不必懊恼，因为你还有人生的另一面，翻开人生的另一面，也许就是成功和希望。

◆ **2. 以超越他人为目标，在实现超越中可能会产生副作用**

第一，超越他人可能会形成人人争当第一的局面，结果造成关系的紧张；第二，可能会由于他人客观上在某些方面有特长，很难实现真正的超越，从而会使自己丧失信心；第三，以超越他人为目标，一旦目标实现，就会迷失进一步努力的方向。

"以自我为目标"强调的是自我精神追求的不断提高，是一种不断设定内心目标、持续自我激励的过程；而超越他人，由于过分关心外在目标，有可能产生副作用，特别是在外界目标消失，如自己就是成功者时，或者外界目标似乎是可望而不可及时，可能会使超越他人失去现实激励意义。

比如，长跑运动员在比赛时，不是以自我的极限为目标，而是以他人（比赛者）为目标，那么，当这位运动员遥遥领先时，他就会失去目标，"反正第一是我的，歇口气也不要紧"，于是，这位运动员可能就会松懈，失去了更高的追求目标。如果这样的状态不改变，在平时的训练中，就会没有动力，到下一次比赛时，就可能被他人超越。从这个意义上讲，"以自我为目标"更多地要求自律，这也是自我超越的内在要求。

第二节　自我接纳与自我认同

自我接纳的人，喜欢去帮助需要帮助的人。究其原因，主要是对自己足够接纳，他接纳自己的所有，接纳自己的身体，接纳自己的灵魂，接纳与他人完全不同的生活方式。正是这种对自己的无条件接纳，才能迸发出令人吃惊的人格魅力，激励在痛苦和黑暗中迷茫的自己。

 自我接纳

"自我接纳"是"对自己一切特征的接受"。自我接纳不是对自己的放任，而是对自己的负责。自我接纳的目的是让自己正视并拥抱真实的自己，进一步完善自己。不能自我接纳或不能完全自我接纳的人，常常也无法体验到充分的幸福感和成就感。因为不能自我接纳会导致深深的自卑感，无论他们在客观上显得多么的优秀、多么的成功，都是如此。

那些明明脸蛋漂亮、身材修长的女孩却总是想去整容，那些明明已在大企业身居要职收入不菲的男人却依然感到低微渺小，都是不能自我接纳所致。人们越是感到社会不够接纳自己，负面情绪就越严重，幸福感越低。当人们感到社会不接纳自己时，往往是他不能自我接纳的外化，即所谓的"自我证实"。比如一个自认为是失败者的人，在开始做某事之前就总是担心自己将再次失败，并由这种担心发展出焦虑的情绪，众所周知的是，焦虑之下人容易犯错。

以此类推，可以想见，一个总是担心周围人不欢迎自己的人，由于过多地在意周围人的反应而显得紧张不安，或太希望被人喜欢而显得曲意逢迎，或总是释放类似"我是不受欢迎的人"的信息而被别人的潜意识接收到，最后别人真的就不喜欢他了。此外，当一个人自我接纳程度不足时，他将花费更多的精力用于处理内心的纠结，从而影响他在社会竞争中发挥自己的能力，在获取物质财富、情感关系和个人成就方面自然也就大打折扣。

而那些自我接纳程度较高的人，有着稳定的自我观，可以对自己做出客观现实的评价，信任自己的想法和感觉，他们在人际关系中就会更加游刃有余。不能接纳自己的人，也较难接纳他人，自我接纳更容易获得幸福感和成就感。此外，不可否认的是，由于人类单一个体的弱小，那些善于与他人合作的人，其社会适应性会更好，这无疑会反过来促进一个人的自我接纳。

二 自我接纳的方法

（一）停止与自己对立

停止与自己对立是指停止对自己的不满和批判。不论自认为做了多少不合适的事，有多少不足，从现在起，都停止对自己的挑剔和责备，要学会站在自己这一边，维护自己生命的尊严和价值。

参考句式："不论我的现状如何，我选择尊重自己的生命的独特性。"

（二）停止苛求自己

具体说就是，允许自己犯错误，但在犯错后要做到：做出补偿，以弥补自己的错误造成的损失；不贰过，也就是一个错误不犯两遍。

参考句式:"不论做错了什么,我选择从中吸取教训";"我选择不贰过,而不是不断地责备自己"。

(三)停止否认或逃避自己的负面情绪

如果产生了负面情绪,不要去抑制、否认或掩饰它,更不要责备自己,更不要对自己生气。要先坦然地承认并且接纳自己的负面情绪,不论它是沮丧、愤怒、焦虑还是敌意。

人产生负面情绪是很正常的,它提醒你对现状要有所警觉,这是改变现状的先决条件。如果一个人不为自己的成绩差而沮丧,他就不会想努力学习;如果一个人不为和别人的矛盾而苦恼,他就不知道自己的人际交往方式需要调节。所以,不要怕产生负面情绪,也不要否认或逃避。要首先接纳它,然后再想办法解决引起负面情绪的问题。

参考句式:"不论我产生什么样的负面情绪,我选择积极地正视、关注和体验它,我将从中了解自己的思想和问题,并给以建设性的解决。"

(四)无条件地接纳自己

绝大多数人从小就受到种种有条件的关注,或者严格的管束,致使很多人以为只有具备某种条件,如漂亮的外表、优秀的学习成绩、过人的专长、出色的业绩等,才能获得被自己和他人接纳的资格。于是,很多人因此背上了自卑的包袱。由于曾经被挑剔,也就逐渐习惯于用挑剔的目光看待自己,越看越觉得无法接受。所以我们要学习做自己的朋友,站在自己这一边,接受并且关心自己的身体和心理状况,不加任何附加条件地接纳自己的一切。

参考句式:"不论我有什么优点和缺点,我首先选择无条件地接纳自己。"

三 自我认同

心理压力不断增加的主要根源在于一个人的自我认同感不足,表现出来就是自信不足,所以长期的过度压力主要来源于个人的"心理作用"。建立稳定的自信能力,能让我们有效地摆脱"悲观预期"的心理干扰,可以对事情的重要性进行理性取舍,主动调控自己所需要的工作压力的大小。

自我认同是对自己无条件接纳,具体表现就是能够认可和接纳自身的全部特性,包括不完美之处。自我认同不同于表浅的自我感觉良好,两者有明显的区别。当工作、生活都很顺利时,会自我感觉良好;当工作、生活不顺时,会自我感觉不好。自我认同是不会因一时的得失而否定自己，不会轻易受情绪的控制，无论在日常生活、工作中顺利还是不顺利都对自己有一个客观的认可，不会受外在环境的影响。自我认同是一个对个人心理平衡、与社会组织协调发展的真正健康、有力的概念。

当我们能够认同自己时，我们将不再过分害怕失败，不再过分害怕犯错，不轻易受别人评价左右；会采取问题应对方式而不是情绪应对方式来帮助自己解决问题、处理人际分歧；会敢于承担自己职责范围内的责任，而不是草木皆兵，一味保护自身利益。

要做到自我认同，主要在于养成独立的自我意识。我们生活在由人的思维、情感网络构成的社会中，要做一个自我导向的人，需要拿出足够的勇气，排除消极暗示的干扰。

有几种主要的途径可以帮助我们有效地提升自我认同感

（1）问题应对法，就是关注能够控制的事，做当前可以改变的事，不做当前难以改变的事。

（2）现实预期法，即实事求是地看待事情的结果，设立切合实际的期望和目标。

（3）自我反思法，遇事从多角度、反方向考虑，跳出固有思维方式来评判。

（4）自我评价法，以支持自己的愿望为主要参照系，设立自己的评价标准，重新评估、激活个人资源，增强积极的内动力。

（5）定期梳理法，尽可能每天用半小时静心整理自己的心情，有意识放慢工作的节奏，注重工作过程中的体验和收获，而弱化对工作结果成败的过多关注。

（6）角色转换法，在不需要"面具"的情况下以真实面目表现本色自己，把平日总好"做给别人看"的工作习惯剥离开去。

在更多认同自己的过程中，以"无为之心"做"有为之事"，完全可以让自己成为工作压力的领跑者和护航员。

第三节 少评判多接纳

一 学会扬长避短和取长补短

接纳自己是一个人具备自信和追求成长的前提，如果一个人止于接纳自己，他就很难有发展和成长。

（一）正视自己的不足

如果一个人能够正视并且接纳自己的弱点，那么，弱点也是有意义的。首先，它让我们懂得自己的局限性，使我们不至于狂妄自大，并且使我们懂得尊重有相应长处的人；其次，能正视自己的弱点，不把时间浪费在自责和沮丧上，集中精力去发掘自己的优势，这样就可以少走弯路。

（二）尽可能扬长避短

如果我们的优势是学文，就不要跟潮流去学理，我们可以尽量发挥文科的优势。但是，作为一个必须学好数学的经济院校的学生，不论我们多么喜欢文科，讨厌数学，我们都要遵守学科规律，把数学学好。此时，我们不能避短，而且也没有可能避短。

二 学会接纳他人

在生活和工作中仅有对自己的接纳是不够的。个人要想进入良性循环，就需要与他人合作，而一个不能接纳他人的人，无法与他人友好合作。其实，真正接纳自己的人也会接纳别人，而无法接纳他人的人也不能接纳自己。一个不接纳自己的人，无法容忍自己的弱点，内在的生命尊严拒绝接受这一否定。当两者间的冲突导致焦虑后，就会出现投射，即把自己不能接纳自己说成是别人不能接纳他。既然别人不能接纳他，他当然就无法接纳别人。这是在人的无意识中发生的，是从不接纳自己到不接纳他人的心理过程。我们可以从一个人能否自我接纳，来推断出他能否接纳别人；也可以从一个人能否接纳他人，推断出他是否接纳自己。所以，如果我们能够学会真诚地接纳自己，就会很自然地去接纳别人。

当然，我们也可以从学习接纳别人入手，尝试着接纳自己。如果接纳别人，尊重别人，别人通常也会对我们做出积极的回应。久而久之，我们在别人对我们的接纳里，会感到自己的价值与生命的尊严，于是，自我接纳便会产生。

使别人感到被接纳的方式有很多，最主要有以下几种。

（1）倾听。与人交往时能不加评论地、认真而又耐心地倾听别人的述说。

（2）尊重别人。即不论对方怎样，都尊重对方生命的尊严。

（3）假如你想与之交往，一定要主动，让对方首先感受到你的友好与诚意。

（4）能够发现并且表达对别人优点的欣赏。"每个人都喜欢喜欢自己的人"，真诚地表达欣赏是能迅速地进入他人视野的捷径。

> **小资料**
>
> ### 循环自卑的主要原因
>
> 自卑难以根除的一大主要原因在于，即使自卑者有时表面上获得了自信，但其内心依然根植着一种不良心理：谴责心理（责备、憎恨、抱怨是其表现形式）。谴责心理产生的根源主要在于小时候家长、老师对孩子的责备，使孩子产生了谴责心理（人不是天生就有谴责心理的），这种心理具有传染性。当出现差错时或事情没做好时，谴责心理就会让人寻找谴责对象，当无法谴责别人时，就会谴责自己。当你与别人共同做错事时，如果对方非常自信，就会给你一个"错误不在他那里"的暗示，这时候你就会谴责自己。自卑者的一大心理习惯就是谴责自己。
>
> 我们很容易发现这样一条规律：心胸宽广的人大都非常自信，而人在自信时大都心胸宽广。其实消除谴责心理，不责备任何人又何尝不是一件好事。自卑心理会促生谴责心理，而自我谴责又诱发自卑心理，所以只有根除两者，才能获得自信。

> **小资料**
>
> ### 谷爱凌：我不是一个完美的人！
>
> 北京时间 2022 年 2 月 19 日，谷爱凌在自己个人社交平台与网友进行了互动。谷爱凌表示，自己不喜欢别人叫自己老师，称呼"爱凌"或者"青蛙公主"就行，此外谷爱凌认为自己不是完美的人，但一直在努力进步和学习中。

谷爱凌表示，自己想尝试的运动有很多："还想尝试射箭，这个还是挺难的，当时11、12岁，尝试了30米的距离，觉得自己还挺牛的；此外还想冲浪。"

随后谷爱凌表示："我真的不习惯别人叫我老师，我是小孩，大家叫我爱凌，或者青蛙公主就行。"

谷爱凌透露，自己已经写了3～4本厚厚的日记："我从小就有写日记的习惯，已经写了5～6年了，我计划写本书，这本书从日记中来，我现在还不确定怎么写，但主要就是写自己的成长吧，和年轻人分享，让大家感觉我和他们一样，更是给年轻人的一个故事。我已经写了3～4本日记了，很厚很厚的，而且我是用手写的，接下来用电脑写出来。"

谷爱凌表示，自己想出书的原因，就是想给外界一个真实的自己："我想作为一个很真实的人，作为一个成长的经历，有高兴的时刻，也有不高兴的时候。从小，我就觉得成长是很正常的事，所以从小就写日记。"

在和网友交流时，谷爱凌表示，自己有时候也无法做到最好，但自己一定是真实的："我希望大家看到一个热爱运动、不断成长、学习的我，我有时候无法做到自己最好，也和大家分享。大家能看到这个热爱是真实的，这就是我的目标。"

谷爱凌特别强调，自己不是完美的，但自己一直在进步："一是要认识到自己的缺点，然后努力改变，或者学习。我妈妈老说我，收拾房间不是太好，床有点乱，我也知道，我也在学习中。以前是找不到东西，现在能找到东西。虽然我不是完美的，但我在进步。学习、享受、好玩儿就行了。"

和网友的交流晚上9点钟就结束了，谷爱凌表示，因为自己习惯在晚上9点多就睡觉："我特别喜欢睡觉，每天晚上要睡10个小时，我现在差不多晚上9点钟就要睡。"

（节选自《谷爱凌：我不是一个完美的人！但一直在学习和进步中》菱镜头体育，2022年2月19日，有改动。）

活动设计

活动一：认可自我

1. 认可自己

本着宽容有爱的心去接纳自己的一切，认可自己的一切，包括自卑和自己曾经做错的事。

2. 信任自己

以各种自信的手势、表情和心理暗示来增强自信，回想自己的各种优点和以前做得好的事情。

3. 树立自主意识

以我为主，坚信：我是自己唯一的主人，我的一切活动都由我做主。

4. 树立远大志向

有理想，有追求，让自己感受到自己的价值，同时这也是引导自己前进的重要动力。

5. 提升自己

努力学习、工作，积极参加体育锻炼，使自己成为一个勤奋的人。这一点很重要，实际行动给人的引导作用胜于一切。

 活动二：自我认可、自我接纳

想要改变自卑的人，往往有这样一种心理：把自己分割成两个部分，一个是真实的自己，一个是否定自己的部分，然后极力想要消除后者。其实应该换一种心理：认可两者都是自己的，简单地说，认可自己的一切。"自我否定"的心理不应该消除，而应该接纳，"自我否定"本身就是一种自我排斥，不应该通过自我排斥来消除"自我排斥"，而应该通过自我接受来逆转"自我排斥"。

1. 增强自信的小动作

（1）右手成握拳状竖起，就像人们取得胜利时常用的手势。

（2）摊开双手，然后十指向掌心有力地弯曲，给人强大和可以控制一切的感觉。

（3）抬起头、视线向下，有一种藐视众生、唯我独尊的感觉。

（4）眼睛要有神，瞳孔要放大。

（5）走路昂首挺胸，适当加快速度。

2. 从根本上改变思想和认识

（1）我的一切行为和活动由我自己主宰。

（2）我是我自己的主人。

（3）我并不一定是最好的，但绝对是最值得信任的。

并不是世界因为我们而美丽，而是我们拥有美丽的世界。不要认为自己活在别人的世界里，而应该认为整个世界都活在我的心中。相信自己，我们把握着可以撼动一切的能力。

让你遇见最好的自己

每个人都会不时地感到紧张或不安。而当你意识到这种感觉袭来时,却发现想克服它却是非常困难的!

如果你时常会感受到由于缺乏信心而带来的不安甚至无奈,那么你的生活很可能会难以驾驭。

自信是对自身力量的确信,深信自己一定能做成某件事,实现所追求的目标。自我认知对他人如何看待你有着巨大的影响。现实生活中,你有更多的自信,你就越有可能成功。自信可以在很多方面提供帮助,比如面对面试官的时候,工作提案的时候,面对自己喜欢的人的时候……自信的你往往会更从容地面对这些事情。虽然影响自信的许多因素你无法控制,但你可以有意识地建立自信,可以一点点地慢慢改变。

一个自信的人往往也会觉得自己更加快乐,并且更有吸引力。如果你有自信,会更加勇敢地追求自己想要的生活,这样的你就会更有可能实现自己的人生目标,因为你会甘愿承担风险,做出勇敢的决定,并积极地面对不确定的未来。

即使你认为自己缺乏自信,也有很多小方法来帮助自己慢慢地提高自信心,但自信的逐步建立需要时间和精力。它需要改变态度,训练自己的想法,学习如何面对自己的不同感受,以及在头脑中如何对付那些负面的情绪。

1. 彻底剔除那些恶性循环的自我否定想法

为了迈出信心建立的第一步,就需要找到问题的根源。如果你是那种一直认为自己不够好或者做什么都缺乏自信的人,那么很显然,你很容易会受到自己惯性思维的影响,甚至拿以往失败的案例不断来佐证。我要告诉你的是,这种恶性循环的思维方式该终结了。世界上有无数个证明了每个人都具有无限潜力的案例,为什么非要只陷在自己过往中仅一小部分不如意的狭隘片段中?没错,你也同样具有无限的潜能,从今天起就重新认识自己吧,你将不断地从自己身上收获惊喜。

2. 做个乐观主义者

忽视彩虹却只把重点放在乌云上,这是完全没有意义的。寻求积极的想法,看到"光明的一面"可以让你的情绪变得更好。关注生活中美好的东西让你能抬头挺胸,即使当生活看起来糟糕,你也会明白它是美好的。所有的痛苦和快乐的经历,通过你不断地接受、战胜、放下等一系列过程,最终都会变成你的养分,滋养你,让你更好地发展。要用积极的态度去看待任何事情,不要因各种小的困惑而放弃。

3. 花点时间独处

每个人每天都应该在自己身上花点时间。阅读一本书，感受书中带给生活的不同视角，纬度更宽地去看身边所发生的事情。杨绛先生说："阅读可以让我们更好地生活，生活可以让我们更好地理解阅读。"

但是过多的独处会让大脑反应缓慢呆滞。有时人们会讨厌自己，最终陷于令自己沮丧的事情中。对"自己"的独处时间要有一个合理的安排，可以更好地了解自己真实的想法，保证在你走出房门后去寻找最重要的人，做更重要的事。

4. 设立可完成的目标

设立一个无法实现的目标可能会将你引向失败。比如说你想提高英语成绩，每天背诵30个单词，可能是一个不错的选择。很容易地实现每天的小目标，你就会有成就感，接着会进一步挑战自己，再进一步提高英语成绩。再比如一个月看一本书，慢慢地积累，你获得的知识也就越来越多。你实现的目标越多，你会意识到你是多么的了不起。你会通过小的目标积累，从而不断地提高自信心。

5. 积极的行为帮助建立积极的心理

积极的心理可以让行为变得积极，而反过来，积极的行为同样也会作用于积极的心理。即使你内心感到恐惧和紧张，但只要保持微笑、挺拔自己的身躯并用眼神与对方积极交流，你会发现你的心理也会随之发生积极的变化。而你练习得越多，你就越有说服自己内心的能力。

6. 找到自己的优势

虽然有些人外貌不突出，但却有深邃的思想。有些人思维不够敏锐，却有坚强的毅力。有些人身体不够健壮，却充满艺术天赋。即使有些人身体与心智不完全健全，依旧可以创造出自己的价值与影响力，这种案例比比皆是。只要对自己充分认知，总能找到自己的优势，在此基础上善加利用与开发，再加上不懈的努力，每个人都可以拥有连自己当初都不敢相信的优势。

7. 不要将自己和别人比较，学会承认自己的不完美

每个人都会犯错误，每个人都会有缺点，因为没有人是完美的。采用正确处理挫折的方式，以及接受和拥抱那些不那么完美的方面，将会使你成为一个更好的自己！

如果你不断地关注自己不那么完美的一面，而把自己优秀的方面放到角落里，那么你自然总是缺乏自信而对自己产生怀疑。努力改善自己，接受你无法改变的事物。

8. 做自己擅长的事情

再优秀的人，也不是全能的。你要清楚你自己的优势在哪里，多做自己擅长的事情，一次又一次的小胜利会让你的自信心成倍增长。

9. 尝试突破自我

如果你想给自己一个提振，就需要偶尔走出属于自己的舒适区，尝试一些冒险行为，做一些你从来没有做过的事情。如果你不做一些突破自己的事情，你将永远不会知道突破自己的滋味。

做好准备去换个你内心想要的工作，精心设计并大胆表白你喜欢的人，去参加高空跳伞或者蹦极等。如果你有一些想去体验却一直没有实施的事情，那么现在可以考虑，不再拖延，勇敢地突破自我。

10. 要有耐心，并克服拖延症

如果你想学习如何建立自信并成长为一个积极的人，那就要对自己有耐心。你无法立刻消除那些成为习惯的消极想法，无法仅凭借一顶魔法帽就能变得勇敢，这些都需要耐心地逐步练习。摆脱拖延症，不要幻想着什么都不去做，仅仅知道了方法就能在不远的几天后自行变得积极。

11. 学会爱自己，并照顾好自己

你自己的想法最重要。如果你不爱自己，试着找出原因，然后试着找到一个针对这个原因的解决方案。你自己可以解决吗？如果不能，你能找到一个帮你忙的人吗？也许是一位心理学家，一个朋友，或者是家人。在你心里给自己腾出一些空间，你是唯一的"你"。只有自己爱自己，学会关心自己的情绪，追寻自己真实的想法，你才不会在追寻的道路上受其他事情的干扰而迷失。

要保持健康，保证充足的睡眠，照顾自己可以帮助你保持积极的心态。

12. 感激身边的美好

每天花一点时间想想你应感激的人和应感恩的事情，如当你每天入睡之前或醒来的时候，提醒自己，我们拥有的或观察到的美好事物，这有助于我们将看到的所有事物都放在积极的层面，帮助我们开启充满欢乐和积极心态的一天。

13. 永远不要停止学习

你的知识可以提升你的自信，当你发现，你可以征服新的东西时，无论是旅行，或尝试一堂新的瑜伽课，或学习你一直想学的摄影，或去上烹饪课等，你会发现，你知道得越多，越能不断地获得自信，所以永远不要停止学习。

真正的自信，应该建立在我们正确的认知基础上，我们可以通过学习及实践来扩大我们的自信影响力。

要用好对比法

1. 全面地看待自己和他人

要整体地看待与认识一个人，而不是凭借一个人在某个特定情境中的某个

表现来作评判。平时你对朋友很有耐心，但你遇到倒霉的事情时，很烦躁，于是会对朋友很刻薄。但这不代表你就是个刻薄的人，这只能说明你心情不好时会刻薄，但总体上依然是个温和的人。学会整体地评价后，我们就不会因为自己暂时、间歇的负面状态而过度焦虑。

2. 试着用一种新的视角看待"短处"

把你不喜欢的特质或表现列出来，试着找到它们的长处，记住随着情境的变化，有些问题可能不再是问题，反而是优点。你不喜欢自己有攻击性，但如果成为一个律师，有攻击性会是优势；如果你不喜欢自己太过注意细节，也许可以尝试做一份校对的兼职。有时找到合适的情境比盲目地改变更重要。

3. 问自己正确的问题

当你对某类特质或表现感到困惑时，不要问"它正常吗？""是不是不好？"等贴标签式的问题。而应多提描述类的问题，例如："它给你带来当下最真实的感受是什么？"

数字资源6-1
现实疗法对做好学生辅导员的启示

4. 用足够好的标准替代不切实际的完美标准

我们需要认识到完美在世界上是不存在的。人们都是在意识到错误和缺憾后在不断完善中成长的，而且总有些事是超出人们能力能修正的范围。追求不切实际的目标可能只是浪费时间。面对自己感到不满的部分时，试着学会为自己完成得"足够好"而庆祝，多看背后已经付出的努力。

5. 积极地接触与自己不同的人

试着找某些方面和自己不一样的人做朋友，有助于培养开放的心态。越是接触更多的不同的人，看过他们的生活，越是能意识到世界是参差多态的，人不止有一种生活的方式。长久单身的人也能过得幸福，内向害羞的人也能有感情深厚的朋友，而当你在面对自己与他人身上的异常或缺憾时，能更加淡然处之。

数字资源6-2
自我认同感问卷

6. 勇敢地做自己

最终成为那个独特的自己，每个人都是独一无二的存在，放心勇敢地做自己。

客体沟通篇

第七章 客体沟通

学习目标

- 掌握客体沟通的意义；
- 掌握客体沟通分析；
- 了解换位思考方法和有效沟通技巧的激发。

情景导入

巴别塔

十二个人、三个国家、四种不同的命运、一次偶然的事件，皆源于那一声无意的枪响……命运交织的罗网将不同种族、地域、文化背景下的灵魂纳入其中。

世界上的每个人之间都存在着千丝万缕的关系，20世纪60年代，美国社会心理学家米尔格伦提出了"六度分割"理论。他认为，只要通过六个人，你就能够与任何一个陌生个体建立联系。可是这种关联的丝线是多么的微弱，即使我们意识到对方的存在，但我们还是听不见对方的挣扎呼喊，就算听到依然无法理解无法进行有意义的沟通。

本来人类的语言是相通的，人类想造一座高塔直通云霄，就是babel——巴别塔。工程顺利进行，但是触怒了上帝，于是上帝就变乱了人们的语言。人们各自操起不同的语言，感情无法交流，思想很难统一，就难免出现互相猜疑，各执己见，争吵斗殴。这就是人类之间误解的开始。修造工程因语言纷争而停止了，通天塔终于半途而废。

据犹太人的《圣经》记载：大洪水劫后，天上出现了第一道彩虹，上帝走过来说："我把彩虹放在云彩中，这就可作我与大地立约的记号，我使云彩遮盖大地的时候，必有虹现在云彩中，我便纪念我与你们和各样有血肉的活物所立的约；水就不再泛滥，不再毁坏一切有血肉的活物了。"上帝以彩虹与地上的人们定下约定，不再用大洪水毁灭大地。此后，天下人都讲一样的语言，都有一样的口音。诺亚的子孙越来越多，遍布地面，于是向东迁移。在示拿地（古巴比伦附近），他们遇见一片平原，定居下来。有一天，有人提出一个问题：我们怎么知道不会再有诺亚时代的洪水将我们淹死，就像淹死我们祖先那样？"这有彩虹为证啊！"有人回答道："当我们看到彩虹，就会想起上帝的诺言，说他永远不会再用洪水毁灭世界。""但是没有理由要把我们的将来以及我们的子孙的前途寄托在彩虹上呀！"另一个人争辩说："我们应该做点什么，以免洪水再发生。"于是，他们彼此商量说："来吧，我们要做砖，把砖烧透了。"于是他们拿砖当石头，又拿石漆当灰泥。他们又说："来吧，我们要建造一座城，和一座塔，塔顶通天，为要传扬我们的名，免得我们分散在大地上。"由于大家语言相通，同心协力，建成的巴比伦城繁华而美丽，高塔直插云霄，似乎要与天公一比高低。没想到此举惊动了上帝！上帝发觉自己的誓言受到了怀疑，上帝不允许人类怀疑自己的誓言，就像我们不喜欢别人怀疑自己那样，上帝决定惩罚这些忘记约定的人们，就像惩罚偷吃了禁果的亚当和夏娃一样。他看到人们这样齐心协力，统一强大，心想：如果人类真的修成宏伟的通天塔，那以后还有什么事干不成呢？一定得想办法阻止他们。于是他悄悄地离开天国来到人间，改变并区别开了人类的语言，使他们因为语言不通而分散在各处，那座塔于是半途而废了。那共同的语言被称为亚当语，历史上曾有学者提出，某种语言是原始语言，例如希伯来语、巴斯克语等（参阅犹太文献）。高塔中途停工的画面在宗教艺术中有象征意义，表示人类狂妄自大最终只会落得混乱的结局。

巴别塔的故事其宗教意义虽说是为了提醒人们不可狂妄自大，但从中也反映出了一个事实，那就是如果人与人之间能够更好地沟通，把人力物力高度集中起来，那么人类必将取得更大的成就，就像上帝所言的"那以后还有什么事干不成呢"。

所以我在想，我们今后的科学技术发展也应该在加强人际沟通、减少沟通障碍这方面做出努力，希望有一天，能够实现类似于科幻小说中"心灵感应"那样无障碍的沟通方式。我想到了那时候，人类必将驰骋于更加广阔的天地。

（改编自百度百科《巴别塔》。）

问题提出

1. 如何减少沟通障碍？
2. 双向沟通中的有效意义是什么？

 问题解决

1. 加强人际沟通、减少沟通障碍并不仅仅只是科学技术发展方面的事情。一个社会的发展应该是物质文明与精神文明同调的发展，科学技术的发展属于物质文明发展的范畴，而在精神文明建设中，我们同样应该在加强人际沟通、减少沟通障碍这方面做出努力，比如鼓励、引导人们积极沟通、相互信任，建立完善的社会与国际沟通机制，等等。

2. 我们每一个人都是能够为社会的发展出一份力的。就拿加强人际沟通、减少沟通障碍这方面来说，只要我们积极地去与他人接触、沟通，向对方传递一种正能量，同时珍惜、信任自己的亲人和朋友，那么这个世界就会美好一分，而当大家都这样做的时候，我们的社会就已经实现了进步。

第一节 以客体为导向的沟通内涵及意义

 以客体为导向沟通的内涵

管理沟通的本质是沟通者能换位思考、传递信息，客体导向是沟通成功的前提。客体导向沟通的前提是了解沟通对象是谁，有何特点和动机，通过对客体的深入分析，了解客体的需要和特点，实现建设性沟通。

要了解沟通客体的需求和特征，可以把握以下几个基本问题：
（1）他们是谁？
（2）他们知道或需要什么？他们感受如何？
（3）如何激励或满足他们？

> **小案例**
>
> 　　一位胆囊炎患者，手术前一天晚上需要灌肠。护士拿着灌肠筒来到患者床边，伸手拉开棉被，便叫患者翻过身去。患者被弄得莫名其妙，虽然也翻过了身，但心里却不放心，抬起头看护士究竟要做什么。
>
> 　　护士责怪说："看什么，有什么好看的。"患者只好忍气吞声，心情一直处于疑虑和屈辱的状态，一夜未曾合眼。第二天，患者精神极差，体温上升，未能如期手术。

（二）以客体为导向的沟通与以主体为导向的沟通的区别

> **小案例**
>
> 　　H公司是一家成长中的集团公司，最近，集团准备投资建材行业，决定先建一座水泥厂，两家公司A、B闻此消息后，找到H公司洽谈欲承揽此项目。
>
> 　　A：我们公司有雄厚的技术实力并且做过几个类似项目，积累了丰富的经验。我们公司有能力提供一条龙服务，可以派专家负责选择场址，设计工厂，招聘建筑工程队，调集材料和设备，最后交给贵单位一个建好的工厂。
>
> 　　H：这太好了，我公司是一个集团公司，在建筑行业却是个新手。
>
> 　　B：我们公司也可以提供一条龙服务，另外，我们知道贵公司在建材行业是后来者，而在这个竞争激烈的行业要想站稳脚并不容易。经过我们公司做工作，市里正准备建的××花园的投资商已经同意在该花园的二期工程中使用贵单位新建水泥厂生产的水泥；另外，我们通过市场调查发现水泥在×国有很大的需求，我们已经联系了一家外贸公司，可以为贵公司出口水泥。
>
> 　　H：太好了，建厂的事情就麻烦你们（B）了，希望以后还能够长期合作。

　　与以客体为导向的沟通相对应的是以主体为导向的沟通方式，也是一般人通常习惯采取的沟通思维方式。两种思维方式的差别如表7-1所示。

表 7-1　主体导向沟通与客体导向沟通比较

类型	思维源	沟通风格	策略运用	信息传递模式
主体导向的沟通	主体	不考虑客体情况，根据主观经验组织沟通内容	策略运用很少，因为他们认为不必要	单向传递
客体导向的沟通	客体	根据客体情况，换位思考，策略性地设计沟通内容	注重策略和技巧的运用，尤其注重对客体的心理分析	双向传递及互动性的沟通

主体导向的沟通往往很少或没有考虑客体的情况与心理，而是根据自己的主观判断和经验来设计沟通内容，案例中的 A 公司与 H 公司的沟通就是典型的主体导向沟通。而 B 公司则在沟通之前对 H 公司的现状和问题做了充分的了解、分析，因此，最终赢得了此次沟通的成功。

三　以客体为导向沟通的重要意义

（一）以客体为导向是有效沟通的基础

我们知道，之所以需要沟通是由于主客体双方产生了分歧。产生分歧的原因主要有两个：一是信息不对称；二是双方认知上存在差距。对前者这一客观原因比较容易解决，只需要及时提供给沟通客体充足的信息，并保持沟通渠道的畅通。对后者，情况比较复杂，首先要求沟通内容能被正确理解，而认知的差距导致沟通双方对同一决策或问题有不同的看法。例如，作为一个销售经理，你可能准备派手下的一名员工到新区域去开辟市场，而这位员工因为家庭、现有的成绩等原因并不情愿接受这个任务。当然，你可以利用职务权力直接命令，但这可能使这名员工产生抵触情绪，他会以一种消极的态度去对待新市场开拓这样一项挑战性的任务，这对员工本人和公司的利益都是不利的。要解决这类由认知差距产生的分歧，必须建立以客体为导向的沟通思维，并让其贯穿整个沟通的全过程。

（二）为提出创造性的沟通策略提供更为广阔的思维空间

许多沟通问题需要高度的沟通技巧，而这些技巧往往没有定式可循，很多都要靠在领悟了一些沟通原理的基础之上，自己根据具体情况，去思考、去创造、去构造一些创造性的策略，正所谓"运用之妙，存乎一心"。但有一点是肯定的，思考范围与你最后得到的最佳策略的满意程度是成正比的，当你思考范围越广，思路就越开阔，自然得到更满意的结果的可能性就越大。而以客体为导向的沟通将思考范围扩大到沟通客体和主客体之间关系,因而为我们提出创造性的沟通策略提供了更为广阔的思维空间。

(三)以客体为导向将会使沟通更具效率

沟通不仅要讲效果,还要追求效率,我们总是期望能在达成沟通目标的基础上取得最好的沟通效果。举个很简单的例子,你有份计划书需要得到经理的建议,如果你选在他心情不好或很忙的时候,可能只得到寥寥数语;如果你在充分分析后选一个他很空闲而且心情不错的时候,你会得到的帮助就会大得多。

第二节 客体沟通分析

管理沟通的本质是换位思考,传递信息与情感。在沟通过程中,沟通客体通常会根据自己的需要、动机、经验、背景以及其他个人特点等对沟通主体所传递的内容和信息有选择地接收,因此成功的管理沟通应是以客体为导向的沟通,沟通过程中最重要的环节是沟通客体分析。本节具体讲述沟通客体分析应解决的三组问题:他们是谁?他们了解什么?他们感觉如何?

一 他们是谁?

他们是谁?——界定你的客体(又称为受众对象),目的在于解决"以谁为中心进行沟通"。他们是你想要对之采取行动的人——可能买你的产品的顾客,你需要其停止讲话的上司,你要传递信息的下属,可以达到更高生产率的雇员等。这个问题看起来似乎很简单,但事实上对客体进行选择划分,并决定以谁为中心进行沟通,的确是一个微妙而复杂的过程。欲确定客体的范畴并对其进行分析需从以下两个方面入手。

(一)哪些人属于客体范畴

在很多管理与商务场合,沟通者可能拥有或考虑到会拥有多个不同的客体(群)。无论是通过书面或口头的沟通方式,只要客体多于一人,就应当根据其中对沟通目标影响最大的人或团体而调整沟通的内容。一般情况下,沟通中的客体包括六类。

◆ 1. 初始客体

初始客体，就是最先接收到信息的人。他们最先收到信息，因此对信息进一步传递有重要作用。有时，初始客体可能与信息传递的主要客体没有直接联系，他们对信息的内容也没有多少发言权，但是，这些人对信息进一步的准确传递非常重要。有时，这些信息就是这些初始客体要求你提供的。

◆ 2. 主要客体

主要客体，也称直接客体。沟通中应首先决定哪些人将成为主要客体，即那些将直接从沟通者处得到口头和书面信息的人（团体）。他们可以决定是否接受你的建议，是否按照你的提议行动，各种信息只有传递给主要客体才有可能达到预期目的。主要客体包括决策者及其他需要获取他们的支持来实施计划的人。

◆ 3. 次要客体

次要客体，也称间接客体。考虑哪些人（团体）将成为次要客体或"幕后客体"——他们将获得信息副本，得到尚待证实的信息，受到信息波及。次要客体可能会对你的提议发表意见，或在你的提议得到批准后负责具体实施。次要客体包括将受到你的计划影响及长期以来可能对决策者有一定影响的人。

◆ 4. 守门人

守门人，即沟通者和客体之间的"桥梁客体"，他们有权阻止你的信息传递给其他对象，因而也有权决定你的信息是否能够传递给主要客体。在客体中是否存在守门人——必须通过此人来传达信息？若存在，是否他（她）会因为某些理由而封锁消息？守门人包括你的上司、需要获取他们支持来实施计划的人及其助理人员，有时守门人甚至来自企业外部。

◆ 5. 意见领袖

意见领袖，即客体中具有强大影响力的、非正式的人或团体。意见领袖一般是存在于某些非正式组织中具有较高的威信、有强大的影响力的人，但其在正式组织中未必具有较高的职位。因此，他们可能没有权力阻止传递信息，但他们可能因为拥有社会地位、社会阅历等，而对你的行动的实施产生巨大的影响。

◆ 6. 关键决策者

关键决策者，即最后且可能是最重要的，可以影响整个沟通结果的决策者。沟通中若存在关键决策者,则依据他们的标准调整信息内容。

这里要特别指出的是,在我们日常的沟通中,以上六类客体中的某几类可以由一个人充当,因为在不同的场合,客体可能兼有多种身份,角色是可以互换的。

(二)怎样了解你的客体

一旦确定了哪些人属于或应属于客体范畴,就应该尽量仔细地对客体进行分析。这里重点介绍分析客体的方式及其内容。

◆ 1. 分析方式

了解你的客体,一般可以运用两种方法:客观分析方法和主观分析方法。

客观分析方法,即借助于市场调研或其他已有数据,如档案、记录等,运用统计分析等知识对客体进行客观的分析。例如,一个大型公司欲招聘一名经理助理,该公司的人力资源部经理在招聘和甄选人员前,就会调查和了解应聘者的一些与工作有关的客观情况,用事实记录、档案等来评价求职者的个人品行、工作能力及工作责任心,等等。

主观分析方法,即站在客体的立场,将自己假设为其中的一员,以此来分析。如许多企业都通过面试来测试和评价候选人,为了在面试时能够有出色的表现,大多数求职者在面试之前必然要做一番准备。应聘者会站在招聘人员的立场,考虑他们会可能提出什么问题——比如,你的应聘动机是什么?你对本公司及其你应聘的职位了解多少?你原来的收入水平如何?你预期得到的收入水平如何,等等。求职者只有在这些分析基础之上有针对性地为面试(沟通)做准备,才能在面试时有出色的表现。

◆ 2. 分析内容

沟通主体要了解客体,就必须对沟通客体的个性和共性都有一个充分而全面的认识。

客体由不同的成员组成,而每一个成员都具有不同的个性特点,因此必须分析客体中的每一个成员。如有条件,可以对客体成员逐一进行分析,考察他们的教育层次、专业培训,以及他们的意见、喜好、期望和态度,等等。

在对客体的个性了解的同时也必须对客体做整体分析,了解其共性。如果无法对客体逐一进行分析,也可以将他们分组,分析他们的群体特征、立场、共同规范、传统、标准准则、价值观等。

二、他们了解什么?

分析"他们了解什么"目的在于对客体做进一步分析,即了解他们的期望、偏好、风格等，从而清除有效沟通的障碍。在沟通过程中，客体会根据自己的需要、动机、经验、背景、兴趣爱好等选择性地过滤信息、接受信息。要实现高效的沟通，必须知道客体已经了解了什么，仍需了解的是什么以及客体的兴趣、偏好等。

（一）客体需要了解的背景资料

关于沟通的主题客体已了解多少？哪些专门术语是客体能够理解的？只有明确客体的不同需求，才能采取相应的策略。背景资料是沟通者用来说服客体的工具和佐证。客体只有对沟通内容的背景资料有一个相对明确和足够的认识和了解，才有可能对沟通的内容及沟通者提出的问题产生兴趣。不同的对象对于背景资料的需求是不同的，大致可以划分为以下三种不同的情形。

◆ **1. 需求高**

在客体对背景资料需求较高时，一定要准确地定义陌生的术语和行话，将新的信息与他们已掌握的信息结合在一起，并给出非常清晰的结构。例如，你是一个营销部门的区域经理，当你在向总经理描述你策划的新的营销战略时，而你的沟通对象是一个受过MBA教育的总经理，此时你要成功推销你的营销战略，得到总经理的认可和赏识，就需要使用高度的理论概括和准确的术语同总经理进行沟通。

◆ **2. 需求低**

若客体对了解背景资料的需求较低，就不需要浪费时间在背景资料介绍和专门术语上，而应把沟通的重点放在客体感兴趣的内容上。

◆ **3. 需求不一致**

在某些场合，当客体对新信息的需求不一致时，可以利用"简单回顾"之类的开场白重温背景知识的方式理解信息。

（二）客体需要了解的新信息

对于沟通主题，分析客体需要了解什么新的信息，他们还需要多少细节和例证。客体对于新信息的需求是不同的，大致可以划分为以下三种情形。

◆ **1. 需求高**

当客体对新信息的需求较高时，应提供足够的例证、统计资料、数据及其他材料。

◆ **2. 需求低**

有时客体并不需要太多新的信息，例如他们可以信赖专家的意见，也可以将做出判断的权力交还给沟通者。因而，对待这一类客体，应该从客体需要多少信息出发，而不是取决沟通者能够提供多少信息。

◆ **3. 需求不一致**

在某些情况下，可将更多的细节材料列入单独的附录或讲义中。

（三）客体的期望与偏好

客体对沟通的风格、渠道或格式方面的不同喜好，决定着沟通主体采取截然不同的沟通策略。客体的期望和偏好具体划分为以下三个方面。

◆ **1. 风格偏好**

客体在文化、组织及个人的风格上是否有偏好，例如，正式或非正式、直接或婉转、互动性或非互动性的交流方式。

◆ **2. 渠道偏好**

客体在沟通渠道的选择上是否有偏好，例如，书面文件或电子邮件、小组讨论或个别交谈、口头或笔头交流。

◆ **3. 格式偏好**

客体对文件或报告的标准长度与格式是否有偏好。例如，某公司总经理有一个习惯：当下属向他汇报工作时，必须以书面的方式提交报告，而不喜欢接受口头汇报，并且提交的报告不能太冗长，要简明扼要。当总经理审阅报告后，认为有必要就会再找提交报告者面谈；不需要面谈的，就转交给相关部门经理办公室处理。

三、他们感觉如何？

在明确客体了解什么的基础之上，还应该清楚客体的感觉，掌握他们是怎么想的。客体的偏好与倾向对沟通策略的影响是巨大的。

有时客体对自己真正的需求其实并不是很清楚。

> **小案例**
>
> 酒店里，我们经常会遇见这种情况：
> "你要什么样的啤酒？"
> "上好的纯啤酒。"顾客都会很爽快地回答。
> "上好的纯啤酒是什么样的？你用什么标准来衡量啤酒的纯度？"
> "这……"顾客一般只剩下张口结舌的份儿了。

事实上，人们喝酒只是为了满足生理需要，"纯度"对于他们来说只是一种模糊的概念。

一位颇有盛名的番茄酱制造商，一直对自己公司的包装瓶外观很不满意，就请人进行调查，大部分接受调查的人表示比较喜欢公司正在考虑的新型瓶装。

结果又怎样呢？当公司的这种新型瓶装产品推到市场做试验性销售时，情况却很不乐观。绝大部分人依然买旧瓶装的产品，就连在调查中表示喜欢新瓶装的人也不例外。

为使沟通者了解客体在沟通过程中可能产生的需求，从而进行有效的沟通，需要解决以下问题。

（一）客体对信息感兴趣的程度如何

这是一个非常关键的问题。对于客体而言，沟通者的信息是属于较高的优先级，还是较低的级别？客体对于所提供的信息认真阅读或聆听的可能性大吗？客体对沟通主题及结果是否关注？这一信息将对客体的财务状况、组织地位、价值体系、价值观及人生目标产生何种程度的影响？

◆ 1. 兴趣较高

若客体对信息的感兴趣程度较高，即可直奔主题，不必多花时间以唤起他们的兴趣。沟通者必须构建完善的逻辑论证。若是没有长期不懈的努力，他们的意见不可能得到改变。但只要一旦说服了他们，比之兴趣较低的客体，他们的意见保持会更为持久。

◆ 2. 兴趣较低

若客体兴趣较低，则可以采用征询性策略，或采用共同参与的模式进行沟通，要求客体加入讨论，从而分享控制权，以得到他们的支持使信息尽可能明了。冗长的文件或信息往往令人生厌，而且客体会不自觉地忽略其中显得琐碎的部分。此外，对于这些兴趣较低的客体，沟通者应及时对他们的意见变更做出反应。

客体的态度对沟通策略具有巨大的影响。他们可能的意见倾向是正面的、中立的或是反面的？他们对你的想法或建议可能采取何种态度？他们有可能赞成、中立，还是反对？从你的想法中，他们可能会得到哪些利益和损失？这样的想法为什么在以前没有得到实施？为什么他们可能会说"不"？

1）赞成

若客体赞成你的观点，只需强调信息中的利益部分，以加强他们的信念，从而保持客体中的赞成者。

2）中立

若客体对你的观点持中立态度，只需强调信息中的利益部分，从而说服持中立态度的客体，希望他们加入赞成者的队伍。

3）反对

若客体倾向于反面意见，持反对态度，试采用以下技巧：将客体的要求限制在可能范围内最小的程度，如一个试点项目，而非整个项目；对预期的反对意见做出回应。列出反对意见并加以驳斥，这要比让客体自己思考并提出反对意见更有说服力；先列出客体可能同意的几个观点，若他们赞成其中二三个关键意见，那么他们接受沟通者整体构想的可能性会更大。

（二）所要求的行动的难易程度如何

分析"他们怎么想"的最后一个例子是，考虑你预期的行动对于客体来说完成的难度如何。对客体而言是否会耗时过多，或过于复杂、过于艰难。

◆ **1. 比较难做到**

若行动对于客体比较难做到，就一定要强化你所希望的行动带给客体的利益。

> **小案例**
>
> 某公司老总 A 打算与部门经理 B 做一次沟通——把一个很重要的任务交给 B 去完成，在沟通之前，老总已经认识到要完成这个任务是比较困难的。下面就是老总 A 与部门经理 B 的一次对话，让我们看看老总是如何强化 B 的行动信念以及此次行动将给 B 带来的利益。
>
> A：小 B 啊，你也了解，我们公司的战略重点已经转移到了中部市场，这个项目可是我们公司进入中部市场的第一步，关系到公司的品牌和形象的建立，可是非常重要的啊！

> B：老总，您说的我都很清楚。
> A：就因为这个项目非常重要，我已经决定将此项目交由你来负责。
> B：老总，我很感谢您的赏识，但我怕不能胜任。
> A：我了解这个项目实施起来还有很多困难，但我认为你是最佳人选，同时公司会全力配合你的工作。另外，你想想，公司的战略重点已经转移到中部了，这个项目交由你负责，对于你个人来说，无论是在能力锻炼还是发展空间上，都是一个难得机遇啊！
> ……

在这次沟通中，老总A准确地把握了沟通对象B的想法，因此在沟通一开始，就着重强调这个项目的重要性，尤其指出完成这个项目无论对公司的发展还是对B的个人发展都是一个难得机遇。同时，A也清楚这个任务对于B比较难做到，因此通过"你是最佳人选""公司会全力配合你的工作"来强化B的信念以及此次行动将给B带来的利益。试想，在这样的情况下，部门经理B还能再推脱吗？

◆ **2. 很难做到**

如果行动对于客体过于艰难，试用以下沟通技巧：将行动细分为极小的要求，如签字同意由旁人完成一项工作；尽可能简化步骤，如设计便于填写的问题列表；提供可供遵循的检查清单。

我们常听到："尽最大努力去做。这是每个人都可以做到的。"但是，"尽最大努力去做"意味着什么？我们是否知道自己已实现了那个含糊不清的目标？如果你的父母对你说"在英语课上你应该努力争取比85%以上的同学学得好"，而不是告诉你"尽最大努力去做"，你是否会在英语课上表现得更好呢？具体的目标比笼统的目标（"尽最大努力去做"）效果更好。

第三节　有效沟通技巧的激发

在分析了客体的所知和所感基础之上，要进行有效的沟通，必须最大限度地激发客体的兴趣，解决"什么能打动他们"的问题。对影响力、说服力、驱动力的研究表明，有大量的有效的激励技巧存在。但对于特定的客体，要达到沟通的最佳效果，基于前面的客体分析，要掌握客体的所知所感，从而选择相应的一项或几项激励技巧。

 通过明确的利益激发客体

在很多情况下，在沟通过程中以明确的利益如具体的物质利益、事业成就感、自我利益、团体利益等来激发客体，可以最大限度地激励和打动沟通客体。比如，在说明性公文中，对读者强调你为何要执行你宣布的政策，说明该政策的优点；在劝说性沟通中，强调客体能在实施你的建议后，实现自己的目标，从而克服对方的抵触情绪。假设你劝说顾客购买你的产品，顾客感兴趣的是产品是否价格合理、经久耐用等，而你从颜色漂亮、线条流畅、功能齐全等方面试图说服顾客购买，虽然你提供了大量的信息给顾客，但未必能唤起顾客的兴趣和认同，沟通的效果也就可想而知了。如果你的下级关注的是职位的提升，那么对他工作的肯定以及对可能提升的暗示将会是他最感兴趣的。

不同的沟通对象，具有不同的利益需求。要打动客体，最大程度激发他们的兴趣，沟通者所推销的应该是利益而不是结论，所以首先应明确客体利益，其次是传递恰当信息给客体。

（一）客体利益的类型

◆ 1. 具体的物质利益

沟通者可通过向客体提供一些具体的物质利益来激发客体；在沟通过程中将一部分利益加以描述，以强调它们的价值（如利润、储蓄、奖金或产品优惠打折）或重要性（如办公室装修）。像T恤、陶瓷杯、纪念笔、防紫外线伞、杯垫，只要它们在客体眼里具有价值，它们就能起到激发客体的作用。比如我们常常见到麦当劳、肯德基的工作人员随街向消费者派送优惠券，从而激发客体的消费行为。

◆ 2. 事业发展与完成任务过程中的利益

沟通者可向客体展示，此次沟通信息或内容将给客体带来如下利益：
① 为目前的工作带来好处——解决当前存在的问题，节省他们的时间，或简化他们的工作任务；② 任务本身的驱动，例如，一些客体更喜欢接受任务的挑战或者共同处理难度大的工作，因此他们会对参与问题的解决或决策做出积极的反应；③ 对客体个人事业的发展或声望有所帮助，对此类客体，沟通者要表明沟通内容将有效帮助他们得到组织及上级的重视和赏识，同时有助于他们获得声誉和建立交际网络。

◆ 3. 自我利益

某些客体对提高他们的自我价值、成就感或满足感的驱动方式反应强烈。例如，沟通者可以通过陈述他们的建议，邀请他们参与来提高认同感或归属感。在沟通中，可以通过口头的称赞或微笑、颔首等非正式的情感表达方式来加强效果，或者可以通过文件中提及他们的姓名或以其他关注客体的正规方式，如奖励或者以其名字命名的纪念品等来突出他们的地位。

◆ 4. 团体利益

对于注重团体关系的客体，要激发他们的兴趣，强调信息对整个团体的益处；强调整体的切实利益，如完成团体任务的好处、团体的升迁或团体价值感。对于注重团队的客体，多提及组织观念、团队精神、联合利益，而非专家的个人判断或沟通者的个人可信度。对于易受周围人群的信念和行动影响的客体，采用"一致对外"策略。正如沟通专家琼安芬·耶兹所述："虽然'每个人都这么做'并不是十分站得住脚的理由，但它对于某些人确实有效。"

数字资源 7-1
客体不同的
利益需求

（二）如何明确客体利益

客体的需求多种多样，有时会"表里不一"。有时候动机明显，如为了满足物质上的需要，有时候却是为了满足某种精神方面的需要。下面这个案例可充分说明这个问题。

> **小案例**
>
> 李先生的手机丢了，需要再买一部手机。"摩托罗拉"牌手机一直是他的钟爱之物，在市内摩托罗拉专卖店以及各大商场均有销售，于是李先生直接搭车去买下一部摩托罗拉手机。李先生的需求是非常明确的，首先是他有买手机的需求，其次是对"摩托罗拉"情有独钟，因此，这是一种有意识的动机，表现在消费者在购买之前有一个详细的计划，如品种、大小、型号等与产品本身有关的参数。消费者对需求有明确的判断能力——喜欢还是不喜欢。
>
> 与李先生相反，李太太的需求和行为则是一种无意识的行为。

> 李太太上街，准备到超级市场买一套餐具。可从超级市场出来之后，却只买了一盒S牌香皂。
> "你为什么不买餐具，而去买块香皂？"李先生不解地问。
> "我也不晓得，走到那里看到它，就顺手拿了它。不过，它的香味挺不错吧！"李太太不无自豪地说。

李太太这种"不晓得"但又"顺手"的行为，表面上只是举手之劳，而实际上是一种潜意识行为。

对于不同的客体以及他们所期望的不同的利益，有的是直接的，因而，沟通者比较容易识别，沟通时能够很容易地采取相应的策略；有的利益是只可意会而不可言传的，沟通者就需要深入去了解和挖掘。

我们由著名的马斯洛需要层次理论入手，分析客体的需求、恐惧和欲望。马斯洛认为每个人内部都存在着以下五种需求层次（见图7-1）：

（1）生理需要：包括饥饿、干渴、栖身、性和其他身体需要。

（2）安全需要：保护自己免受生理和心理伤害的需要。

（3）社会需要：包括爱、归属、接纳和友谊。

（4）尊重需要：内部尊重因素，如自尊、自主和成就；外部尊重因素，如地位、认可和关注。

（5）自我实现需要：一种追求个人能力极限的内驱力，包括成长、发挥自己的潜能和自我实现。

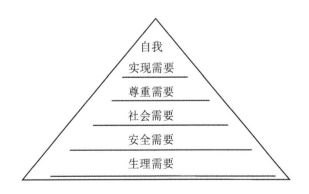

图7-1 马斯洛需要层次理论

当任何一种需要基本上能够得到满足后，下一个需要就成为主导需要，如图7-1所示，个体顺着需要层次的阶梯前进。从激励的观点来看，这种理论认为，虽然不存在完全获得满足的需要，但那些获得基本满足的需要已不再具有激励作用。因此，根据马斯洛需要层次理论，分析客体的感受、恐惧与欲望，沟通者必须知道客体现在处于需要层次的哪个水平上（见图7-2），才能够满足客体的这些需要及更高层次的需要。

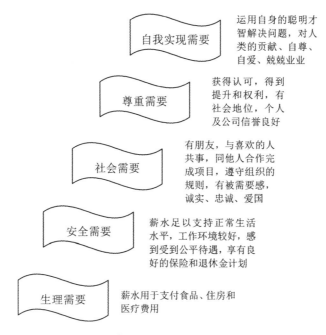

图 7-2 运用马斯洛需要层次理论分析对客体的需求动机

在沟通过程中，应强调与客体利益最相关的内容，满足其不同层次的需要，如对于一位高薪的白领，最有效的激励不是薪水和奖金，而是完善的保险、愉快休闲的旅游度假，等等。对于每个企业所提供的产品也是如此，通常企业所提供的产品能同时满足不同层次的需要，但在信息沟通过程中，应重点强调最能打动和影响目标顾客的信息与内容。

（三）如何传递恰当的有益信息给客体

不同的客体有不同的需求，只有寻找针对客体的具体需求，找准客体的利益需求点的沟通信息，才可能传递恰当的有益信息给客体，从而最大化激发客体兴趣。寻找针对客体的具体需求的沟通信息，关键在于找出自己推行的政策或所提供的产品、服务能够满足客体需求的理由，从而说明客体如何利用沟通主体所推行的政策以及提供的产品服务才能达到他们自身的需求。仅仅强调特色或利益未必能引起客体的兴趣和欲望，只有把特色同客体的利益相结合，提供必要的细节，才能最大程度打动客体，激发客体的兴趣和欲望。

假如你是某著名电脑公司营销人员，你想劝说人们购买你公司的便携式电脑，但是仅说明公司该款便携式电脑的特点和功能是不足以吸引尽可能多的顾客来购买该产品的。只有把该款便携式电脑的特色、卖点和顾客联系起来，强调不同顾客所关注的不同内容，才能吸引更多的消费者。因此，必须根据顾客的要求来安排不同的沟通信息，具体以表 7-2 为例来说明。

表 7-2　根据客体要求安排不同沟通信息的实例

人群	特色
大学生	硬盘及内存容量大，速度快，便于学习及休闲
入户服务的财务管理人员	计算及存储速度快，体积小，质量轻，可随身携带，方便为客户演示计算结果
常旅行的推销员	存储速度快且容量大，体积小而轻，可随身携带，便于为消费者全面、迅速、及时提供资料
IT 技术人员	运行速度快，存储容量大，并且性能稳定
利用幻灯片做报告的人	存储容量大，速度快，显示屏刷新率及清晰度高，能够演示图文并茂的信息内容

在很多情况下，对客体的收益提供具体的描述，会有意想不到的效果。

> **小案例**
>
> 我们来看一个快餐店的例子。
> 简单化：AD 为您提供方便可口的快餐！
> 具体化：欢乐享受，尽在 AD！AD 为您塑造轻快的用餐环境！我们承诺——清洁的环境、轻松的氛围、快速的服务、美味的食品。AD 竭诚欢迎您的光临！

二、通过可信度激发客体

若客体对主题的涉及不多或关注程度不够时，沟通者就可用可信度作为驱动因素来激发客体的兴趣。影响可信度的五大因素：身份地位；良好意愿；专业知识；外表形象；共同价值。这里重点讨论一些应用可信度作为驱动手段的技巧，见表 7-3。

表 7-3　可信度激发客体的技巧

可信度技巧类别	关键点
"共同价值观"的可信度	构筑与客体的"共同出发点"
良好意愿可信度	运用"互惠"技巧或"侃价"技巧
地位可信度	运用恐吓和惩罚技巧

确立"共同价值观"的可信度，关键是构筑与客体的"共同出发点"。共同价值观的可信度应用于驱动技巧最为有效，那就是构建与客体的"共同出发点"，特别是在沟通的初始阶段。如果在一开始你就能和客体达成一致，那么在以后的沟通中，你就更容易改变他们的观点。这样，从共同点出发，即使讨论的是不相关的话题，也能增加你在沟通主题上的说服力。例如，先谈及与客体在最终目标上的一致，然后表明为达到目标在方式上存在的不同意见。

确立良好意愿可信度，关键是运用"互惠"技巧或"侃价"技巧。一种将良好意愿可信度应用于驱动技巧的方式称为"互惠"技巧或"侃价"技巧。人们通常遵循"投桃报李，礼尚往来"原则，因此，沟通者能通过给予利益而得到利益，通过己方让步换得对方的让步。

确立地位可信度，关键是运用恐吓和惩罚技巧。地位可信度的一种极端驱动方式就是恐吓与惩罚，如斥责、减薪、降职乃至解职。虽然经理人员在某些场合必须采取惩处方式，但仍应该保持极度谨慎。研究人员发现，惩罚会导致紧张、对立、恐惧与厌恶。它只有在你能确保对方顺从且确信能消除不良行为但又不影响良好行为的产生时，才能奏效。因而，惩罚与恐吓对绝大多数客体或多数场合都不适用。

三、以信息结构激发客体

（一）通过开场白激发客体

从开始就吸引客体的注意力和兴趣：一开始就列举能激发客体兴趣的利益问题；列举存在的问题、采用问题及解决办法的结构模式；若客体兴趣低落，先唤起他们的兴趣；当话题与客体之间的关系不甚明了时，以讨论这种方式开始。

（二）通过内容的主题激发

在某些场合，适当的内容在沟通过程中会增强说服力：①"灌输"技巧；②"循序渐进"技巧；③"开门见山"技巧；④"双向"技巧。

(三)通过结尾信息的安排激发

从听众记忆曲线可看出,在始端和末端,听众的记忆可以达到最高点。基于这个道理,我们还可以通过结尾信息的适当安排来激发客体兴趣。也就是简化客体对沟通目标的实现步骤,过程和细节要忽略,结果要强化。例如,列出便于填写的问题表或易于遵循的检查清单;或列出下一步骤或下一行动的具体内容。

第四节 沟通对象类型分析与策略选择

沟通对象的分析意味着了解你想影响的人的兴趣、价值和目的,从而在沟通过程中准确地了解沟通对象的信息,并及时做出反馈,以达到有效沟通的目的。在一般情况下,人的沟通是本能的、经验性的、可以由性格决定的。由此,我们可以根据不同的标准将沟通对象划分为不同的类型,见表7-4。

表7-4 沟通对象的类型

划分标准	沟通对象类型
心理需求	成就需要型、交往需要型、权力需要型
个性特征	内向型、外向型
信息处理方式	思考型、感觉型、直觉型、知觉型
个体气质	分析型、规则型、实干型、同情型
管理风格	创新型、官僚型、整合型、实干型

一、心理需求分析及沟通策略

以客体为导向的沟通,除信息本身外,还包括人的情感等。因此,我们首先从心理需求开始分析沟通客体。麦克莱兰德需要理论为我们提供了从心理需求分析的方法。假设你的面前有1个沙包和5个靶子,你的任务是用沙包击中靶子。靶子离你的距离一个比一个远,因此一个比一个难击中。靶子A可以轻而易举地击中,因为它只有一步之遥。你如果击中,会得到2美元。靶子B稍远一些,约有80%的人能击中,报酬是4美元。靶子C约有一半人可以击中,报酬是8美元。很少人可以击中靶子D,但如果击中,报酬是16美元。最后,如果击中靶子E,报酬为32美元,但几乎没人能够做到。

你会选择哪一个靶子试一试？如果选择靶子 C，你很可能是一个有较高成就需要的人，为什么？这就是戴维·麦克莱兰的需要理论（David McClelland's theory of needs）（见图 7-3）所关注的三种需要之一。依照这种心理需要，可以将沟通对象分为成就需要型、交往需要型和权力需要型。

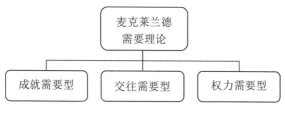

图 7-3　麦克莱兰需要理论

（一）成就需要型的心理特征及沟通策略

成就需要（need for achievement）是指追求卓越、实现目标、争取成功的内驱力。一些人具有获得成功的强烈动机，他们追求的是个人成就而不是报酬本身。他们有一种使事情做得更好或更有效率的欲望，这种内驱力就是成就需要。在公司中，每一个员工都有不同程度的成就需要。

◆ 1. 成就需求者喜欢设立具有适度挑战性的目标

他们不喜欢凭运气获得成功，不喜欢接受那些在他们看来特别容易或特别困难的工作任务。他们不满足于漫无目的地随波逐流和随遇而安，而总是想有所作为。他们总是精心选择自己的目标，因此，他们很少自动地接受别人——包括上司——为其选定目标。除了请教能提供所需技术的专家外，他们不喜欢寻求别人的帮助或忠告。他们要是赢了，会要求应得的荣誉；要是输了，也勇于承担责任。

数字资源 7-2
小故事

◆ 2. 成就需求者在选择目标时会回避过分的难度

他们喜欢中等难度的目标，既不是唾手可得没有一点成就感，也不是难得只能凭运气，他们会揣度可能办到的程度。然后选定一个适度难度（力所能及）的目标——也就是会选择能够取胜的最艰巨的挑战。对他们而言，当成败可能性均等时，才是一种能从自身的奋斗中体验成功的喜悦与满足的最佳机会。

◆ **3. 成就需求者喜欢能立即给予反馈的任务**

目标对于他们非常重要，所以他们希望得到有关工作绩效的及时明确的反馈信息，从而了解自己是否有所进步。这就是高成就需求者往往选择专业性职业，或从事销售，或者参与经营活动的原因之一。

与这类沟通对象进行沟通时，注意任务的挑战性，树立有一定难度而又不是高不可攀的目标；以认真态度对待冒险，绝不会以迷信和侥幸心理对待未来，而是要通过认真的分析和估计；明确而又迅速的及时反馈；给予更多表现机会，可以长时间、全身心的工作，并从工作的完成中得到很大的满足，即使真正出现失败也不会过分沮丧。

（二）交往需要型的心理特征及沟通策略

交往需要（need for affiliation），是指建立友好和亲密的人际关系的欲望。具有高合群需要的人努力寻求友爱，喜欢合作性的而非竞争性的环境，渴望有高度相互理解的关系。对于沟通对象类型来说，可将具有高合群需要的人归属为交往需要型。这类沟通对象是注重情感的人，其心理特征主要表现为看重友情和真诚的工作关系，喜欢和谐、轻松的工作氛围。在公司中，这样的人群往往容易形成非正式组织。由于在非正式组织中，交往需要型的人有可能成为意见领袖，因此，如果可以很好地利用这种非正式组织，便有可能成为高层管理者管理的有效协调力量。

与这类沟通对象进行沟通时，应以朋友的姿态和口气与之交流，坚持平等相待的原则。他们看重友情和真诚的工作关系，因此应尽可能地避免工作中严肃、紧张的气氛，而努力创造一种和谐、轻松的工作氛围，使沟通对象可以感受到工作乐趣，继而提高工作绩效。

交往需要型的人更倾向于与他人进行交往，至少是为他人着想，这种交往会给他带来愉快。高亲和需求者渴望亲和，喜欢合作性而不是竞争性的工作环境，希望彼此之间的沟通与理解，他们对环境中的人际关系更为敏感。有时，交往需求也表现为对失去某些亲密关系的恐惧和对人际冲突的回避。交往需求是保持社会交往和人际关系和谐的重要条件。注重亲和需求的管理者容易因为讲究交情和义气而违背或不重视管理工作原则，从而会导致组织效率下降。

（三）权力需要型的心理特征及沟通策略

权力需要（need for power），是指影响和控制别人的一种愿望式驱动力，是影响和控制其他人的欲望。具有高权力需要的人喜欢承担责任，努力影响其他人，喜欢处于竞争性和重视地位的环境。与有效的绩效相比，他们更关心威望和获得对其他人的影响力。这类沟通对象的心理特征主要表现为对工作负责，有很强的权力欲。

与这类沟通对象进行沟通时，注重争取地位和影响力，选择具有竞争性和能体现较高地位的场合或情境。他们会追求出色的成绩，但他们这样做并不像高成就需求的人那样是为了个人的成就感，而是为了获得地位和权力或与自己已具有的权力和地位相称。

心理需要类型分析及沟通策略如表 7-5 所示。

表 7-5 心理需要类型分析及沟通策略

项目	成就需要型	交往需要型	权力需要型
心理特征	喜欢设立具有适度挑战性的目标； 选择目标时会回避过高的难度； 喜欢能立即给予反馈的任务	喜欢合作性的而非竞争性的环境； 渴望有高度相互理解的关系	对工作负责； 有很强的权力欲
沟通策略	注意任务的挑战性； 以认真态度对待冒险； 明确而又迅速的及时反馈；给予更多表现机会	以朋友的姿态和口气与之交流； 坚持平等相待的原则	注重争取地位和影响力； 选择具有竞争性和能体现较高地位的场合或情境

二、个性特征分析及沟通策略

假设不考虑沟通对象的后天因素（包括成长环境、受教育程度等），沟通对象的个人性格是影响沟通活动的重要因素之一。根据沟通对象的个性特点，可将沟通对象划分为内向型和外向型。

（一）内向型的心理特征及沟通策略

这类沟通对象喜欢想，先思考再发言，不太善于即兴的口头表达，因此书面形式沟通可以给他们以充分思考的时间。另外，这类人情绪比较稳定、平和，做事比较有责任感，可靠性、持久性较强。有这样一个例子。一个从事警察工作多年的人，工作非常认真负责却一直没有升职，原因是这个人工作虽然突出，但是不善于口头表达。后来调来了一个新局长，希望大家以各种方式提出自己的意见。于是，这个警察抓住机会，写了一封内容丰富、观点独特、建议合理的信，投到了意见箱里。他在信中讲述了多年以来对整个警察局的想法，其中涉及目前警察的工作状况、存在的问题及其将来的工作设想，等等，并提出了切实可行的方案和措施。结果，他受到了新局长的看重，不久就升了职。这个警察就是一个典型的内向型的人，他以书面形式赢得了上司的认可，同时也进行了一次有效的沟通活动。

内向型的沟通对象喜欢想，且需要思考，所以在与其沟通时，尽可能地给予其时间考虑或使用备忘录，给予其思考的时空，给出你的建议并让其考虑后再反馈。

（二）外向型的心理特征及沟通策略

与内向型的人不同，外向型的沟通对象总是边干边想，需要他人的鼓励。他们好说、不好写，善于交际，善于言谈，而同时也有武断自信的倾向。另外，他们富于幻想、聪慧，对周围的事物也很敏感。在公司里，有这样一种人，他们总是会在一些适当的场合抓住机会以口头方式表达自己的看法，并且希望能得到肯定和认可，因此多给他们一点鼓励，会有利于他们做出更好的成绩。

由于外向型的沟通对象好说、不好写，可选择在非正式场合让他们口头表达自己的观点。他们善于交际和言谈，可试着与他们口头交流，并适当地注意场合的选择，因为他们对周围的环境很敏感。

个性特征分析及沟通策略如表 7-6 所示。

表 7-6　个性特征分析及沟通策略

项目	内向型	外向型
心理特征	喜欢想，先思考再发言； 不太善于即兴的口头表达	总是边干边想； 需要他人的鼓励
沟通策略	给予其时间考虑或使用备忘录	非正式场合交流

三　信息处理方式分析及沟通策略

对接收到的信息，不同的沟通对象有不同的处理方法。根据其对信息处理方式的不同，可将沟通对象划分为思考型、感觉型、直觉型和知觉型。

（一）思考型的心理特征及沟通策略

这类沟通对象在处理接收到的信息时，思路非常清晰，富于逻辑思考。他们通常是有主见的人，严密的逻辑思维使得他们非常注重事实和数据。同时，这样的人有很强的责任感和认真负责的态度，让人觉得可靠。一旦可靠的数据和事实缺乏或不足时，也难以让他们信服。在公司中，这样的人做事通常比较严谨，而且善于对接收到的信息（数据和事实）进行严密的逻辑思考和处理。

面对思考型的沟通对象，应以谦虚的态度与其沟通。同时，由于他们重事实和数据，应给予他们充分的信息，并客观始终如一地对待事务。

（二）感觉型的心理特征及沟通策略

这类沟通对象对接收到的信息，往往以个人的价值观和判断能力加以处理，因此个人的价值观和判断、处理事务的能力就容易影响信息处理的结果。但同时，他们的公关意识强，一旦个人的因素在信息接收、处理过程中产生了正面的影响，就很有可能带来意想不到的好结果。

由于他们在处理信息时，通常依据自己的价值观和判断能力，在公司中与这类对象进行沟通时，应明确表达你的价值观，使其了解你，并在一定程度上达成共识。同时，在信息组织上突出你的支持与合作，使其在判断、处理事务的能力上感觉到你的认同和肯定。另外还需要特别注意的是，不应让其有受威胁、受强迫的感觉。

（三）直觉型的心理特征及沟通策略

这类沟通对象具有丰富的想象力和创造性思维，对周围的事物很敏感，也容易受身边的事物影响，容易产生一些灵感，进而在信息的处理上容易产生一些创造性的新观点。在公司中往往会有这样一种人，他们对接收到的信息，并不基于信息本身思考问题，而是凭直觉、预感和可能性处理事务，充分发挥他们的想象力和创造性思维，因此容易增加一些想象和创造的成分。

对这类沟通对象，应充分利用和发挥其想象力。他们通常会有一些突发的灵感，而又十分坚持自己的想法和做法，因此不要轻易给其答案，也不要轻易否定他的观点，除非你有足够的理由反驳。与此同时，要告知你的想法和目的，以便使沟通对象能清楚他们的处理方式。

（四）知觉型的心理特征及沟通策略

这类沟通对象精力充沛、实干实战，处理问题当机立断。他们善于行动而不善于言辞，因此在信息处理的方式上比较注重结果，而不注重过程。同时，他们具有迅速的反应能力、敏锐的观察能力和严密的思维能力，能在很短的时间内对接收到的信息进行处理。

这类沟通对象处理问题善于当机立断，因此，在与他们进行沟通时，不要对事物添加过多的细节和想象的结论。在公司中，通常会有这样的员工，他们不善于言辞，却善于处理工作中的一些实质性的问题。因此，在与其交流时要尽量清晰、抓住要点，使其更有效地运用其工作能力处理事务。

信息处理方式分析及沟通策略如表 7-7 所示。

表 7-7　信息处理方式分析及沟通策略

项目	思考型	感觉型	直觉型	知觉型
心理特征	思路非常清晰，富于逻辑思考，重事实、数据	以个人的价值观和判断能力处理事务，公关意识强	具有丰富的想象力和创造性思维，凭直觉、预感和可能性处理事务	精力充沛、实干实战；善于行动而不善于言辞，处理问题当机立断
沟通策略	以谦虚的态度与其沟通；给予他们充分的信息并客观、始终如一地对待事务	明确表达你的价值观，使其了解你；在信息组织上突出你的支持与合作；不应让其有受威胁、受强迫的感觉	充分利用和发挥其想象力，不要轻易给其答案；不要轻易否定他的观点；要告知你的想法和目的	不对事务添加过多的细节和想象的结论；与其清晰地交流，抓住要点

四　个体气质分析及沟通策略

根据不同的沟通对象所表现出来的气质的不同，可将沟通对象划分为分析型、规则型、实干型和同情型。

（一）分析型的心理特征及沟通策略

这类沟通对象的心理特征与上述思考型相似，他们对待事务严肃认真，有计划、有步骤，善于逻辑思维与推理。同样，他们也注重数据和事实，善于运用图表，通过严谨的分析和判断，不断战胜自我。很多进行数据模型研究的人多属于这种类型。公司中也有不少这样的人，他们在从事计划制订、项目研究等工作时，善于充分运用数据和事实、严谨的逻辑分析和准确的判断来对待事务的处理工作。

与这类对象进行沟通时，只告诉他你想要的，并给予他机会和评价标准。他们善于逻辑思维和推理，对待事务态度严肃认真，因此这样的人能够很好地完成上级交代的任务。另外，需要注意的是，不要提供太多细节、常规行动以免影响他。

（二）规则型的心理特征及沟通策略

这类沟通对象多为守信用、认真、忠诚、负责任的人。他们做事稳重、谨慎、实际，不善变化但善于做具体工作。然而，他们不善于创新，主动性也不强。在公司中，通常这样的人扮演着一个"好下属"的角色。这种"好下属"能够绝对服从上级交代的任务，也可以很认真、负责地完成任务，但是缺乏创造性，缺少活力，在上级征求意见时，很难提出自己的意见。

与这类沟通对象进行沟通时，主要目的是要告诉他们行为的规则、组织形式等，让他们按规则和标准做事。在适当或者需要的时候，提供详细的任务清单以保证沟通对象明确工作任务和要求，从而在一定程度上提高工作效率。

（三）实干型的心理特征及沟通策略

这类沟通对象富于实战，适应性强，工作富有成效并爱好刺激。一般说来，那些幼时喜欢把家里的东西拆了装、装了又拆的人多属于这种类型。他们性格开朗、灵活，做事、做人比较宽容，不爱钻牛角尖且善处理变化。在公司中，这样的人往往从事一些自由度较高、经常有变化的工作，其内容也多种多样。他们的适应性很强，但工作技巧却有待提高。

当沟通对象属于实干型时，应给予他们循序渐进的训练，帮助其进行自我调节。同时，由于他们对变化多样工作的适应能力很强，应给予他们足够的自由，使其工作多样化，更要注意帮助他们完善工作技巧。

（四）同情型的心理特征及沟通策略

很显然，这类沟通对象和前面所阐述的交往需要型沟通对象很相似。他们性情温和、有灵性，注重感情的培养，因此善于帮助、支持和鼓励他人，善于交流，喜欢创造和谐、轻松的工作环境。同样，在公司中，他们容易形成非正式组织。注重与这类对象的沟通，他们能为高层管理工作起到有效的协调作用。

对于这类沟通对象，应使其认识到他们的重要性，赞赏他们的贡献，使他们有被重视的感觉。同时，应注意给予他们充分的自治权和学习的机会，从而形成相互交流、鼓励、气氛融洽和谐的工作环境。

个性气质分析及沟通策略如表 7-8 所示。

表 7-8 个性气质分析及沟通策略

项目	分析型	规则型	实干型	同情型
心理特征	对待事务严肃认真，有计划、有步骤； 不断战胜自我； 善于逻辑思维和推理	守信用、认真、忠诚、负责任； 做事稳重、谨慎、实际； 不善变化但善于做具体工作	适应性强； 工作富有成效并爱好刺激； 开朗、宽容、灵活且善处理变化	善于帮助、支持和鼓励他人； 性情温和，有灵性； 善于交流，喜欢创造和谐、轻松的工作环境

续表

项目	分析型	规则型	实干型	同情型
沟通策略	只告诉他你想要的，并给予他机会和评价标准；不要提供太多细节、常规行动以免影响他	告诉他们行为的规则、组织形式等，让他们按规则、标准做事；提供详细的任务清单	给予他们循序渐进的训练，帮助其进行自我调节；给予他们足够的自由，使其工作多样化；帮助他们完善工作技巧	使其认识到他们的重要性；赞赏他们的贡献；给予他们充分的自治权和学习的机会

五、管理风格分析及沟通策略

这个划分方法中沟通对象是上司。按照不同上司的管理风格和行为特征，可将沟通对象划分为创新型、官僚型、整合型和实干型（见图7-4）。

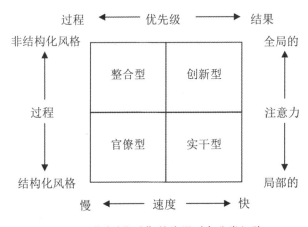

图7-4 "爱迪斯法"的沟通对象分类矩阵

（一）创新型的行为特征及沟通策略

这类沟通对象与前面所阐述的直觉型和实干型的沟通对象有相似之处，他们通常将注意力放在事务的全局，处理速度快，并在过程中保持着非结构化的风格。他们说"是"的时候，往往是"也许"；而说"不"的时候，往往是"不"。

与这类上司进行沟通时，应让其参与到问题中来，不要带着最后的答案去见他们，在信息的组织上采用"非肯定模式"。比如，在咨询上司关于自己的想法时，可以这样说"我是这样想的，不知道行不行？"。另外，他们的思维敏捷，同时又比较注重结果，因此，他们的工作效率比较高。而作为他们的下属，就要全面地掌握信息和资料，培养自己敏捷的反应能力，从而提高处理事务的能力。

（二）官僚型的行为特征及沟通策略

这类沟通对象比较关注事务处理的过程和细节，因此处理事务的速度较慢，并且在整个处理过程中体现着结构化的风格。他们在回答"是"的时候，往往是"是"；而在回答"不"的时候，却往往是"也许"。

这类上司的处理风格属于那种"慢工出细活"，比较关注过程和细节，因此与这类上司进行沟通时，要时刻提醒自己"方法比内容更重要"，使自己的风格适应他们的风格。因为只有这样，才能从上司那里得到认可和支持，从而有助于和上司的沟通活动的顺利进行。

（三）整合型的行为特征及沟通策略

这类沟通对象具有全局性的眼光，处理事务的速度慢，比较关注处理的过程，同时在处理过程中体现着非结构化的风格，另外，他们能够改变并适应变革。当他们说"是"的时候，可能是"也许"；当他们说"不"的时候，也可能是"也许"。

因此，与这类上司进行沟通时，应将所有相关的背景资料都准备好，将有可能要他们承担责任的问题先处理好，不要注重问题的过程和方式。

小场景

销售经理张先生拿着一份计划书，去找王总经理，希望他能够认可自己的方案，并在公司经理会议上给予支持。

"王总，这是我做的今年的市场营销方案，希望得到您的支持和认可。"

"你这份策划书给李总看过了吗？"

"看了。"

"肖总看了吗？"

"看了。"

"戴总看了吗？"

"还没有。"

"那你赶快拿去给他看啊，听听他的意见。"

……

过了一会儿，张经理回来了，对王总说："戴总说还不错。"

"那既然他们都说还不错，我没有任何意见，保证在大会上给予你支持。"

情商与管理沟通

从上面的例子我们可以知道，王总经理就属于整合型的沟通对象。张经理在准备好相关的背景资料、处理了相关的问题后，一切障碍都扫清了，便得到了王总经理的认可和支持，从而完成了他们之间的沟通。事实上，像与上述这位上司所进行的沟通还不能算是有效沟通。沟通是讲究效率的，案例中的张经理应该在全部问完了之后才去找王总经理，这样的沟通才是有效沟通。

（四）实干型的行为特征及沟通策略

这类沟通对象在处理事务的时候比较关注细节和结果，因而处理的速度快，在处理的过程中也保持着结构化的风格。他们说"是"的时候，就是"是"；他们说"不"的时候，就是"不"。

与这类上司进行沟通时，一定要注意主动性。他们比较注重事务的结果，因此在提出问题时，要直接从问题可能导致的结果开始，引起他们对问题及其压力的注意。这样，就易于与上司在处理问题上达成一致，有助于实现有效的沟通，从而使得工作顺利进行。

结论：对不同行为特征的上司，应采用相应的策略，以实现与不同对象的有效沟通；对上司风格的分析方法和沟通策略同样适用于你的下属。创新型的人比较适合市场营销部门和高层管理部门的工作；官僚型的人比较适合办公室、会计部门的工作；整合型的人比较适合党政职能部门的工作；而实干型的人则比较适合从事生产部门、技术开发部门的工作。

管理风格分析及沟通策略如表 7-9 所示。

表 7-9 管理风格分析及沟通策略

		创新型	官僚型	整合型	实干型
行为特征	注意力	全局性的	局部性的	全局性的	局部性的
	速度	快	慢	慢	快
	过程	非结构化风格	结构化风格	非结构化风格	结构化风格
	优先级	结果	过程	过程	结果
沟通策略		让其参与到问题中来；不要带着最后的答案去见他们；信息的组织上采用"非肯定模式"	记住"方法比内容更重要"；使自己的风格适应他们的风格	应将所有相关的背景资料准备好；将有可能要他们承担责任的问题先处理好；不要注重问题的过程和方式	要注意你的主动性；在提出问题时，要直接从问题可能导致的结果开始；引起他们对问题及其压力的注意

活动设计

假如你是一家广告公司的财务经理助理,你的老板让你起草一份关于客户新推出的一个产品的市场营销策划书。为了成功起草这份报告,你如何考虑该报告的受众?

你是一位刚从学校毕业才到公司报到的年轻人,公司每年都要召开一次对新员工的欢迎大会,参加大会的除了刚应聘来的员工,还有不同年龄层次的老员工,以及公司的主要领导。很荣幸,公司安排你在这次大会上代表全部新来员工做个演讲。你也认识到,这是一次只能成功不能失败,而且对你的发展可能是一个机遇的重要演讲,可你从来没有在这样大的场合中演讲过,你想到这些就感到很紧张。

那么,你将采取什么措施来最大限度地保证这次演讲的成功?

延伸阅读

大学同学之间的沟通技巧

大学的学习和生活是不断充实自己的过程,也是一个完善自己的机会。沟通技巧作为一个重要的方面,需要我们认真学习。接下来我们一起了解大学同学之间的沟通技巧。

一、担任班委

因为班委处理班级事务较多,所以接触班里面的同学也就较多。在不知不觉中大学同班同学都会对你有印象。有的在校园里见到你还会跟你打招呼。当然,班委是要在军训之后进行竞选的。如果你想在大学期间认识更多的朋友,特别是同班的,可以竞选班委。

担任班委结交朋友的前提是你要有把握做好这个班委。如果当上班委之后因为每件事都做不好而遭到班级同学排斥的话，那这就是自己自身的原因了。

二、进入学生会

大学里的学生会就像一个小型社会一样，里面的各个部门、各种事务以及上下级关系会让你感到十分厌烦，但是学生会可以让你在大学中得到锻炼。

三、学会搭话

交朋友最重要的就是说话的能力。只要能说、会说，就一定会有人愿意认识你。在搭话过程中一定要注意三点：不要说大话，不要说谎话，不要轻易做出承诺。说大话被人识破会很尴尬，说谎是比较可耻的行为，而轻易许下的承诺一旦实现不了，别人会认为你是一个不能结交的人。

所以说，想要和大学同学交朋友就一定要学会和别人搭话。如果你想要认识一个人但是不会说话，你可能永远也认识不了他。

四、露出笑容

笑容是很美好的。当然前提是一定要微笑，不要猥琐地笑，这种笑容不适合交朋友。在做任何事情的时候都应该保持微笑，这样的话别人会认为你对他是没有敌意的，他就会下意识地想和你聊天。这样一来两个人就认识了。

五、改变性格

如果进入大学前你的性格是沉默寡言，而进入大学后你想要交一些朋友，那么就应该改变一下自己的性格。首先不能易怒，否则别人会认为你是一个比较暴躁的人；其次不能在别人和你说话的时候不理别人，这样很不礼貌；最后就是尝试着认识他人，因为认识一个人的前提就是知道别人的名字，如果连基本的情况都不知道，那还是别交朋友了。

资料二：案例分析

在美国南卡罗来纳州沃特镇，有一家寂寂无闻的咖啡馆，突然贵宾光临——计算机大亨盖茨和国家广播公司 NBC 著名主播布罗考，飘然而至。两人要了咖啡，谈论片刻旋即离去。在场服务人员个个兴奋不已，竟然忘了两人并未付账。虽然这家名为"Past Times"的咖啡馆老板娘对此并不在意，可消息还是不胫而走。数日后，从《华盛顿邮报》到远至英国的科技杂志《The Register》都竞相刊登世界头号富豪和新闻界权威饮霸王咖啡的消息。

由于事情令人尴尬，咖啡馆很快接到了盖茨办公室的电话，询问盖茨先生是否欠了咖啡钱。老板娘康妮受宠若惊，连称两人喝的泡沫咖啡每杯只需3美元，算是咖啡馆请客。不过，从事传媒工作的布罗考清楚事态的严重性。他当机立断送来两张20美元的钞票，并附上便条一张，指出未付账就离开咖啡馆的事可以令他们被外界盯死，因此其中一张20美元是买咖啡的，而另一张则是送给康妮的，让她钉在墙上作为纪念。其实事发当天，盖茨到咖啡馆是接受布罗考访问，谈论盖茨基金捐款2.5亿美元为美国乡村购买计算机的善事。

思考题：

1. 案例中的沟通主体是谁？主体有什么特点？沟通客体是谁？客体有什么特点？
2. 如何评价案例中的沟通行为？

举一反三

一、冲突背景

郑副主任原来在一个建设单位工作，与我公司总经理一起工作多年，私交非常深，公司总经理将其调到公司安排到我部门给我做副手，他较我年长10岁，是一名老大哥，电气专业能力非常强。自从调到我部门后，由于我刚当上主任时间不长，管理经验不足，对部门职责及人员分工划分不清，也不放心让郑副主任多管事，所以主要事情都是我决定，他就非常不满意，觉得没有实权，处处与我对着干。我也是一忍再忍，尽量避免冲突，最后还是躲不过，我们爆发了正面的激烈冲突。

二、冲突过程及结果

事情发生在我当部门主任期间。那是2011年4月的一天，具体哪一天记不起来了。早晨刚上班，我在办公室处理文件，部门的副主任郑某某（2011年2月从外单位调到我部门给我做副手）来到我的办公室，就电气设备改造事项与我沟通。由于其方案不够成熟，我未同意其方案，要求再论证后再下结论。结果郑副主任非常不满意，张口就是脏话，摔门准备离去，我非常不客气地要求他道歉。由于我的办公室与班组员工办公室在一起，我们之间的争吵已经被部门的员工听见，为了顾及面子及以后部门工作的顺利开展，我就想要在势头上压住郑副主任，两个人的争吵声越来越大，惊动了整个部门。后来在部门员工的劝阻下，郑副主任离开了我的办公室。这件事发生后，很快传遍了整个公司，造成了非常恶劣的影响。我在上午下班之前就将整个事情的来龙去脉给主管我部门的生产副总经理进行了详细汇报。副总经理听说后觉得一个部门正、副手存在矛盾，非常不利于部门工作的开展，必须立马解决。于是在下午组织召开了部门管理人员大会，当着部门管理人员的面，我们互相道歉，握手言和。但在后续的工作中，我们一直互相提防，防止再次出现矛盾激化。

思考：

1. 公司内部沟通出现了什么问题？
2. 如何解决存在的问题？

第八章 团队沟通

学习目标

- 了解团队沟通的概念、特征和影响因素；
- 掌握有效进行团队建设的方法；
- 掌握如何解决团队中的冲突，掌握团队沟通的技巧。

情景导入

美国国防高级研究计划局（Defense Advanced Research Projects Agency，缩写：DARPA）是美国国防部下的一个行政机构，曾经悬赏4万美元，邀请全美各地民众一起寻找10只飘浮在空中的大型红气球，借以测试民众如何组成传递信息的网络，以及如何分辨信息是否可靠。

麻省理工学院的一个研究小组击败了约4300位对手，成为美国国防高级研究计划局举办的"气球大赛"冠军得主。该活动旨在探索互联网及社会网络的无穷潜力，为解决大规模的社会问题提供新的方案。

在这项由五角大楼赞助的比赛中，参赛者须尽快确定分布在美国各地的10只红色气球的具体方位，冠军得主可获得高达4万美元的奖金。来自麻省理工学院媒体实验室的一个研究小组仅用8小时56分便完成了这一任务。

他们创建了一个网站以邀请更多的参与者，向市民们发送电子邮件以及少量手机广告，并承诺提供了正确信息的个人或团体可获得物质奖励，最终共有4665人参与了这次"绝无仅有的大规模网络实验"。

DARPA的官员表示，尽管这项比赛听起来颇为离奇有趣，不过他们如此劳师动众可不是为了"找乐子"，而是为了了解人们在面临环境变化时将如何做出反应并动员他人，应当如何通过互联网和社会网络来解决大规模的社会问题，如何促进"及时沟通、跨领域的团队建设和紧急动员"。

情商与管理沟通

　　本次比赛亦是DARPA为互联网四十岁生日献上的一份特别大礼。项目副主任诺曼·惠特克（Norman Whitaker）指出，过去，民事当局通过电视新闻公告来发布消息；如今，互联网为人们提供了更快更好的选择，例如Twitter或Facebook可在数秒钟内传播信息。

　　主办者真正感兴趣的并非气球本身，而是互联网技术和功能的无穷潜力。通过观察各个参赛者的表现，DARPA将有机会学习到如何借助计算机系统和热门网站来运用集体智慧。该技术的应用领域极为广泛，包括抓捕罪犯、寻找失踪儿童和制止即将发生的恐怖袭击。

　　这就是2009年爆红于全球网络的"红气球事件"。10只红气球沸腾了美国，让我们看到了美国青年人的才智与空前的团结。

　　（节选自《第一财经日报》，《8小时56分找到散落美国的10只红气球》，有改动。）

问题思考

1. 红气球大赛对社会有哪些影响？
2. 如果你的团队参赛，将采用什么方法获胜？

问题解决

　　1. 可以帮助社会构建更好的网络信息传播渠道，例如对于拐卖儿童解救、网络安全信息维护和信息构建起到积极影响。同时将有机会学习到如何借助计算机系统和热门网站来运用集体智慧。该技术的应用领域极为广泛，包括抓捕罪犯、寻找失踪儿童和制止即将发生的恐怖袭击。

　　2. 惯常的做法可能是每发现一个红气球就给发现者提供一定数额的现金激励。可以参考当年最终胜出的麻省理工学院阿莱克斯·彭特兰教授带领的参赛团队，他们只用了8小时56分即完成了该任务，获得了这项大奖。他们的激励机制与其他团队截然不同，它激励个体的同时也激励关系。每提供一个关键信息，就按比例获得激励，鼓励更多人提供有利信息。

第一节　团队沟通的概念、特征与影响因素

团队有别于一般的群体，有效的团队沟通是实现团队目标的基础。在团队内部建立良好的沟通氛围，既与团队的决策类型有关，又与团队成员的背景有关。因此，有效的团队沟通策略要以团队的决策类型、决策模式、成员背景、成员特点等诸多方面为依据。

一、团队沟通的定义及特征

（一）团队沟通的定义

所谓"团队"，是指按照一定的目的，由两个或两个以上的雇员组成的工作小组。传统意义上的团队可以指一个组织下属的某个部门。在信息社会的今天，它更多的是指以任务为中心的有可能跨职能部门的工作小组。这样的团队可以被叫作"××项目小组""××工程小组""××问题分析小组""××网络工程小组""××指导委员会"，等等。这种团队的人员构成比较灵活，其组建、运行、发展，一直到解体，大多都以短期任务为条件，任务完成，团队也就随之而解散。

与传统的团队相比，动态型的团队往往更具活力。譬如，某组织内部由于某个课题的需要，由总工程师领衔组建一个临时的团队来集体攻关，其成员可以来自不同部门，甚至也可以到公司外招聘人才。项目完成后，团队即解体。这种灵活的组织机制和运行机制可以把最合适的人才召集在一起，以提高工作效率。

（二）成功团队的特征

成功、高效率的团队，无论是传统的还是新型的，都有这样一些特征：团队内所有成员对团队目标都很明确，并能全身心地投入；对团队有强烈的归属感和责任感。各成员间肝胆相照，荣辱与共，相互沟通畅达，即使有反对意见也能畅所欲言，没有人担心打击报复；问题产生时，所有成员都能积极参与，并能贡献全部才智；决策时所有成员都能参与，欢迎不同的意见，对达成的一致意见，所有成员都能全力支持；团队的人员构成具有灵活性，可根据需要而增减；团队极其重视客户并注重未来合作。

（三）团队有别于群体

团队有别于"团体"或"群体"。一个团体内的每个成员往往有各自的目标，不像团队成员那样拥有高度一致的目标；团体中的个体只是比较被动地接受任务，认为自己只是一个雇员，能按时完成工作即可，不像团队队员那样对组织具有强烈的归属感，对任务能竭尽全力；群体内成员之间沟通往往谨小慎微，决策时一般成员缺少参与的机会，而团队成员之间的沟通非常畅达，对决策的参与非常充分。

二、团队沟通的影响因素

影响团队沟通的因素很多，比如团队成员角色分担，团队内成文或默认的规范或惯例，团队领导者的个人风格，等等。

（一）团队成员的角色分担

每个团队都由若干个成员组成，这些成员在团队成立之后到团队解体之前都扮演着不同的角色。按照团队成员扮演的角色是否能对团队工作起到积极的作用，可将角色分成两大类：积极的角色和消极的角色。

◆ **1. 积极的角色**

积极的角色对团队工作有促进作用。在一个团队中，扮演积极角色的人有领导者、创始者、信息搜寻者、协调员、评估者、激励者、追随者和旁观者等。领导者就是能确定团队目标任务并激励下属完成的成员。而创始者则是为团队工作设想出最初方案的队员，其行为包括明确问题，为解决问题提出新思想、新建议。信息搜寻者，指能为团队工作不断澄清事实、出具证据、提供相关信息的成员。协调员主要是为协调团队活动、整合团队成员不同思想或建议并能减轻工作压力、解决团队内分歧的成员。评估者就是那些分析方案、计划的队员，激励者往往是能起到保持团队凝聚力作用的队员，追随者是按计划实施的队员，而旁观者指能以局外人的眼光评判团队工作并给出建设性意见的队员。

◆ **2. 消极的角色**

消极的角色往往会对团队的工作产生不利的影响。这样的角色可归类为绊脚石、自我标榜者、支配者和逃避者。所谓绊脚石就是指那些固执己见、办事消极的队员。自我标榜者则是那些总想通过自吹自擂、夸大其词寻求他人认可的队员。支配者往往有很强的支配欲，他们试图操纵团队、干扰他人工作以便提高自己地位。逃避者指总是跟他人保持距离，对工作消极应付的队员。

团队中一个队员可能同时扮演着几个角色，也有可能有几个队员扮演着同一个角色。另外，各队员所扮演的角色不是一成不变的。

（二）团队内的规范或惯例

"规范"是指团队成员所共同遵守的一套行为标准。这套标准可以源自该团队所属的组织，也可以由团队自身发展而来。团队的规模越大，规范可能越复杂。团队内的行为规范可以以明文规定的方式存在，如规定、条例等，也可以以心照不宣的方式存在。前者容易被遵守，后者往往被团队新成员所忽略或在不经意中触犯。

（三）团队领导者的个人风格

领导者角色在团队中的作用举足轻重。领导者个人的性格特征、管理风格同团队沟通密切相关。正如前文所述，一个成功的高效的团队，其内部沟通必然是畅达充分的。如果团队领导者是专制型的，或是放任自流型的，那么团队沟通就会低效或无效。前者压制了来自团队成员的新思想、新建议，后者则会使团队沟通显得漫无目的。

三、团队决策的类型和模式

（一）团队决策的类型

组建团队首先是为了决策、分析并解决问题。"工程队""项目组""委员会"等团队便是发挥这种功能的典型例子。有时有些团队是为应付偶然问题而组建的，这些团队的成员为了解决某一问题而在一起工作，问题解决后，团队也就随之而解散，然后又去做其他项目。一般来说，团队有沉默型、权威型、少数人联合型、少数服从多数型、一致型、完全一致型等六种方式。

◆ 1. 沉默型

如果团队内有人提出某些想法，不经讨论就被放弃，这就属于得不到响应的"沉默型"方式。这种沉默表明该团队内的沟通几乎不发生，毫无效率可言。

◆ 2. 权威型

这种情形中，团队成员也可能讨论问题，分享信息，提出想法，但是最后还是领导说了算。这种方式较专制，团队成员可能抱怨团队决策机制不够民主，长此以往，成员可能不再积极参与团队内的沟通。一般认为，这种方式不容易获得创造性的想法或方法。

◆ 3. 少数人联合型

这种方式下，少数人结成一派，尤其是少数人与实力派人物结成联盟。当这些人强烈赞成某一意见，其他人尚未发表看法之前，会有一种错觉发生——似乎团队已经达成一致。事实上，有可能多数人反对这一意见，但是没人愿意打破这种貌似一致的局面。显然，这种方式下做出的决策，也没有经过团队内的充分沟通。

◆ 4. 少数服从多数型

这种模式为众人所熟悉。一个问题提出后，经过讨论，形成一个对策或建议，然后大家投票表决，根据票数来决定采纳或否决某项提议。这是一种被广泛采用的团队决策模式。

◆ 5. 一致型

团队成员准备接受某个意见时，即使有人还有保留意见，作为一个整体的团队也还是达成一致意见。"一致型"模式并不"必然"表示所有成员完全而热情地支持某一意见，只是说明该问题经过了公开讨论，所有不同的观点都被考虑过了。尽管团队成员可能不完全赞同，但是讨论通过的结果尚在可接受的范围之内。

◆ 6. 完全一致型

当所有成员都完全同意或支持某个观点、建议、办法时，就是"完全一致型"的决策模式。这种情况是很少见的，但却是一种理想的模式。

以上六种方式中，最后两种是人们追求的解决之道。尽管这两种类型耗时费力，但能帮助问题顺利高效地解决。前述四种方式中，可能会很快做出决定，但是那些持不同意见者可能会很失落，并且可能没有支持团队决策的动机。

（二）团队决策的模式

团队决策的方法多种多样，主要有议会讨论法、冥想法、头脑风暴法和德尔菲法，等等。

◆ 1. 议会讨论法

该模式在西方社会中的应用十分普遍。它根植于英国议会的相关法律，已有 700 余年的历史。具体做法如下：首先有人以动议的形式就某个建议做陈述，然后由大家辩论、修改、完善，最后投票表决。尽管有众多学者对这种方法的烦琐、低效提出抱怨，但此种方法保障了多数人行动的权利，也保护了少数人争辩、投票的权利。这种程序最适合于议会及各类正式商务会议，甚至有些团队规定任何正式会议都要采用议会讨论法的某些程序。

◆ 2. 冥想法

这种方法是基于人们通常解决问题的逻辑顺序而被提出来的。具体做法如下：确定问题的范围；分析与问题相关的数据或信息；提出可能的解决办法；考虑每一种解决方案的利弊；实施最佳方案。

◆ 3. 头脑风暴法

该方法是小型团队产生创意最流行的做法，它最早是由美国人 A.F. 奥斯本于 1957 年提出的。该方法是为了引发创意，其规则很简单，但要求严格遵守：严禁提出批评、非难；鼓励随心所欲、自由想象；提出的想法越多越好；寻求对各种想法进行综合和改进。

头脑风暴法有很多特点，比如：根据禁止批评的规则，消除妨碍队员自由想象的各种清规戒律；让以往从各自专业的角度参加决策的团队成员站在持有共同目标的同一立场上提出创意；在开会时由主持人增加一些余兴，使会议有一种轻松愉快的气氛，以便有利于队员自由想象；鼓励队员把他人的设想加以综合、修正、完善，以便造成敢于打破清规戒律的局面；事先让队员了解本法的规则，以便实施起来不会有难度。

实施这种方法关键在于严禁批评别人，因为这种批评的态度可能会抑制新思想的产生。团队中的每个人都努力参与提出创意，不管这个想法看起来是多么奇怪。禁止批评他人，是为了产生尽可能多的想法，然后通过综合再修改完善。这种决策过程需要有一个协调员来维护上述几条游戏规则。

◆ 4. 德尔菲法

该方法是由兰德公司于 20 世纪 50 年代最早提出的。这种方法多用于收集专家意见，它的运用有赖于"监督小组"和"回答问题小组"之间的互动。具体步骤如下：首先，监督小组就某个问题设计出一套问卷，然后让回答问题小组来回答。回答问题小组的成员可以是某一领域或多个领域的专家，也可以是普通人，成员构成取决于问卷的目的。然后，回答问题小组的成员互不联络，他们单独完成问卷，亦即该小组只是个名义上的小组。接着，监督小组根据答卷做出小结，然后将数据、资料返回给回答问题小组，同时再给出一份问卷，以便弄清小组内的相同意见及其分歧所在。这一步可能需要重复好

数字资源 8-1
唐太宗组建的团队

数字资源 8-2
有效表达的原则

多次,当然问卷需要不断修改。最后,监督小组就问卷结果写出小结,供决策者考虑使用。

该方法有三个特点,即选择合适的人参加回答问题小组,由监督小组向回答问题小组及时反馈信息,用统计方法来处理问题。因为回答问题小组要反映专家们或相关领域特定对象的知识和判断力,所以选择什么对象作为小组成员,从而吸取远见卓识,就成为该方法成败的关键因素。另外,通过各种形式向回答者反馈信息,在回答者的知识判断力中增加更多的信息并修正意见,就可以得到比较可靠的回答。而且,通过多次反馈来收集答复,就不会受特定意见的影响,这样就可以归纳出成见较少的意见。

第二节 团队建设的有效方法

团队最基本的定义是一群人有共同目标,大家为了这一个目标共同努力,分工合作,达成结果。

如果一伙人偶然走在一起乘电梯,那只不过是一群人在一起,并不是一个通过共同合作来达到共同目标的团队。如果电梯突然坏了,这些人要尽快逃离电梯,由于有了共同目标,这些人变成一支临时的团队。

团队要发展,就必须有团队精神和团队凝聚力。自上而下、目标一致、同心同德、协同作战的精神,就叫团队精神。团队的领导者要有明确意识,帮助下属完成起步后各阶段的成长,让他们了解公司的产品、销售技巧和营销方案,制定目标,提高学习能力,创造环境,使团队在温馨的气氛中健康发展,因此加强团队的建设就显得十分重要。

  一、认识团队

(一)团队的组织结构

团队成员来自不同的行业,每个人都有不同的要求、动机和背景,与传统行业有本质的不同。团队的领导位置是凭借实力和团队共同努力实现的,因此,位置是由市场决定的,没有其他限定,也不会因为你来晚了只能做销售员，不能做领导。一个优秀的领导人，可以培养出更多的优秀团队，一个优秀团队的出现，会促使事业发展、人气旺盛，形成良性循环。

（二）团队的领导方式

由于团队具有松散型特点，缺少强有力的组织制约，这就决定了领导人属于"非权力型"，与传统行业的权力型领导有本质的不同。

（三）团队的组织目标

在传统行业里，组织目标就是集体目标，不提倡个人目标的实现。而团队的组织目标是通过所有个人目标的实现来完成，团队成员大多数是社会变革中最受影响的群体，每个人带着强烈的愿望、渴望改变、渴望获得、渴望成功，因此，领导人要顾全团队大局，只有每个人的目标的实现，才有团队目标的实现。

二、团队建设的方法与技巧

团队建设是事业发展的根本保障，团队运作是业内人士长期实践的经验总结。团队的发展取决于团队的建设，团队建设应从以下几个方面进行。

（一）组建核心层

团队建设的重点是培养团队的核心成员。俗话说"一个好汉三个帮"，领导人是团队的建设者，应通过组建智囊团或执行团，形成团队的核心层，充分发挥核心成员的作用，使团队的目标变成行动计划，团队的业绩才能得以快速增长。团队核心层成员应具备领导者的基本素质和能力，不仅要知道团队发展的规划，还要参与团队目标的制定与实施，使团队成员既了解团队发展的方向，又能在行动上与团队发展方向保持一致。大家同心同德、承上启下，心往一处想，劲往一处使。

（二）制定团队目标

团队目标来自企业的发展方向和团队成员的共同追求，它是全体成员奋斗的方向和动力，也是感召全体成员精诚合作的一面旗帜。核心层成员在制定团队目标时，需要明确本团队目前的实际情况，例如：团队处在哪个发展阶段，是组建阶段、上升阶段，还是稳固阶段？团队成员存在哪些不足？需要什么帮助？斗志如何？等等。制定目标时，要遵循目标的SMART原则：S——明确性，M——可衡量性，A——可接受性，R——实际性，T——时限性。

（三）训练团队精英

训练精英的工作是团队建设中非常重要的一个环节。建立一支训练有素的销售队伍，能给团队带来很多益处：提升个人能力、提高整体素质、改进服务质量、稳定销售业绩。一个没有精英的团队，犹如无本之木，一个未经训练的队伍，犹如散兵游勇，难以维持长久的繁荣。训练团队精英的重点在于以下两点。

（1）建立学习型组织。让每一个人认识学习的重要性，尽力为他们创造学习机会，提供学习场地，表扬学习进步快的人，并通过一对一沟通、讨论会、培训课、共同工作的方式营造学习氛围，使团队成员在学习与复制中成为精英。

（2）搭建成长平台。团队精英的产生和成长与他们所在的平台有直接关系。一个好的平台，能够营造良好的成长环境，提供更多的锻炼和施展才华的机会。

（四）培育团队精神

团队精神是指团队的成员为了实现团队的利益和目标而相互协作、尽心尽力的工作意愿和作风，它包括团队的凝聚力、合作意识及士气。团队精神强调的是团队成员的紧密合作。要培育这种精神，领导人首先要以身作则，做一个团队精神极强的楷模；在团队培训中加强团队精神的理念教育；最重要的是，要将这种理念落实到团队工作的实践中去。一个没有团队精神的人难以成为真正的领导人，一个没有团队精神的队伍是经不起考验的，团队精神是优秀团队的灵魂、成功团队的特质。

（五）做好团队激励

销售是一种与拒绝打交道的行为，团队建设是容易与别人的观念发生冲突的工作，直销事业是需要一定时间的坚持才能成就的事业，每个人要做好这一切，他所面临的最大挑战就是自己，因此，每个团队成员都需要被激励。领导人的激励工作做得好坏，直接影响团队的士气，最终影响团队的发展。

激励是指通过一定手段使团队成员的需要和愿望得到满足，以调动他们的积极性，使其主动自发地把个人的潜力发挥出来，从而确保既定目标的实现。激励的方式多种多样：树立榜样、培训、表扬、奖励、旅游、联欢、庆祝活动等。

三、团队组织的五大功能

（一）职场功能

社会上绝大部分工作都需要有一个职场环境，职场环境即工作环境，人们在工作环境内才能制造、产生、感觉出工作气氛，从而进入工作状态，达到工作目标。人的工作情绪、敬业精神、竞争力是需要一个专门的工作环境及工作群体的。因此，要懂得团队的职场功能，利用其功能，并让其功能为自己的事业服务。例如，销售员要进入一个系统，即融入一个团队，在团队里学习、工作、合作。当自己成为团队领导人时，要为自己的团队成员创造职场环境，让自己团队的成员能有一个良好的工作氛围。除了借助专营店的职场环境外，每位领导人均可建立自己的固定或临时的职场，店内外相结合，但目的是要懂得职场功能，利用职场，使自己和团队成员在职场环境内始终保持高昂的工作状态，创造最好的销售业绩。

（二）学习功能

团队建设的主要工作就是学习、培训队员。一定要把自己的团队打造成为一支学习型的团队，并使团队的各方面工作越来越专业化、越来越现代化。

（三）协作功能

有些人认为：只要产品好，价格合理，凭自己的人际关系就能成功，但结果往往事与愿违。传统生意需要借钱（集资、贷款），直销事业需要借力，虽然一字之差，但有着本质的不同。直销事业绝不能只凭借自己的力量，而是需要借助各方面的力量。在团队中你可以借到各种力：你的朋友是医生，你可以在这里找到做医生的销售员去借力；有人要吃产品，你还可以找到服用产品效果很好的人去借力；有人要创业，你同样可以找到创业成功的典范去借力。总之，在直销事业中，一定要懂得协作的重要性，事业中的每个行为都是协作行为，所有希望的结果都将在协作中达成。

（四）竞争功能

竞争是团队发展的动力之一，直销事业特有的竞争机制，是人性化的良性竞争。因为，在直销的机制中，超越他人不会对他人的利益造成损失和伤害。真正看懂直销竞争机制的人，不会害怕和压制自己团队中的任何一个人超越自己，相反，大家上下相互促进，左右共同发展，形成良性的竞争气氛。

（五）联谊功能

在直销事业中，每个人都有不同的职业、不同的背景、不同的身份、不同的年龄，很多人又是兼职，因此关系比较松散。通过开展各种形式的联谊活动加强彼此的了解和联系，在增进感情的同时，增进团队的凝聚力。

四 成功团队的四大特征

（一）凝聚力

成大业的孙中山、毛泽东都有一个共同点，就是能将千百万人的心连在一起，这是十分独特的能力。我们跟随一个领导者，就是希望他能创造一个环境，结合众人的力量，营造一个未来！正是这种凝聚力，在创造着人类的历史。试想，如果团队成员远离你，甚至因为你的言行让他们失望而放弃对事业的追求，你还会成功吗？

（二）合作

大海是由无数的水滴组成的，每个人都是团队中的"水滴"，个人敌不过团队。个人的成功是暂时的，而团队的成功才是永久的。团队的成功靠的是团队里每位成员的配合与合作。如同打篮球，个人能力再强，没有队友的配合也无法取胜。打篮球比赛时五个人就是一个团体，有人投球，有人抢篮板，有人传球，其目的都是实现团队的目标。

（三）组织无我

成功靠团队共同推进，每个成员一定要明白，团队的利益、团队的目标重于个人的利益和目标。在团队中如果人人只想照顾自己的利益，这个组织一定会崩溃。团队没有了，个人的目标自然也实现不了。既然是团队行动，就应听从领导人的安排，事情就变得很容易，这叫组织无我。团队的目标就是靠这种组织无我的精神达成的。

（四）士气

数字资源 8-3
团队沟通与
协作方法
技巧

没有士气的团队，是缺乏吸引力、凝聚力、战斗力的，而士气旺盛的团队，无论在任何环境，遇到任何困难，都是无往而不胜的。刘邓大军挺进中原，狭路相逢勇者胜，就是最好的证明。就是这种士气，让不可能变成了可能，从此解放战争掀开了新的一页。

轻财足以聚人；律己足以服人；身先足以率人；量宽足以得人；得人心者得天下！

第三节　如何解决团队中的冲突

在沟通的环节中，无论采取什么样的沟通技巧，总会有意见分歧的时候，必须正确对待意见分歧，最终达成共识。

有效表达的5个原则：对事不对人，坦诚表达自己真实的感受，多提建议、少提主张，充分发挥语言的魅力，让对方理解自己的意思。除了有效的表达之外，沟通还有一个技巧，就是进行有效的反馈。反馈一般分为正面认知、修正性反馈、负面反馈、没有反馈等。

一、有效的反馈

（一）正面认知

第一种反馈是正面认知。正面认知就是表扬对方，尤其当发现对方做得对、说得好的时候。在团队运作过程中，经常需要进行正面反馈。例如，发现团队成员的工作能够超进度、超标准，完成得很好，这时就要给予适时的表扬。正面的认知可以鼓励好的行为再出现，如果你表扬一个财务经理的财务报告做得非常好，数字准确，而且有建设性的意见，那么他下次递过来的财务报告只会好上加好。如果一个团队成员做得好或不好，领导都同样没有表示，下一次成员就会降低他的标准。

（二）修正性反馈

第二种反馈是修正性反馈，但它并不等同于批评。通常当工作没有完全达到标准的时候，可以采取修正性反馈方式。

> **小场景**
>
> 领导看了财务经理这个月的报表，觉得准确性很好，但财务经理没有提供一些关于经营的建设性意见。领导就以批评的方式说出来："小刘，这个财务报告怎么没有对经营的建设性意见呢？下个月要赶紧加上！"在这里，领导还有另外一种表达方法："小刘，你的报告很准确，而且准时交过来了，但如果加上一些经营的建设性意见，报告会更完整、更好！"

> 第一种表达方法完全是一种负面的评价；而第二种表达方式既认可财务报告好的一面，同时又指出需要改进的地方。
>
> 修正性反馈其实就是三明治策略，也叫汉堡包原则。第一块面包就是指出优点；中间的牛肉指的是还存在哪些需要改进的问题；下面一块面包是一种鼓励、认可。

（三）负面反馈

第三种反馈就是批评，也叫负面反馈。团队领导者对团队成员不要做（或少做）负面反馈，这只会让对方意识到你对他不满意，你要努力把负面的反馈变成一种修正性的反馈。

（四）没有反馈

第四种反馈是没有反馈。无论做得好还是不好，都不告诉你，没有反馈非常糟糕。一方面，让做得好的人不知道标准："反正我做得好，领导也不表扬我，下一次我只会下滑。"另一方面，做得不好的人认为："领导看见我这么做也没有说什么，这说明我没有问题，可以继续这么做下去。"

总之，有效的反馈应该是鼓励大家做正面的认知，不要吝啬自己的赞扬；如果下属出现问题，尽量采取修正性的反馈，但要从关心他、支持他、相信他能做到的这个角度出发，尽可能不要使用负面的反馈，而没有反馈比负面反馈更糟糕。

二、有效沟通的过程

有效团队沟通的过程如图 8-1 所示。

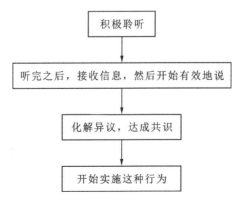

图 8-1 有效团队沟通的过程

在沟通结束后，还需要制订相应的行动计划。没有行动计划作为保障，沟通所谈到的内容再好，最终不能实施，下一次沟通又会面临新的问题。

团队的成员应该通过沟通的誓言来加强对沟通的理解。团队沟通的誓言：

在我们的团队中，无论我是否同意你的观点，我都将尊重你，给予你充分表达的权利，并且设身处地去理解它，同时将我的观点有效地表达给对方，以便对方能够理解，从而最终达成共识。

在沟通中我们要学会化解异议。

（1）识别和挖掘出异议在哪里，把它摆到桌面上来。

（2）找出异议的原因，找到一个共同的出发点。

（3）提出一些建设性的反对意见。这时提出反对意见并不是不合作，建设性的反对意见很可能更容易被对方接受。

（4）说明原因，为什么坚持这样做。说明原因的时候要一次说一个，让对方理解。

（5）最后一步是识别并满足对方的利益。大家都有各自的立场和观点，通过积极正面的建设性的反对意见以及说明的原因，是可以走到一起，并最终达成共识的。

一提起竞争，就让人想到两败俱伤的结局，就认为竞争是不好的、不可取的。其实并非如此，在某些情况下，采取竞争策略是行之有效而且是十分必要的。

数字资源 8-4
竞争的五种
处理方式
分析

数字资源 8-5
情景再现

第四节　团队沟通的策略与技巧

一　团队的有效沟通策略

如果一个团队积极角色甚多，消极角色占很小比例，则该团队还是有效率可言的；如果两类角色比例相差无几，或者消极角色大大多于积极角色，那么这样的团队就无效率可言了。无论是以上哪种情况，团队内的"旁观者"都要及时作出诊断，并根据工作需要调整队员构成——可以增加积极角色，减少消极角色。

团队内的规范或者惯例对团队来说非常重要，原因有两个方面。首先，它们有助于减少不确定性。当理解并遵守规范时，我们对自己行为的正当性就更自信。其次，更有助于增强同他人合作的可预见性。为了更好地合作共事，团队成员必须有共同遵守的行为规范。

但是，团队内的规范或者惯例也有其消极的一面。例如，它们会阻碍创造性的工作，维护低效率或已经过时的做法。如果这些做法以"团队传统"的形式存在，那么就可能强化团队内的不公平现象。所以团队的领导者或观察者就要及时诊断，把规范的消极作用降到最低程度。一般来说，现代管理越来越强调柔性管理，所以如果团队领导采用民主型的领导风格，则无疑会使团队沟通更加有效。

 团队沟通的技巧

（一）建立团队沟通制度

要将团队中的沟通当作一项长期性的工作，最好能够建立一种沟通制度，以确保团队成员之间能够及时、有效沟通。

（二）团队沟通的一般技巧

◆ 1. 积极倾听

在团队沟通的过程中，除了要掌握有效倾听的基本技巧外，还要注意顺利转换倾听者与说话者的角色。对于在课堂上听讲的学生来说，他们可能比较容易形成一个有效的倾听模式。此时的沟通完全是单向的，教师在讲而学生在听。在大多数团队活动中，听者与说者的角色在不断地转换。积极的倾听者能够从听者到说者、从说者再到听者进行十分流畅的角色转换。从倾听的角度而言，这意味着全神贯注于说者所要表达的内容。

在团队中，言谈是最直接、最重要、最常见的一种沟通途径，有效的言谈沟通很大程度上取决于倾听。有人发现，具有良好倾听技能的人往往可以在工作中自如地与他人沟通。作为团队，成员的倾听能力是保证团队有效沟通和保持团队旺盛生命力的必要条件；作为个体，要想在团队中获得成功，倾听是基本要求。有研究表明，成功的经理人大多是很好的倾听者。

◆ 2. 加强语言沟通

既想要一个整体良好的团队，又要独立的私人生活，这两种愿望带来的压力便流露在每个成员在讨论时发表的意见中。因此，要除去这种压力，团队成员必须进行对话，即成员们必须交换和适应相互的思维模式大体上达成一个共识。

对话是一种交流，通过这种交流进行沟通。这就要求在沟通时运用坦诚、负责、肯定以及恰当的语言，创造一种成员之间相互关注、支持交流、降低防卫的氛围。

（1）坦诚。坦诚指的是开放性的沟通，了解自己，关注他人，关注你的需求或明确需要他人知道的事情。一个坦诚的陈述通常很直接，但它同时应谦恭有礼，并且顾忌他人的感情。坦诚是为自己的沟通负责，不让别的人来操纵你的反应。坦诚之人即展示自我，希望影响他人，又高度重视他人的权利。坦诚之人知道怎样运用交际手段和沟通手段。

（2）负责。负责的语言为他人改变其观点和观念留有余地。当语言更富假设性而非肯定性时，团队就会有更多的合作、更少的防御。缓和你的语气，接受他人的观点以保持开朗、合作的氛围。

（3）肯定。当别人承认你的想法和感受，真正倾听你并做出回应时，你会有被认可的感觉。当你被肯定时，就容易坦诚，容易出效率，也容易对团队做出更多贡献。肯定一位团队伙伴将有助于他全力以赴地工作，也有助于团队创造一种合作的氛围。

（4）恰当。使用适合团队成员、自己及适用团队情况的语言。在恰当的时机使用恰当的语言可以起到事半功倍的沟通效果。

◆ **3. 注重非语言沟通**

非语言沟通是通过非语言途径所呈现的信息，包括声音、肢体语言等重要部分。人们常常没有意识到其眼神、身体、面部表情和声音中存在的非语言信息。你的能力、可信度、亲和力，与你的非语言沟通有直接的关系。

（1）运用肢体语言。不太开放的成员不善于抓住说话的机会，需要有人帮他们一把。要帮助他人参与沟通，根本在于你的关注。你可以通过保持目光接触和用让他人感到舒服的姿势，为他人着想，如用面向说话人、往前靠的方式，对成员表示你的反应。

（2）富有感染力的情绪。当面对质疑，在解释这个想法时，你全力以赴，你的脸、身体、声音都能表露出积极的情绪，同伴受这种情绪的感染，就会听你的建议。因此，当你沟通时需要你的脸、身体、声音、演讲能力的全力支持，使你传递的信息有趣、可信。

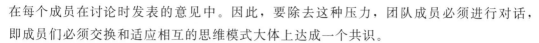 团队如何进行有效沟通

沟通是意义的传递与理解。完美的沟通是经过传播后，被接受者感知到的信息与发送者发出的信息完全一致。有效的沟通在团队工作中至关重要。

有效的沟通能够消除各种人际冲突,实现成员间的交流行为,使成员在情感上相互依靠,在价值观念上高度统一,在事实问题上清晰明朗,达到信息畅通无阻,改变成员之间的信息阻隔现象,激励士气,减轻恐惧和忧虑,增强团队之间的向心力和凝聚力,防患于未然,为团队建设打下良好的人际基础,以提高团队工作效率,降低经营成本。

沟通中几点注意事项

首先,确保沟通的及时有效性。整个团队内部沟通的渠道要畅通,有关最新信息能够及时迅捷地传递。团队要真正实现有效沟通,其沟通的内容必须是最时新的信息。

其次,沟通必须纳入统一考核之中。团队成员在进行沟通之后,所有人都应该提交一份学习心得,并与自己的实际工作结合起来,提出一些新颖的看法或设想。当然,既然有考核,就必定要与公司的奖惩制度结合在一起,这样才真正对成员有威慑力。

最后,团队领导带头,将沟通得出的结论应用到实际工作中去。真正有效的沟通是在实现资源共享的同时,通过整合信息有效地指导行为,这才是沟通的最核心目的。否则,只是单纯地停留在笔记本上的沟通永远不是有效沟通。

团队理想的沟通步骤是:找一个大家感兴趣的话题,在沟通过程中注意细节,换位思考,控制好沟通的整个过程,以谈事实和道理、而非自己推论的方式进行沟通。按照沟通脚本的设计,寻找新的话题,让团队中的成员自己做出结论,最后用赞美或表态式的方式,做出沟通的结论,并随即将这些结论应用到实际工作中去。

唯有这样,团队之间的沟通才可能真正做到有效。当然,由于团队的领导人个人风格不同,成员不同,场景更不同,这就使得团队之间的沟通存在多种不同的方法和技巧。团队之间的沟通没有固定的模式,无论用什么沟通方法和技巧,只要是可以达到目的,就是好模式,一切都要在变化中把握。

四 团队建设

（一）团队的影响

团队是一种为了实现某一目标而由相互协作的个体组成的正式群体。所有的工作团队都是群体，但只有正式群体才能成为工作团队。二十几年前，当沃尔沃、丰田等公司把团队引入它们的生产过程中时，曾轰动一时，成为新闻热点，因为当时没有几家公司这样做。现在，情况截然不同了，不采用团队方式的企业可以成为新闻热点了。团队如此盛行，原因何在？事实表明，如果某种工作任务的完成需要多种技能、经验，那么由团队来做通常效果比较好。

团队是组织提高运行效率的可行方式，它有助于组织更好地利用雇员的才能。管理人员发现，在多变的环境中，团队比传统的部门结构或其他形式的稳定性群体更灵活，反应更迅速。团队的优点是：可以快速地组合、重组、解散。

士气高昂的群体的五种特征

1. 内部凝聚力大于外部压力。
2. 成员之间互相认同。
3. 成员对领导认可。
4. 每个人目标明确。
5. 热心并维护群体的存在。

21世纪的企事业单位都面临团队建设、铸造团队精神的重要任务，团队是实现组织扁平化的一种有效途径。加强团队建设，提高员工士气已经成为企业制胜的法宝。

（二）团队管理

营造企业"一家人"团队。

（1）团队对团队。尽心尽力全方位投入，团体成员参与管理，共同决策，全力行动，充满活力和热情。

（2）上级对下级。要表现出强烈的归属感和一体感。上级为下级排忧解难，下级为团队鞠躬尽瘁。

（3）队员对队员。团队成员彼此视对方为"一家人"，互敬互重，相互宽容，容纳各自的差异性、独特性。和谐相处，充满凝聚力，追求整体绩效。

五 激活成熟的团队

在团队中，成功往往会导致自满，成熟会带来对新观点和革新思想的保守、封闭态度。如何来重新激活成熟的团队？

（1）使团队成员做好应付成熟问题的准备。提醒团队成员，他们不是独一无二的，所有成熟的团队都会面临新的问题。在最初的安乐生活逝去、冲突表面化的时候，他们不应该沮丧或失去信心。

（2）进行新型培训。在团队陷入困境时，可以在以下几个方面给予团队成员以培训：在沟通、解决冲突的技能方面；在团队互动过程方面。这些培训有助于问题的解决，有助于团队成员重新获得自信，增强彼此之间的信任。

（3）鼓励团队把它们的发展看作一个不断学习的过程，像全面质量管理一样，团队应该把自己的发展看作一个不断寻求完美的一部分，团队千方百计地寻求改善的方式，面对团队成员的担心和挫折，把冲突作为一个学习的机会。

不要成为团队的负债

负债，本是财务术语，它是相对于资产而言的。一般意义上的资产与负债，是指资金或某一物体。依现代人力资源管理理论而言：人，也是资本；人，也可成为负债。当人力成为资本的时候，有的人能使团队增加价值，他被团队视为"资产"，而有些人因他的存在而减少团队的价值，因此他就被称为"负债"。

如果我们不幸属于下列九种"无效团队成员"之一，那么就说明我们已经成为团队的负债。

（1）自我保护主义者，戴上层层面具、保护套，不给别人了解自己的机会；有过强的自我保护意识。

(2) 自以为是者，指手画脚，高谈阔论，纸上谈兵，光说不练。

(3) 沉默者，在团体中一句话也不说，从不贡献自己的主意。

(4) 拒绝者，固执、僵硬、拒绝接受别人的意见与建议。

(5) 观摩者，人在团体中，却抱着旁观者、看戏的立场。无法融入团队，把自己当作局外人。

(6) 无聊者，不求上进，混日子；做一些无关的事打发时间，整天无所事事。

(7) 找借口者，自我设限，凡事找借口不找方法；推卸责任，认为都是别人的错。

(8) 放纵者，放纵自己、无法自律、自制力差；不服管束，不守规则。

(9) 炫耀者，好自我表现、好大喜功、好居功，过分强调自己在团队中的作用。

不要让自己成为上述的任何一种人，尽快将自己转变为团队的"资产"吧。

活动设计

活动一

一、传说中的塔

参与人数：5~6人一组

时间：15分钟

场地：室内

道具：模型

应用：(1) 沟通意识训练；(2) 团队合作精神的培养。

二、游戏规则和程序

1. 教师先给大家讲述下面的故事。

《圣经旧约》上说，人类的祖先最初讲的是同一种语言。他们在底格里斯河和幼发拉底河之间，发现了一块异常肥沃的土地，于是就在那里定居下来，修起城池，建造起了繁华的巴比伦城。后来，他们的日子越过越好，人们为自己的业绩感到骄傲，他们决定在巴比伦修一座通天的高塔，来传颂自己的赫赫威名,并作为集合全天下弟兄的标记,以免分散。

因为大家语言相通,同心协力,阶梯式的通天塔修建得非常顺利,很快就高耸入云。上帝耶和华得知此事,立即从天国下凡视察。上帝一看,又惊又怒,因为上帝是不允许凡人达到自己的高度的。他看到人们这样统一强大,心想,人们讲同样的语言,就能建起这样的巨塔,日后还有什么办不成的事情呢?于是,上帝决定让人世间的语言发生混乱,使人们互相言语不通。

人们各自操起不同的语言,感情无法交流,思想很难统一,就难免出现互相猜疑,各执己见,争吵斗殴。这就是人类之间误解的开始。修造工程因语言纷争而停止,人类的力量消失了,通天塔终于半途而废。

2. 将大家分成5~6人一组,每组分别用模型建造一座塔,第一次建塔允许大家沟通交流。

3. 第二次建塔要求大家不许说话,不许发出任何声音,也不允许有任何沟通交流行为,再建造一座模型塔。

三、相关讨论

1. 这个故事给我们什么启示?第一次建塔和第二次建塔有什么区别?

2. 两次建塔有什么差异?原因是什么?

活动二

公司和其他公司签了一个重要的协议,要交付一定的预付款,必须于签协议的同时将款项打入对方的账户,负责的经理只好动用所有的资源来筹款,以配合这个协议的签订。这时候只能按照这个经理的意图来办,你是否同意经理的意见?

延伸阅读

团队有效沟通的六大要素

要素一:负责人的带头作用

在整个团队沟通过程中,有一个非常关键的要素,那就是团队负责人的带头示范作用。我们知道,团队工作每个发展阶段都依赖于组织成员良好的沟通,而成员良好的沟通又依赖于领导者的能力。领导能力是实现有效沟通的基础,同时也是保障工作高效性的关键条件。团队负责人在团队沟通中起到举足轻重的作用。

一旦团队领导者的思维观念转变过来，将团队成员之间的沟通放在一个非常重要的位置，那么，"上行下效"，下面的员工自然而然会随之转变自己的思想观念，努力实现领导的"意图"，从而最终有利于后续的团队之间的沟通工作。这是一个基本的前提。

要素二："制度重于一切"

团队负责人应该积极组织团队成员建立各种规章制度，按照计划步骤来办事情，切忌无的放矢。在这个过程中，有三个需要注意的问题：

首先，必须形成制度。由团队负责人或指定的人（原则上是团队负责人）牵头，组织下面的员工，通过集思广益，形成规范化、条文式的团队沟通规章制度。这些规章制度必须具有可行性及灵活性，同时应该非常明确，比如，沟通的时间、地点、参与人，等等，这些都是必须形成制度化的东西，要在整个团队内形成沟通的良好氛围。

其次，沟通的主题要明确。团队成员之间的沟通内容大致包含国家宏观政策、行业发展趋势、公司总部动态、当地市场的实际现状，面临的挑战和机遇，团队成员的士气，以及其他一些值得沟通和探讨的东西。团队负责人应该确保每次沟通都有一个能引起团队成员兴趣的主题，这样才能做到"有的放矢"。

最后，关于团队沟通形成的制度要含考核细则，尤其是对沟通的内容、效果必须细化、量化，要有总结报告，实行直接领导责任制。"员工不会做领导想做的事情，而是做领导要考核的事情"，这就是制度的好处，也是团队进行有效沟通的必要保障。

要素三：从细节入手

许多团队成员抱怨良好的沟通实在太难实现了，为什么呢？就因为他们没有注意到细节，在沟通的过程中，粗心大意，马马虎虎，最终空有完善的规章制度，形同虚设。

首先，从细节入手，这就要求我们的团队在进行沟通过程中，尽量不要将自己的个人情绪带入沟通中，要克制感情，保持冷静。因为情绪的波动容易造成对信息的接收与理解产生偏见。同时还需要注意非语言提示，比如眼色、脸部表情、身体动作示意，等等。这些细微处是团队负责人和组织者必须加以关注的重点。

其次，教育团队成员学会积极倾听。积极的倾听是对信息进行积极主动的搜寻，而单纯的听则是被动的。积极倾听表现为接受，即客观地倾听内容而不作判断。因为当我们听到不同意的观点时，会在内心阐述自己的想法并反驳他人所言，这样会漏掉一些信息。积极的倾听者就是接受他人所言，而把自己的判断推迟到说话的人说完以后。团队成员如果能做到积极倾听，往往可以从沟通中获得说话者所要表达的完整信息；反之，只能得到只言片语，错失至关重要的部分。这是需要团队负责人和组织者刻意去培养的。

再次，尝试换位思考。积极倾听，不但要求专注，还要求移情，即我们通常所说的"换位思考"。把你自己置身于说话者的位置上，努力去理解说话者想要表达的含义，需要暂停自己的想法和感觉，不要轻易打断说话者的讲话，从说话者的角度调整自己的所观所感，这样可以进一步保证你对所听到的信息的理解符合说话者的本意。同时，如果你有什么问题，可以先记在笔记本上，然后再提问，这才是关键的。

最后，选择合适的时机要求说话者"复述"。在沟通过程中，有时是听不清楚说话者的讲话，所以请求说话者多说几遍有很大好处。据统计，很多沟通问题是由于误解或不准确造成的，解决这一问题的最好办法就是注重反馈，即让信息接收者用自己的话复述信息，如果说话者听到的复述恰如本意，则可增强理解与准确性。而说话者也可感觉对方确实在认真听自己的讲话（自尊心得到满足），这样一举多得。

总之，注重细节可以为团队的有效沟通起到保驾护航的作用。

要素四：在沟通的过程中，注意引导他人

首先，在团队进行沟通之前，要事先设计好沟通脚本，然后沿着原定方案进行沟通。只有对这些步骤了然于心，组织者才能更好地引导成员。

同时，组织者应该尽量做到：赞美对方。在沟通过程中，鼓励成员积极发言，畅所欲言，对成员的讲话表示赞同，甚至直接表扬。配合其他非语言提示，比如，使用目光接触，展现赞许性的点头和恰当的面部表情，让成员感觉自己得到尊重，从而真正做到"知无不言，言无不尽"。

其次，控制好各人发言时间，尽量做到言简意赅，重点突出。鼓励成员选择措辞并组织信息，把各种专业术语转化成通俗化的语言，使参与沟通的成员都易于接受，这样可以提高理解的效果。同时，组织者应该尽量避免中间打断说话者的讲话。

再次，善于提问，并让其他成员参与到提问的行列中来。通过询问能够引导对方的谈话，同时取得更加明确的信息，支持自己的目的。因为大多数人都喜欢说而不是听，但真正有用的东西都是从倾听中得来的。在真正弄清对方意思的同时，还表明你在认真听，让说话者感到受重视。

最后，如果在沟通过程中，有人提出令组织者难堪的问题，或者是争议性颇大的问题，组织者就要以诚相待，让大家将各自不同的观点摆出来，并让每个人都提出自己的解决方案，通过整个团队共同协商确定最终解决办法。确有当场解决不了的问题，那么，组织者可以明确告诉大家，等沟通结束后再确定，保证给大家一个圆满的答案。这时，几乎每个成员都会接受这种答复的。

总体而言，组织者在整个沟通过程中，必须保持一种理性的、中立的观念，否则，团队有效沟通将成一句空话。

要素五：让员工自我总结

每个人都愿意按照自己的想法做事，找到做事情的成就感，而不是听从别人的建议，在别人的指引下做事。所以，组织者一定要在沟通过程中引导对方，让对方自己做出结论，而这个结论事实上就是组织者希望通过沟通得到的结论。由于这是对方自己想做的事情，而不是团队领导强令他们做的事情，团队中的成员一定会非常投入。

而赞美或表态式的结论，使得团队中的成员对自己的"成就"非常满足，自尊心和自豪感都得到极大的加强，这不仅有利于后期的团队沟通工作，更对凝聚整个团队士气、取胜市场奠定坚实的基础。从这个意义上来讲，沟通的结论非常重要，如果不把握好沟通结尾的时间，我们很可能使沟通的效果大打折扣。这是团队组织者必须慎重考虑的问题。

要素六：行胜于言

要将沟通得到的结论落实下来，并严格监督执行。许多团队的沟通之所以无果而终，根源在于"有令不行"、执行不力、监督缺乏。"行胜于言"，执行是基础，持续是关键。所以，团队必须制定非常明细的制度，并长期严格执行下去，直至最后所有成员都对沟通习以为常并满怀热情。

团队建设注意事项

一、树立组织核心

一个优秀的管理人员作风对下级影响极大。管理研究学表明：凡是士气高昂的群体，其领导者都比较民主，乐于接受别人的意见，善于体谅员工的甘苦。作为负责人，有时候即使自己不开心，也不能在别人面前表现出来。"木秀于林，风必摧之"有一种处在风口浪尖之上，逼着自己要去学一些知识，逼着自己每天进步一点点，经历一点点，生命的回忆就像泉水一样一点点冒了出来。

组织决策能力：现在的社会是协作型社会，不仅要求员工掌握岗位知识和技能，还要求员工具备沟通能力、组织协调能力、处理突发事件的能力。木桶原理把我们每一名员工比作一个木桶，每一种技能比成一块木板的话，其实木桶的容量取决该员工的整体实力与竞争力。

核心技术能力：技术是永远不会被世界所淘汰的，在这个信息更新如此迅速的时代，我们不得不每天学习新的知识，才不会被社会所淘汰。要积极收集整理相关信息，且注意聆听，善于学习，努力提升自己的能力。

独具慧眼能力：千里马常有，而伯乐不常有！人才分四种：帝才、相才、将才、奴才。帝才并不一定是能力最突出的，但是他一定是独具慧眼的，他一定会招贤纳士，把人用在最适合的岗位上，发挥其最大的能动性。21世纪员工管理的重点已由过去的以员工集团为单位进行统一的一元化管理，向以每个员工为单位进行带有个性化的多元化管理转变。人力资源致力于建立一种能把人的问题和企业发展综合考虑的机制。

特有人格魅力：特有的人格魅力是属下效忠的原因。让大多数人都佩服的人不仅在自己的纵向领域有所建树，他一定会在横向领域注重和别人一起发展，他会影响身边的一批人。这样的人能将他的价值观发挥得淋漓尽致。

二、坚定统一目标

企业的目标和员工的目标一致是团队建设的最优化，团队概念的内涵应该是有一个共同的目标，其成员行为之间相互依存，相互影响，很好的合作，追求集体的成功。

拟订计划书：建立一支好的团队就好比组织一支球队。必须有自己的"作战"计划书，一旦队员们目标统一，发挥出每个人的最大能量，没有做不成的事情。如果领导者能够妥善协调参与计划的所有人员，拥有团队领导权就更具效力。

强调重要性：士气是群体成员的群体意识，个人目标要与组织目标相同是最大值。每个人都希望自己被尊重和理解，希望领导者在自己的角度考虑，他不仅希望自己被尊重，还希望自己的工作被每个人尊重。就工作而言，工作无贵贱之份，只要每个人能在自己岗位上发挥得很好，再加上目标正确，团队就会不断发展。

三、优化组织环境

每个人都希望自己在被人重视与尊重，工作被理解的前提下工作，有良好的工作环境则不会让人身心疲惫。

心理暗示：充满自信的工作则会事倍功半，在工作中心理挫折少，焦虑少，有利于提高员工的士气。

积极培训：鼓励员工多参与培训，而不是让员工集体参与"受训课"，以致很多员工听到培训就望而却步，我们要在培训中鼓励员工。当员工不断被鼓励的时候，会不断地发挥自己的积极能量。

员工分四种：明星型，问题型，老黄牛型，老化型。问题型的员工是最应该受到不断鼓励的。能力＋潜力＝实力！很多人即使现在不是很突出，但如果具有潜力，是应该培养的。正所谓，有才有德的人要重用，有德无才的人要善用。

美化环境：优美的环境能让人保持良好的情绪，有的公司会专门开辟出一块小空地让员工在休息的时候交谈。这样的企业文化让人赞叹！

四、畅通交流平台

保持沟通流畅，了解每个人的想法是好的领导的表现。

双向沟通：要给予员工反映问题的机会；上、下级如果沟通受阻，日久天长会让员工产生抗拒心理，降低士气。多让员工参与决策和群体讨论，双向沟通，有利于提高员工的积极性。

面面沟通：面对面沟通更让上级产生一种亲切感，是一种有效的交流方式，减少上级给下级的压力，对于下级认同企业文化、增强凝聚力是有帮助的。

环境沟通：创造环境与员工沟通；上班的时候大家是上下级的关系，下班之后大家会在很多场合成为朋友，在对方喜欢的环境与之交流，会便于沟通，了解员工的想法和状态。

五、避免权力集中

发扬民主，避免权力过于集中，通过团队可以更有效地分权和授权。在决策中，成员之间也起到了权力制衡的作用，可以避免个人独断专行。

六、合理经济报酬

金钱代表一个人在组织中的贡献和成就。以工计酬，公平合理，不合理的薪酬体系会影响员工的积极性。

七、提升自我价值

岗位安排：使人与角色和谐一致；根据其能力和兴趣，安排到合适的岗位，发挥最大能动性。

员工参与：让每个人认识到其在团队的重要性；员工积极地参与决策与规划的制度，每个成员负担起自己应有的责任。

职业规划：帮助员工制订计划，让他了解他在与企业一起发展。一个员工在为企业付出的同时，希望这份工作对自己的职业生涯有所帮助，一个好的企业应该满足员工的这种需求。

数字资源8-6
营运销售
团队策划书

八、增强组织协调

划分部门，可能会导致"职权分裂"，集体讨论有利于促进部门合作。

九、引导正面冲突

任何一个组织内部的冲突都是无法避免的。如果冲突能刺激对

数字资源8-7
团队沟通中
遇到紧急且
重要的事情
如何处理

方产生新的想法，重新考验自己的立场和信念，或者因此而扩展自己的思维空间，这种冲突就是正面健康的。

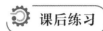 课后练习

练习一

案例分析

贾探春的团队沟通能力

在大观园中，三小姐贾探春是一位未出阁的姑娘也是一位才华横溢、能力卓然的小姐，在王熙凤生病修养阶段她是如何配合大嫂子李纨管理治家呢？

首先，开源节流，采取制度化管理。在王熙凤生病时，上头派了探春，又辅之以宝钗、李纨三人共同管理大观园。探春一"上任"，就先从自己这层"主子"入手，免去了宝玉和贾环学里每月重复的八两银子开销。同时免去了她们这些姑娘们每人每月头油、脂粉钱二两银子的重复开销。须知宝玉可是贾家的命根子，姑娘们个个是老太太的掌上明珠。探春竟然先从这里入手管理，这不难看出探春的魄力了。探春的舅舅赵国基死了，赵姨娘想乘着探春管事多弄几两银子。探春秉公办理，并没有因为是自己的亲娘而徇私。这件事使探春一下子就在众人心里树立了公正无私的形象。接着琢磨如何对大观园加强管理，大家在一起闲唠，探春提起年前到赖大家去，他家的园子只有大观园的一半大，管理得特别好，于是，就用心去了解赖家的管理办法，"谁知那么个园子，除她们家的花、木和吃的笋、菜、鱼、虾外，"一个破荷叶，一根枯草根子，都是值钱的。夜郎自大之所以成为后世笑柄，是夜郎闭关自守，不了解外面的世界。宝钗到赖大家开阔了视野，看到了管理上的差距，而且采取虚心学习的态度，在大观园形成了一股承包责任制的新风尚。

其次，各司其职，注重利益激励。在一开始征求大家对大观园的管理意见时，李纨对大家的议论提出了总结式意见："第一有人打扫，专司其职，又许她们去卖钱。再无不尽职的了。"于是决定"在园子所有的老妈妈中，挑出几个本分老诚能知园圃的，派谁去收拾料理，也不必要他们交租纳税，只问他们一年可

孝敬些什么。"向园里的老妈妈们讲了政策后，大家都高兴了起来，这个说："那片竹子如交给我，一年工夫又会生出一片，除了家里吃的笋，一年还可交些钱粮。"那个说："（稻香村）那片稻地交给我，一年这些玩的大小雀鸟的粮食不必动用宫中钱粮，我还可以交钱粮。"只要政策对头，人们就会觉得生活有奔头。探春在这里特别注重利益上的激励机制，让有所专长的妈妈们去负责各自擅长的领域，而且用可以预见到的好处来调动她们的积极性。做到人尽其才的同时，还让她们分享到大观园改革后带来的经济利益。

再次，广开言路，讲求公平合理。在讨论园子管理的时候，一向不多言的大嫂子李纨也跟老妈妈们一起议论：香料铺卖的各种香料、香草这里都有，比别的利息更大，怡红院春夏一季的玫瑰花能收很多，还有那些蔷薇、月季、金银藤等花干了卖到茶铺、药铺去也值不少钱。大家议论后又推荐或自荐某人管某处，跟众人明示：按四季除家里常规需用的外，"余者任凭你们采了去卖。"算一下这样包管的结果，园子里姑娘并跟随的丫头们所用的头油、胭粉、香、纸及各处的笤帚、撮簸、掸子，并大小禽鸟、鹿、兔吃的粮食，"不过这几样都是他们包了去，不用账房去领钱"，这样一算一年能省四百两银子。要知道，当时一个中等人家一个月的生活费才是二两银子，四百两的效益是很可观的了。探春广开言路、从谏如流带来了可观的经济效益。后来又议定，包到活的每年都要拿出几贯钱，凑到一起分给园子里值宿上夜的老妈妈们，她们得点好处后，随时也可帮着照看些。有了这样的合理分配，得到了园子里管事老妈妈们的一致认可。这样管理后，"那些没营生的妈妈们也宽裕了，园子里的花木也可以滋长繁盛"。管理的方法可行，政策得当，自然是"经济效益"、"社会效益"双丰收了。

最后，执行得力，反对奢靡浪费。当初，连做贵妃娘娘的大小姐对大观园都感叹："太奢华，过费了！"到三小姐却看到一个荷叶都是有用之物。探春主导的对大观园的管理，从务虚到务实，是很完整，也是很有实效的。而今我们不妨也看看，多少有用之物被当作垃圾糟蹋掉了，而那些被戴上垃圾帽子的东西就更是不屑一顾了。又有多少财富被吃掉、喝掉，被白白地扔掉、倒掉。媒体也多有报道，党中央反对浪费的有关政策出台后，收效颇丰。我们必须再接再厉，在全社会形成反对铺张浪费的良好风气。"历览前贤国与家，成由勤俭败由奢"，这一至理名言，是值得我们思考的。

和王熙凤相对比，探春的品德和才能更胜一筹。如果说王熙凤适合做一个基层管理人员的话，那么探春这样德才兼备的人更适合去做大企业的高层管理人员。但由于贾府气数已尽，她们的管理并未给贾府带来转机。大观园"千里搭长棚"的宴席已到了"散"的时候，贾家的境遇也只能是"飞花逐水流"了。再有几个探春、凤姐出来也无济于事。对于《红楼梦》这部不朽名著，虽说是"仁者见仁，智者见智"，但在管理思想上，我们可以"古为今用"，为之借鉴的。

（改编自蔡仕魁：《浅谈〈红楼梦〉中的管理学》，《中国市场》2014年第9期。）

思考题

1. 如何评价贾探春的团队沟通能力？
2. 和王熙凤相比哪一位的团队沟通能力更胜一筹？为什么？

第九章
商务沟通

学习目标

- 掌握会议沟通的步骤及流程，正确处理会议沟通中的困境；
- 掌握营销沟通的分类、不同类型营销沟通的程序；
- 掌握公文沟通类型以及沟通技巧；
- 掌握商务谈判技巧。

情景导入

新来的行政主管

A电脑公司和硅谷的许多高科技公司一样，发展速度飞快，但也面临着来自国内外大公司的激烈竞争。公司刚开张时，没有像其他高科技公司一样制定完备的制度，高层管理人员穿着T恤衫和牛仔裤来上班，谁也分不清他们与普通员工有什么区别。然而当财务管理出现问题，原来那个自由派风格的董事长虽然留任，但公司却引进了一位新的行政主管Z先生。Z先生来自一家办事古板的老牌公司，他照章办事，十分传统，与A公司的风格相去甚远。公司里的行政人员总的态度是要看看这家伙能待多久。这样，矛盾就不可避免了。

第一次公司内部危机就发生在新的行政主管首次召开的行政会议上。会议定于上午8：30准时召开，可有一位9：00过了才跌跌撞撞地进来。西装革履的Z先生眼睛瞪着那位迟到的人，对大家说："我再说一次，本公司所有的日常公事要准时开始，你们中间谁做不到，请在今天下午5：00之前向我递交辞呈。"结果当天十位行政人员中就有两位主动递交了辞职报告。

此后一个月里，公司发生了一些重大变化。Z先生颁布了几项指令性政策，使已有的工作程序改弦易辙。从一开始起，他三番五次地告诫副总经理，一切重大事务向下传达之前必须先由他审批。他抱怨下面的研究、设计、生产和销售等部门之间缺乏合作，而在这些关键领域，A 公司都面临着挑战。

Z 先生还命令全面复审公司的福利待遇制度，然后将全体高层管理人员的工资削减 15%，惹得他身边的一位行政人员向他辞职。研究部主任这样认为："我不喜欢这里的一切，但我不想马上走，开发电脑打败 IBM 对我来说太有挑战性了。"生产部经理也算是不满现状的人，可他的话令有些人很是惊讶："我不能说我很喜欢 Z 先生，不过至少他给我那个部门设立的目标我能够达到。当我们圆满完成任务时，Z 先生是第一个祝贺我们干得棒的人。"

事态发展的另一面是，采购部经理牢骚满腹。他说："Z 先生要我把原料成本削减 15%。他拿着一根胡萝卜来引诱我，假如我能做到的话，他就给我丰厚的年终奖。但要达到这个目标基本属于不可能完成的，从现在起，我要另找出路。"但 Z 先生对销售副总经理 K 女士的态度却令人不解。K 女士被人称为"爱哭的孩子"。以前，她每天都到行政主管的办公室去抱怨和指责其他部门。Z 先生的办法是让她在门外等，见了她也不予理会她的抱怨，而是直接谈公司在销售上存在的问题。没过多久，K 女士开始更多地跑基层而不是每天到 Z 先生的办公室了。

随着时间的流逝，A 公司在 Z 先生的管理下恢复了元气。行政管理人员不得不承认，Z 先生对计算机领域了如指掌，对各项业务的决策也无懈可击。然而，他对生产、采购部门却依然勒紧缰绳。公司里再也听不到关于 Z 先生去留的流言蜚语了，人们对他有了共识：他不是那种不了解这里情况的人，并且确实辅助公司走上了正轨。

（改编自武汉理工大学 MBA 学员案例。）

 问题提出

Z 先生在公司管理中采用了什么沟通策略？对待 K 女士采用什么沟通方式？

 问题解决

Z 先生采用主体沟通策略，按照企业管理规章制度规范管理公司，不再让情感影响最终决策。对待 K 女士采用非强制管理手段，Z 先生在领导管理当中良好运用了专长权，且处理人际关系的基本方法是以领导为中心辅助以规范化的管理。

第一节 会议沟通技巧

在我们的工作过程中，参加会议可以说是一项经常性的工作。一项调查表明：大多数商务人士有三分之一的时间是用于开会，有三分之一的时间是用于旅途奔波。有感于繁重不堪的会议邀请，万科的前总裁王石曾经说过一句很形象的话："我如果不是在开会，就是在去往下一个会议的路上。"

一 会议沟通的五大要素

会议沟通主要包括五大要素：议题要和参与开会的人有关；选定适当的出席人员；具备专业能力的会议主持人；会前要有充分的准备；参与开会人的态度。

（一）议题要和参与开会的人有关

若参与开会的人觉得议题和自身没有关联，或者对探讨的议题不懂，又或者议题在自身责权范围以外，则会议将很难使其获得参与感。

（二）选定适当的出席人员

开会要能决定事情，要能产生开会后的影响力，因此出席会议的人，必须对议题有决定权，并且在职务上有权利与义务执行会议的决定。

（三）具备专业能力的会议主持人

主持人是会议进行的灵魂人物，主持人要能引导发言，控制会场秩序，安排好时间，确保发言人不偏离主题，归纳总结开会人的发言要点，做出结论，这样会议才能成功进行。

（四）会前要有充分的准备

会前需要制作会议准备检查表，例如会议主持人自我检查表，包括会议准备时的检查点（准备工作是否到位），导入议题时的检查点（是否恰当地导入议题），进行讨论时的检查点（是否有人偏离主题、超时，是否会争吵、相互指责等），导出结论时的检查点（引导大家共同地导入结论）。

（五）参与开会人的态度

参与开会人员的态度可以通过以下方面体现：第一，准时参加开会；第二，会前要对讨论的议题做充分的准备；第三，尊重别人的发言权。

测试题

你在会议沟通活动中是否具有以下行为要点？

你的会议沟通表现	是√	否×
1. 总是在会议开始前3天就已经安排好了会议的日程并将该议程通知到每位与会者。		
2. 当与会者询问议程安排时总是回答："还没定呢，等通知吧。"		
3. 对会议将要进行的每项议程都胸有成竹。		
4. 会议开始前半小时还在为是否进行某几个议题而犹豫不决。		
5. 提前将每一项会议任务安排给相关的工作人员去落实，并在会议开始前加以确认。		
6. 临到会议开始前才发现还有一些会议设备没有安排好。		
7. 预先拟定邀请与会的人员名单，并在开会前两天确认关键人士是否会出席会议。		
8. 自己记不清邀请了哪些人出席会议，会议开始前才发现忘了邀请主管领导参加会议。		
9. 会议时间安排恰当，能够完成所有的议题。		
10. 会议总是被一些跑题、多话者干扰，难以顺利进行。		
11. 会议室布置恰当，令与会者感觉舒适又便于沟通。		
12. 会议室拥挤不堪，令与会者感觉不快，大家都盼望着早点结束会议。		

以上12个问题，可能是会议沟通活动中常见的表现。你如果选择了题号是单数的行为表现，请给自己加上1分；你如果选择了题号是双数的行为表现，请给自己减去一分。最后看看自己的总分吧！

3~6分：你的会议沟通技巧是值得称赞的。

0~3分：你的会议沟通技巧也还不错，但需要进一步改进。

低于0分：你的会议沟通技巧真不怎么样，赶快努力吧！

 会议沟通适用场合及安排

（一）会议沟通适用的场合

以下几种情境宜采用会议沟通的方式进行。

（1）需要统一思想或行动时，如项目建设思路的讨论、项目计划的讨论等。

（2）需要当事人清楚、认可和接受时，如项目考核制度发布前的讨论、项目考勤制度发布前的讨论等。

（3）传达重要信息时，如项目里程碑总结活动、项目总结活动等。

（4）澄清一些谣传信息，而这些谣传信息将对团队产生较大影响时。

（5）讨论复杂问题的解决方案时，如针对复杂的技术问题，讨论已收集到的解决方案等。

（二）会议沟通安排

召开会议前就应该安排好会议的议题、议程、与会者名单以及现场的布置等，否则会议很难保证顺利进行。因此，会议的安排应注意以下内容。

◆ **1. 制定议程安排**

（1）充分考虑会议议程，写出条款式的议程安排。

（2）确定会议的召开时间和结束时间，并和有关部门协调。

（3）整理有关议题，并根据其重要程度排出讨论顺序。

（4）把会议安排提前交给与会者。

◆ **2. 挑选与会者**

（1）精心挑选与会者，做到少而精。

（2）信息类会议，应该通知所有需要了解信息的人，让他们都参加。

（3）决策类会议，需要邀请能对问题的解决有所贡献、对决策有影响的权威人士，以及能对执行决策做出承诺的人。

◆ **3. 会议室布置**

（1）现场会议室一般比较方便而且费用低廉，因而是首选地点。但是如果对外关系或者与会人数较多，则可以考虑租用酒店或者展览中心。

（2）不能忽略与会者的身体舒适需求，应该注意会议室的空调温度、湿度、桌椅舒适度、灯光和通风设备等。

（3）选择合适的桌椅排列方式。信息类会议的与会者应该面向房间的前方；而决策类会议的与会者应该面向彼此，会议室适宜采用圆桌型的现场布置。

应该在会议开始前认真填写会议安排核查表（见表9-1），确保会议沟通中没有任何误差。

表 9-1　会议安排核查表

检查项目	具体工作负责人	检查结果
会议沟通目标		
会议议程安排		
参加会议人员安排		
会议实物安排		

三　会议沟通的主持

（一）成功地开始会议

和其他的很多场合一样，充分的准备工作是避免表现紧张的关键，如果你知道自己将会说些什么来作为开场白，你就会放松下来。更重要的是，你可以给整个会议带来一个富有组织的、卓有成效的开始。会议开场秘诀有如下几点。

◆ **1. 准时开会**

对于每一位职业商务人士而言，最头疼、最深恶痛绝的事情莫过于对方不准时、不守时。在高速运转的信息社会，时间意味着抢占商机，时间意味着金钱和财富，时间意味着一切。我们说"浪费别人的时间就等于谋财害命"也是毫不夸张的。对于会议而言就更是如此，因为不准时召开会议浪费的是所有与会者的时间，这不仅会加剧与会者的焦躁抵触情绪，同时也会令与会者怀疑组织者的工作效率和领导能力。

◆ 2. 向每个人表示欢迎

会议主持人用洪亮的声音对每个人表示热烈的欢迎。如果面对的是一队新的成员，让大家做自我介绍。如果他们彼此已经见过面了，也要确保把客人和新来乍到的成员介绍给大家。

◆ 3. 制定或者重温会议的基本规则

会议的基本规则是会议中行为的基本准则，可以使用"不允许跑题""聆听每一个人的发言"以及"每人的发言时间不能超过5分钟"这样的规定。如果准则是由与会者共同制定的而不是由主持人强加给与会者的，效果要更好一些。可以向与会者询问"大家都同意这些规定吗？"要得到多数人的肯定答复，而不要想当然地把沉默当成没有异议。

◆ 4. 分配计时员和记录员的职责

如果可能的话，让大家志愿来担任这些职责而不要由主持人指定。计时员负责记录时间并保证讨论持续进行，记录员则负责做会议记录。对于一些例行会议而言，不妨由所有人轮流担当这些职责。

（二）主持人的沟通技巧

一个优秀的会议领导者总是经常提出他们简短的意见以指引会议讨论的进程。比如说"让我们试试""这是一个好的思路，让我们继续下去"。事实上，如果我们仔细观察，就会发现优秀的会议主持人最常用的引导方式是提问题，针对目前所讨论的问题引导性地提问，会使与会者的思路迅速集中到一起，提高开会的效率。

我们常用的问题大致可以分为两类：开放式的问题和封闭式的问题（如图9-1）。开放式的问题需要我们花费更多的时间和精力来思考回答，而封闭式的问题则只需一两句话就可以回答了。比如说："小王，你对这个问题怎么看？"这就是开放式的问题；"小王，你同意这种观点吗？"这就是封闭式的问题。作为一名有经验的会议主持人，应该善于运用各种提问方式（见表9-2）。

图 9-1 会议沟通答案及反馈

表 9-2 会议沟通问题类型及特点

问题类型	问题特点
棱镜型问题	把别人向你提出的问题反问给所有与会者。例如，与会者提问："我们应该怎么做呢？"你可以说："好吧，大家都来谈谈我们应该怎么做。"
环形问题	向全体与会者提出问题，然后每人轮流回答。例如："让我们听听每个人的工作计划，小王，由你开始。"
广播型问题	向全体与会者提出一个问题，然后等待一个人回答。例如："这份财务报表中有三个错误，谁能够纠正一下？"这是一种具有鼓励性而没有压力的提问方式，因为你没有指定人回答，所以大家不会有压力。
定向型问题	向全体提出问题，然后指定一人回答。例如："这份财务报表存在三个错误，谁来纠正一下？小王，你说说看。"这种提问方式可以让被问及的对象有一定的准备时间。

（资料来源：http://wiki.mbalib.com/wiki/会议沟通）

（三）圆满地结束会议

无论是什么类型的会议，在会议结束的时候重新回顾一下目标、取得的成果和已经达成的共识，以及需要执行的行动都是很必要的。

（1）总结主要的决定和行动方案以及会议的其他主要结果。

（2）回顾会议的议程，表明已经完成的事项以及仍然有待完成的事项；说明下次会议的可能议程。

（3）给每一位与会者一点时间说最后一句话。

（4）就下次会议的日期、时间和地点问题达成一致意见。

（5）对会议进行评估，在一种积极的气氛中结束会议。你可以对每一位与会者表示祝贺，表达你的赞赏，然后大声地说"谢谢各位"来结束会议。

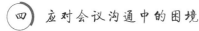 应对会议沟通中的困境

会议依赖于与会者的支持，开会时出现问题是不可避免的。有时问题因人而产生，有时因程序或逻辑而产生。在任何情形下，主持人都有责任使讨论热烈，确保与会者都参与讨论，并保持讨论的正确方向。

（一）某些人试图支配讨论的局面

在会议中，常常会出现"一言堂"的局面。如果我们会议的目的是找出不同观点，那么广泛的参与是会议成功所必不可少的因素。有时有些人可能因富有经验或职位较高而处于支配地位，当这种情形发生时，其他人通常就会只是坐着听。这时，主持人就应该提一些直接的问题，将与会者调动起来。

如果其他办法都不能奏效，不妨尝试在中间休息时与那个人私下谈一谈，也许会有所帮助。

（二）某些人想争论

这种人可能自称无所不知，或者掌握的信息完全是错误的，或者是个吹毛求疵的人，喜欢插话打断主持人。在任何情形下，主持人都要保持清醒的头脑。通过提问，主持人可以引出这些人愚蠢的或牵强的发言，然后不再理睬他们。通常，这种人会激怒全体，会有人讲出不欢迎他们的话，然后一片沉默。这时，主持人可再问其他与会者一些直接的问题，从而维持会场讨论气氛的平衡。

通常，这个喜欢辩论的人会意识到情况，然后不再提出问题，否则，主持人就必须直截了当地向他指出，他这种吹毛求疵的做法扰乱了会议的进程，浪费了宝贵的时间。然后主持人立即向另一个人提问，以便让讨论继续下去。

（三）某些人和身边的人开小会

当与会者人数很多时，经常会发生这种情形。开小会往往是因为某个人想讲话，但又没有机会，或者某个谨慎的与会者在向大会提出某种想法前，想先试探别人的看法。通常，会议中有人开小差是不可避免的。不过这种小会一般比较简短，只有当小会时间持续长了才会成为一个问题。

解决开小会的一个办法是请这个人告诉大家他刚才所讲的内容；另一个办法就是沉默，然后看着那个破坏秩序的人。通常，这样就会恢复会议秩序。

（四）习惯性的跑题者

我们可以运用 FAST 法来解决习惯性跑题者这个问题。这一谈话技巧可以训练一个习惯性跑题者采取一些更富有建设性的行动：

F. 面对造成问题的人；

A. 感谢或肯定这个人以及他/她的良好意图；

S. 建议一种新的行为方式；

T. 多做几次尝试，可以逐步改变或者提高你的要求。

> **小场景**
>
> 小王总是在开会的时候讲很多的笑话。他是个很风趣的人，但是他总是会让会议跑题。为了管住他：
>
> F. 注视他，说："小王，我有个建议……"
>
> A. "首先，你的笑话都棒极了……"
>
> S. "但是我仍然不清楚你那聪明的脑袋对这个问题真正是怎么看的？说真的，你是否能够告诉我们你的建议？"
>
> T. 如果他还是没有改变，或者你可以更加严厉一些："别这样了。我们已经乐过了，但是现在的要点究竟是什么呢？"

如果这些公开的干预仍然不能够见效，你可以问小王，是否可以在休息的时候你和他单独谈一谈。私下里告诉他：你看到了他做的那些事情，你如何评价他的这些做法，你的感受和你希望他做些什么。这样的谈话可以比公开场合中的语气更为坚定和严厉。

有效会议沟通的注意事项

1. 使会议气氛活跃

如果会议比较乏味、与会者的参与度不高，主持人就应当调整一下会议议程或节奏，可以通过提问来引导大家参与会议。在会议中应避免出现人员争论，但是可以适度鼓励思想冲突，避免出现感情冲突。

2. 避免含糊不清的表述

在会议中尽量避免描述不清的表述。尽量不要出现以下表述：基本上结束了，基本上行；大致有希望；几乎没有问题，几乎是按计划完成；或许能行，或许能成功；我觉得能行，觉得能成功；在一定程度上完成了；似乎合适等。

3. 认同并尊重对方

许多人在召开会议时所犯的错误之一就是固执己见。如果总是抓住别人话里的漏洞不放，那么谁也没有兴趣发表意见，还会造成小心谨慎、保持沉默的气氛。对方有发表自己意见的权利。即使对方发表的意见违背了社会常识，也要尊重其意见，要鼓励大家积极发言。

4. 在会议中不时做出反应

听者最好是恰当地对兴趣点、理解了什么、没能理解什么做出相应的表示。要注意听对方谈话的真正用意、对方顾忌说的话、对方真正想要说的话等。

（资料来源：http：//wxphp.com/wxd_11rea59hdm3fmdy9vdam_8.html。）

第二节　营销沟通技巧

营销沟通是指在（一个品牌的）营销组合中通过与（该品牌的）顾客进行双向的信息交流建立共识而达成价值交换的过程。就本质而言，营销与沟通是不可分割的：营销就是沟通，沟通就是营销。营销沟通目的有两个：创建品牌和销售产品。

一、营销沟通的分类

（1）按功能划分，营销沟通可分为工具式沟通和感情式沟通。

（2）按沟通双方的性质划分，营销沟通可分为人际沟通、群体沟通、组织沟通和大众媒体传播沟通等。

（3）按信息传递的方向划分，营销沟通可分为单向沟通和双向沟通。

（4）按沟通目的划分，营销沟通可分为告知性沟通和说服性沟通。

二、营销沟通的主要形式

营销沟通的主要形式有广告、人员推销、营业推广、公共关系、包装、电话、微信推销等。中小公司会根据一个时期、一个市场区域的经营目标的不同，分别采取不同方式，以一种沟通方式为主，灵活运用其他方式，或者采用以某种方式之长去弥补另一种方式之不足。但不论采取何种沟通方式，均应掌握有效沟通原则和经济实用原则，严格避免不必要的铺张。

（一）广告

广告是高度大众化的媒体传播方式，具有传播范围广、速度快、重复性好的特点，并因充分利用文字、声音、色彩而极富表现力，适合向分散的受众和众多目标顾客传递信息。但应注意其投入比与市场效果，并严格掌握使用。

（二）人员推销

人员推销虽是一种古老的方式，但方式灵活，有助于建立长期信任与联系，能及时获得信息反馈，因此，营销人员应予以广泛应用。

（三）营业推广

营业推广是指采用刺激手段，吸引顾客。如采取赠样品、优惠券、以旧换新、减价、免费限期试用、示范、竞赛、折扣、商品津贴、合作广告、有奖销售等方法，均属此列。具体需采取何种方式，应预先进行方案讨论、报批。

（四）公共关系促销

公共关系促销，尤其是大型工程和批量消费，应充分运用各种手段发挥经纪人作用，利用能为我所用之一切关系，广泛开展公共联系（政治关系、亲朋关系、业务关系、协作关系及其他关系等）促销。因此，要求营销人员充分掌握信息源头，分析目标顾客，物色好关键攻关人物，予以重点突破。

作为一个销售人员，每天都要与不同的人进行沟通，总的来说分为两大类，即企业的内部沟通和企业的外部沟通。企业内部沟通是指企业内部人员之间的信息传递；企业外部沟通指销售人员与企业外部（在这里指客户）之间的信息传递。销售人员与客户的沟通是企业对外联系的桥梁和纽带，是外部客户的"搜索引擎"。故建立良好的、有效的外部沟通将有利于提高企业的执行力，有利于提高客户的满意度，有利于市场的持续性发展。

营销沟通中的几种类型

（一）老好好型沟通

老好好型沟通是完全按照客户的思维方式的沟通，客户说什么就是什么。对客户提出的"意见"，销售人员百依百顺；对市场操作完全以客户的意见为依据，只要客户说好，就是好；对于市场、对于客户提出的问题，销售人员没有意见、没有主见、没有计划；一切以"客户为中心"，把市场、公司赋予的销售责任停留在口头上；把主见建立在客户的喜好上，总担心因与客户的意见不一致而丧失该客户。

造成此类型存在，其原因：一是对市场不熟悉，缺乏对市场的全面了解和判断，对市场出现的问题没有很好地去调查和了解，从而信心不足害怕失败；二是把所有的销售全部寄托在单一的客户身上，害怕客户不用我们的产品，认为一旦客户不用，我们即将受到严重的损失，甚至会导致销售任务完不成，导致下岗，与其下岗还不如"百依百顺"；三是想通过客户给自己的上级领导说几句"好话"，就是市场下滑了，也是市场的客观原因，给自己留一条后路等。

对于以上的心态，我们应树立正确的市场观，做市场不要害怕失败，失败是成功之母，我们要做善败"将军"，自古就有善败将军，善败将军并非常败将军。兵法所谓善胜者不阵，善阵者不战，善战者不败，善败者终胜——小败之后连兵结阵，透彻敌情，再造胜势，比之项羽百战皆胜而乌江一战一败涂地，岂不好得多？结合现在市场营销，就是要不怕失败，要在失败中总结市场操作经验，透视隐藏表面现象的规律。只有在原有的基础上进行创新，才能最终成为"胜者"；只有胸中自有千万兵，才能与客户进行良好的沟通，才能不做老好好型的人，才能有利于市场营销政策的顺利执行。

（二）武断型的沟通

武断型的沟通是指对市场出现的问题在没有得到充分调查的情况下，主观臆断，强迫客户无条件执行的一种沟通方式。此沟通方式容易导致沟通堵塞，形成孤立的单方面信息传递，缺乏有效的反馈，使沟通不能形成完整的循环（信息的发送—接收—反馈—再发送）。

此沟通类型存在的原因：一是过于相信理论知识和书本知识，没有在调查的基础上理论联系实际，经验来自总结，而如果一成不变地按照书本去实施，无异于刻舟求剑。古人说得好"尽信书，则不如无书"，就像古代带兵打仗一样，最关键就是"因地制宜、随势而变"。市场如战场，我们同样要"因地制宜、随势而变"，不同的市场、不同的产品要有不同的市场方案。二是盲目跟从，跟着感觉走。看别人干什么就跟着干什么。

（三）科学艺术型沟通

科学艺术型沟通就是通过合理的沟通程序，利用专业、艺术的语言进行的科学有效的沟通。科学艺术型沟通是每一个营销人员的追求。

科学艺术型沟通有以下几个程序：一明确沟通的目的；二做好沟通前的准备工作；三做好沟通中的说服工作。

◆ **1. 明确沟通的目的**

明确沟通的目的是实现良好沟通的前提。任何一种沟通都要有目的，目的是沟通的核心，只有具备清晰的目的，才能在整个沟通过程中始终围绕目的去陈述，才能控制整个沟通的过程，从而达到沟通的成功。在实际的业务开展中，你要与客户沟通一件事情，或者一个方案，如果你没有沟通的目的，则会出现客户不知道你到底想沟通什么的情况，也无法成功沟通。如：我们要沟通龙韵古井贡、精制古井贡酒铺货方案，整个沟通过程都要围绕龙韵、精制铺货进行讨论，通过销售人员对铺货方案这一信息的传递、接收、反馈、再传递的过程，从而确定最后的铺货方案。我们不能一会说龙韵、精制铺货的方案，一会又扯到酒店的进店费用，一会又谈到古井大曲的铺货，一会又谈窜货，结果浪费了大量的时间却没有解决一个问题。

◆ **2. 做好沟通前的准备工作**

沟通前准备工作是实现良好沟通的基础。在沟通前要做好调查研究，要做好一套完整的方案，因此必须了解客户的心态，了解市场竞品情况，了解自己的产品在区域市场中的清晰定位，了解方案在操作中会面临哪些问题，针对客户提及的问题你有几种解决的方案。例如：产品的铺市，你要考虑你的目标客户是哪些？你计划要铺多少个网点数？这些网点数通过什么样的方法才能做到？是现金铺市还是赊销？现金铺市需要采取什么样的礼品？选择的礼品是否适合当地终端商？如果赊销，怎么确定赊销的数量、比例、账期？如何解决赊销造成的跑单现象？谁承担铺市损失？什么样的情况叫正常损失，什么样的情况叫非正常损失？对于正常损失怎样解决，对于非正常损失又如何解决？等等。当你对每一个细节的问题都考虑到了，那么再与客户沟通便游刃有余，做到有的放矢。当然，市场中的沟通不仅仅局限在方案的沟通，市场操作方案的沟通是外部沟通的核心沟通部分，但无论是市场方案的沟通还是非文案沟通，我们必须有充分的准备。

◆ **3. 做好沟通中的说服工作**

沟通中的说服工作是实现良好沟通的关键。通过对沟通前的详细的准备，开始进入沟通的角色扮演，同时通过语言的准确、艺术性的表达进行沟通。

1）情感说服

在说服的过程中要把握几个要点：一是利益。从真正让用户感兴趣的动机开始（利益动机）与客户沟通：如果按照公司这样做了，我们的市场会产生什么样的一个结果；如果不做，我们又会产生什么样的结果。二是从客户角度进行说服。精准找到客户当前亟须解决的重要问题和痛点，并提出最佳解决方案，从而说服客户。三是要有热情。热情将加强你的说服力。如果对沟通中的事情或方案自己都没有热情和激情，你怎么能打动客户呢？

在沟通中对待客户的反对观点，我们要做到冷静、诚实、客观。一是不攻击、批评、争辩和冲突。二是倾听、理解、重新归纳，因为人们总存在理解上的差异。三是有不明之处，应及时礼貌地提问。四是针对怀疑、误解，分而治之，阐明自己的观点，并进行论证和说明。五是面对真正的缺点，暂时回避，补充理由，强调总体价值和利益，必要时做出让步。比如承诺：如果古井大曲你能铺货达到2000家，我公司可以承担实际跑单损失的50％。这样可以排除客户担心损失的心理，不会影响铺货的速度和网点分销数量。

2）专业化说服

专业化说服要求销售人员具备以下素质：一是专业营销的理论和实践能力；二是掌握专业工具的使用技术和技能（如电脑、投影仪、Excel/PPT的使用）；三是搜集数据和建立数据库的能力，要实施渠道销售报表制度。

3）艺术化说服

沟通的艺术化就是利用语言艺术和措辞提高沟通的效果和满意度。客户满意度的高低，在于销售人员与客户的沟通是否顺畅，也取决于沟通者是否擅长语言沟通的艺术表达。可参考表9-3。

表9-3　习惯性表达与艺术性表达比较

习惯用语	艺术性表达
"你必须这样做。"	"我们需要你那样做，如果不这样，我们会……"
"你错了，不是那样的！"	"对不起，我没说清楚，但我想……"
"你没弄明白，这次你听好了。"	"也许我说得不够清楚，请允许我再解释一遍。"

数字资源9-1
营销沟通中
语言表达
技巧

以上介绍了沟通的几种典型类型和科学沟通的基本程序和一些技巧，但这只是沟通中的冰山一角。良好的沟通可以得到最佳的客户体验与良好的企业形象。沟通是一个与人打交道的过程，乐于沟通、勇于沟通、用心与客户沟通，将使我们的工作取得更大的进步！

数字资源 9-2
市场营销
人员沟通
技巧

第三节　公文沟通技巧

公文是党政机关单位工作中的常用文体，掌握常见公文的格式和写作技巧，是机关工作人员需要具备的一项基本能力。职场工作人员要写好调查报告、信息、工作总结、报告、通知等常见公文，以便更好地履行自己的工作职责。

一、调查报告的格式及写作技巧

调查报告是对某一事件、某一人物、某一问题，通过深入细致的调查研究之后，形成的反映真实情况的书面报告。调查报告结构一般由标题、前言、正文、结语、落款五个部分组成。

（一）标题

标题有以下两种写法：文章式标题，如《××大学科技园产学研合作情况》；公文式标题，如《关于××大学科技园产学研合作情况的调查报告》。

（二）前言

前言写在调查报告的开头，或交代调查目的，或简介基本情况，或点明基本观点，或概括主要内容，都是为了点明主题，为全篇定下基调。

（三）正文

正文有不同的结构框架：一是根据逻辑关系安排结构，有纵式结构、横式结构、纵横式结构。二是按照内容安排结构，有以下几种：反映基本情况的调查报告，采取"基本情况—成因—结论及对策"式结构；介绍经验的调查报告，采取"主要成绩、成果—经验、做法—启示"式结构；揭露问题的调查报告，采取"问题—原因及危害—措施和办法"式结构；介绍新生事物的调查报告，采取"背景—过程—意义—发展前景"式结构。

（四）结语

调查报告可以有结语，也可以不写结语。

（五）落款

落款要写明调查者——单位名称和个人姓名，以及完稿时间。如果标题下面已注明调查者，则落款时可省略。

二、信息的格式及写作技巧

一篇完整的信息包括标题、导语、背景、正文、结尾等基本要素，尽管不是每篇信息都必须具备所有要素，但是标题和正文不可或缺。

（一）标题

标题是从信息的内容中概括出来的，即把信息的主要事实、基本内容浓缩成一句话，要求鲜明、准确、醒目、简练。

（二）导语

导语以简练的文字反映信息中最重要的内容和轮廓，使读者得到信息主体的总概念。

（三）背景

背景是指历史背景、周围环境及与其他方面的联系，旨在帮助读者深刻理解信息的内容和价值，起到衬托、深化主体的作用。

（四）正文

正文要做到四点：一是中心要凝练，反映的事情要集中，论述的观点要集中，语言材料要集中；二是立意要新颖，观点、内容和角度都要新；三是结构要严谨，层次要清晰；四是格调要庄重，采用规范的书面语言，采取平铺直叙的写法，宁质勿华。

（五）结尾

信息结尾的特点和作用在于深化主体、照应全文，但不能流于形式，有时宁可不用，也不要拖泥带水、画蛇添足。

三、工作总结的格式及写作技巧

工作总结，就是把某段时期已经做过的工作，进行一次全面系统的检查、评价、分析和研究，也就是看看取得了哪些成绩，存在哪些缺点和不足，有什么经验等。

总结主要分四个部分：情况概述和叙述，成绩和缺点，经验和教训，今后的打算。重点写工作情况和主要做法，以及今后打算，其余部分一般略写或不写。

写好工作总结需要注意以下四个问题。

（1）总结前要充分获取材料。最好通过不同的形式，听取各方面的意见，了解有关情况。

（2）一定要实事求是，成绩不夸大，缺点不缩小，更不能弄虚作假。

（3）条理要清楚。总结是写给别人看的，条理不清，人们看不出所以然，达不到总结的目的。

（4）要剪裁得体，详略得当。材料有本质的、有现象的，有重要的、有次要的，写作时要去芜存菁。总结中的问题要有主次、详略之分，该详的要详，该略的要略。

四、报告的格式及写作技巧

报告主要分为汇报性的报告、反映情况的报告、回复性的报告等三类。一篇完整的报告由标题、主送机关、正文、结尾、落款等部分组成。

（一）标题

报告的标题一般格式为"机关名称＋报告事宜＋文种"，如《武汉理工大学产业孵化园区建设任务落实情况报告》。

（二）主送机关

主送机关要顶格写。

（三）正文

（1）汇报性的报告，正文格式一般为：开头——先简述基本情况，说明取得了一定的进展，然后写"现将有关情况汇报如下"；主体部分——先写工作成绩、工作体会，然后写存在的问题、今后的工作思路和安排。

（2）反映情况的报告，正文格式一般为：开头——简述基本情况，说明写作目的，然后写"具体情况如下"；主体部分——如果是发展变化快的，急于上报的，就以写情况为主。如果是恶性事件，要报告起因、经过、事态现状。如果是发展变化缓慢的，需要写情况、原因、意见或建议。

（3）回复性的报告，正文格式一般为：开头——"根据××的指示或要求，我们……（是怎么处理的），结果……，现将具体情况报告如下"；主体部分——处理好的、效果让上级满意的，主要写处理经过。如果是没有处理好的，除了写处理情况外，还要写问题、问题分析和意见。

（四）结尾

结尾一般用"特此报告"等词语，有的干脆不用，报告事项完了，全文就结束。

（五）落款

落款写明报告者（单位名称、个人姓名）和完稿时间。

五 通知的格式及写作技巧

通知是使用频率最高的一种公文。通知的结构由标题、主送机关、正文、落款等部分构成。

（一）标题

通知的标题主要有三种形式。

（1）发文机关名称＋事由＋文种，如《武汉理工大学2022年召开总结表彰大会的通知》。

（2）事由＋文种，如《2022年放寒假的通知》。

（3）特殊情况下形成的通知，标题要注明性质，在文种前加上"紧急""补充""联合""转发""批转""印发"等字样，如《关于加强园区安全稳定工作的紧急通知》。

（二）主送机关

主送机关要顶格写。

（三）正文

正文由开头、主体和结尾三部分构成：开头，用一个自然段简明交代通知形成的缘由和根据；主体，简要叙述通知的事项；结尾，另起一段写明通知执行要求，常用"特此通知""以上通知，望认真执行""本通知自发布之日起实行"等习惯用语。

数字资源9-3
常用公文
写作格式
与技巧

（四）落款

落款写出发文机关和发文时间。如果标题中已注明发文机关，则只写发文时间即可。

第四节 商务谈判技巧

商务谈判是一个沟通过程，双方进行一连串的讨论和对话，以期达成双方满意的协议。大多数人认为在会面时，多说话才能令对方信服并接受我方的提议和条件，但学术研究和实践经验推翻了这一说法。事实上，谈判中，有时多说话，会错露底牌，甚至激发争论，扩大分歧，更可能引致谈判破裂。

在现代的商业社会中，商务谈判越来越多，对企业的经营活动也起着越来越重要的作用。商务谈判的技巧不仅仅适用于公司与公司之间的谈判，同时也适用应聘者与公司、销售人员与顾客之间的谈判。下面具体叙述商务谈判中的十一个技巧

一 确定谈判态度

在商业活动中面对的谈判对象多种多样，我们不能拿出同样的态度对待所有谈判，需要根据谈判对象与谈判结果的重要程度来决定谈

判时所要采取的态度。

如果谈判对象对企业很重要,比如是长期合作的大客户,而此次谈判的内容与结果对公司并非很重要,那么就可以抱有让步的心态进行谈判,即在企业没有太大损失与影响的情况下满足对方,这样对于以后的合作会更加有利。

如果谈判对象对企业很重要,而谈判的结果对企业同样重要,那么就保持一种友好合作的心态,尽可能达到双赢,将双方的矛盾转向第三方,比如市场区域的划分出现矛盾,那么可以建议双方一起或协助对方去开发新的市场,扩大区域面积,将谈判的对立竞争转化为携手合作。

如果谈判对象对企业不重要,谈判结果对企业也是无足轻重,可有可无,那么就可以轻松上阵,不要把太多精力消耗在这样的谈判上,甚至可以取消这样的谈判。

如果谈判对象对企业不重要,但谈判结果对企业非常重要,那么就以积极竞争的态度参与谈判,不用考虑谈判对手,完全以最佳谈判结果为导向。

(二) 充分了解谈判对手

正所谓,知己知彼,百战不殆,在商务谈判中这一点尤为重要,对对手的了解越多,越能把握谈判的主动权,就好像我们预先知道了招标的底价一样,自然成本最低,成功的概率最高。

了解对手时不仅要了解对方的谈判目的、心里底线等,还要了解对方公司经营情况、行业情况、谈判人员的性格、对方公司的文化、谈判对手的习惯与禁忌等。这样便可以避免很多因文化、生活习惯等方面的矛盾,对谈判产生额外的障碍。还有一个非常重要的因素需要了解并掌握,那就是其他竞争对手的情况。比如,一场采购谈判,我们作为供货商,要了解可能和我们谈判的采购商进行合作的供货商的情况,以及可能和自己合作的采购商的情况,这样就可以适时给出相较其他供货商略微优惠的条件,那么将很容易达成协议。如果对手提出更加苛刻的要求,我们也可以把其他采购商的信息拿出来,让对手知道,我们是知道底细的,同时暗示,我们有很多合作的选择。反之,我们作为采购商,也可以采用同样的策略。

(三) 准备多套谈判方案

谈判双方最初各自拿出的方案都是对自己非常有利的,而双方都希望通过谈判获得更多的利益,因此,谈判结果肯定不会是双方最初拿出的那套方案,而是经过双方协商、妥协、变通后的结果。

在双方你推我拉的过程中常常容易迷失最初的意愿，或被对方带入误区，此时最好的办法就是多准备几套谈判方案，先拿出最有利的方案，没达成协议就拿出其次的方案，还没有达成协议就拿出再次一等的方案。即使我们不主动拿出这些方案，但是可以做到心中有数，知道向对方的妥协是否偏移了最初自己设定的框架，这样就不会在谈判结束后，仔细思考才发现，自己的让步已经超过了预计承受的范围。

四 建立融洽的谈判气氛

在谈判之初，最好先找到一些双方观点一致的地方并表述出来，让对方觉得彼此更像合作伙伴。这样接下来的谈判就容易朝着一个达成共识的方向发展，而不是剑拔弩张的对抗。当遇到僵持时也可以拿出双方的共识来增强彼此的信心，化解分歧。

可以向对方提供一些其感兴趣的商业信息，或对一些不是很重要的问题进行简单的探讨，达成共识后双方的心里就会发生奇妙的改变。

五 设定好谈判的禁区

谈判是一种很敏感的交流，所以，语言要简练，避免出现不该说的话。但是在艰难的长时间谈判过程中也难免出错，最好的方法就是提前设定好谈判中的禁语，危险的、不能做的行为，谈判的心里底线等。这样就可以最大限度地避免在谈判中落入对方设下的陷阱或误区中。

六 语言表述简练

在商务谈判中忌讳松散或像拉家常一样的语言方式，尽可能让自己的语言变得简练，否则，你的关键词语很可能会被淹没在拖拉冗长、毫无意义的语言中。一颗珍珠放在地上，我们可以轻松地发现它，但是如果倒一袋碎石子在上面，再找珍珠就会很费劲。同样的道理，我们接收外部声音或视觉信息的特点是：一开始专注，注意力随着接收信息的增加，会越来越分散，如果是一些无关痛痒的信息，更将被忽略。

谈判时语言要做到简练，针对性强，争取让对方大脑处在最佳接收信息状态时表述清楚自己的信息。如果要表达的是内容很多的信息，比如合同书、计划书等，那么适合在讲述或者诵读时语气进行高、低、轻、重的变化。重要的地方提高声音，放慢速度，也可以穿插一些问句，引起对方的主动思考，增加注意力。

在重要的谈判前应该进行一下模拟演练，系统训练语言的表述、突发问题的应对等。在谈判中切忌模糊、啰唆的语言，这样不仅无法有效表达自己的意图，更可能使对方产生疑惑、反感情绪。在这里要明确一点，要区分清楚沉稳与拖沓的区别。前者的语言表述虽然缓慢，但字字经过推敲，没有废话，而这样的语速也有利于对方理解与消化信息内容。

七、做一颗柔软的钉子

商务谈判虽然不比政治与军事谈判，但是谈判的本质都是一种博弈、一种对抗，充满了火药味。这个时候双方都很敏感，如果语言过于直率或强势，很容易引起对方的本能对抗意识或招致反感。因此，商务谈判中，在双方遇到分歧时要面带笑容，语言委婉地与对手针锋相对，这样对方就不会启动本能的敌意，使接下来的谈判不容易陷入僵局。

商务谈判中并非张牙舞爪、气势夺人就会占据主动，反倒是喜怒不形于色，情绪不被对方所引导，心思不被对方所洞悉的方式更能克制对手。致柔者长存，致刚者易损，想成为商务谈判的高手，就要做一颗柔软的钉子。

八、曲线进攻

孙子曰，"以迂为直"；克劳塞维茨将军也说过，"到达目标的捷径就是那条最曲折的路"。由此可以看出，想达到目的就要迂回前行，否则直接奔向目标，只会引起对方的警觉与对抗。应该通过引导对方的思想，把对方的思维引导到自己的包围圈中，比如，通过提问的方式，让对方主动替你说出你想听到的答案。反之，越是急切想达到目的，越是可能暴露自己的意图，被对方所利用。

九、谈判是用耳朵取胜，而不是嘴巴

在谈判中我们往往容易陷入一个误区，那就是一种主动进攻的思维意识，我们总是在不停地说，总想把对方的话压下去，总想多灌输给对方一些自己的思想，以为这样可以占据谈判主动。其实不然，在这种竞争性环境中，你说的话越多，对方会越排斥，能入耳的很少，能入心的更少，而且，你的话多了就挤占了总的谈话时间，对方也有一肚子话想说，被压抑的结果则是很难妥协或达成协议。反之，让对方把想说的都说出来，

当其把压抑心底的话都说出来后，就会像一个泄了气的皮球一样，锐气会减退，接下来你再反击，对手已经没有后招了。更为关键的是，善于倾听可以让你从对方的话语中发现对方的真正意图，甚至是破绽。

十　控制谈判局势

谈判活动表面看来没有主持人，实则有一个隐形的主持人存在着，不是你就是你的对手。因此，要主动争取把握谈判节奏、方向。主持人所应该具备的特质是：语言虽不多，但是招招中的，直击要害；气势虽不凌人，但运筹帷幄，从容不迫，不是用语言把对手逼到悬崖边，而是用语言把对手引领到悬崖边。并且，想做谈判桌上的主持人就要体现出你的公平，即客观地面对问题，尤其在谈判开始时尤为重要，慢慢对手会本能地被你引导，局势将向对你有利的一边倾斜。

> **小故事**
>
> 　　春秋时期，宋国有一个饲养猴子的高手，他养了一大群猴子，他能理解猴子所表达的思想，猴子也懂得他的心意。这个人家境越来越贫困，已经买不起那么多的食物给猴子吃，于是，打算减少猴子每餐栗子的数量，但又怕猴子不顺从自己，就先欺骗猴子说："给你们早上三个栗子，晚上四个栗子，够吃了吗？"猴子一听，大声叫嚷，以示反对。过了一会儿，他又说："唉，没办法，早上给你们四个栗子，晚上三个栗子，这该够吃了吧？"猴子们一听，个个手舞足蹈，非常高兴。
>
> 　　（资料来源：http://jingyan.baidu.com/article/2c8c281d1d2cff0008252a26.html，有删减。）

这个小故事大家应该非常熟悉，就是成语"朝三暮四"中的典故。这个故事看似荒唐可笑，其实，在谈判中却真实地存在着"朝三暮四"的现象。通常体现在双方在某个重要问题上僵持的时候，一方退后一步，抛出其他小利，作为补偿，把僵局打破，并用小利换来大利，或把整个方案调换一下顺序，蒙蔽对方的思维。乍听起来觉得不可思议，但在实际谈判中经常会出现这样的情况，所以，首先要能跳出像脑筋急转弯一样的思维陷阱，而后要善于施小利，博大利，学会以退为进。在谈判中一个最大的学问就是学会适时地让步，只有这样才可能使谈判顺利进行，毕竟谈判的结果是以双赢为最终目的。

十一　让步式进攻

在谈判中可以适时提出一两个很高的要求，对方必然无法同意，我们在经历一番讨价还价后可以进行让步，把要求降低或改为其他要求。对于这些高要求，我们本来就没打算达成协议，即使让步也没损失，但是可以让对方有一种成就感，觉得自己占了便宜。这时我们其他的要求就很容易被对方接受，但切忌提出太离谱、过分的要求，否则对方可能觉得我们没有诚意，甚至激怒对方。先抛出高要求也可以有效降低对手对于谈判利益的预期，挫伤对手的锐气。

其实，谈判的关键就是如何达成谈判双方的心理平衡，达成协议的时候就是双方心里都达到平衡点的时候。也就是认为，自己在谈判中取得了满意或基本满意的结果，这种满意包括预期的达到、自己获得的利益、谈判对手的让步、主动权的获得、谈判时融洽的气氛等。有时谈判中的这种平衡和利益关系并不大，所以，在谈判中可以输掉谈判，只要赢得利益。也就是表面上做出让步，失掉一些利益，给对手一种攻城略地的快感，实则是洒了遍地的芝麻让对手去捡，自己偷偷抱走对手的西瓜。

活动设计

 活动一：组织会议

一、会前

（1）认清会议组织的必要性；

（2）明确会议的主题及目标；

（3）制订会议活动计划；

（4）制订会议议程；

（5）选择与会者，通知会议；

（6）为与会者提供足够的信息；

（7）做好会场内的设备准备、会场布置。

（1）至（4）项要求组织会议的员工事先对问题有明确的认识、总结，并对会议的进行有明确的计划。考察员工的问题认识能力、组织计划能力。（5）至（6）项将考察员工的沟通能力，获取会议召开所需的必要信息，从而提高会议效率。（7）项要求员工具有一定的沟通协调能力，将会场布置好，从而有利于会议顺利召开。

二、会议进行中

1. 说明会议的目的

这要求员工有一定的归纳总结能力,能以简洁明了的语言向与会者说明会议的主题及目的。

2. 介绍

介绍到场的与会者,要注意顺序问题。

3. 发言

要确保每个人的发言机会,控制会议的进程节奏,营造融洽氛围(相互尊重、消除偏见)。这需要员工具有一定的组织控制能力,使得会议按既定的计划顺利进行。

4. 准备随时学习

会议进行中可能会出现新的信息,导致会议向新的方向发展。这就要求会议组织者有一定的应变能力、处理新情况的能力。组织者切忌照本宣科,引起与会者的反感。

5. 及时总结共识

及时总结可以有效地引导会议向下一个议题进行,从而有效地节省时间。这需要会议组织者对会议的进行有敏锐的观察力,能对问题进行总结。

三、会后

1. 总结

会议的目标是否达到?是否遵循了活动计划?是否完成了所有的会议议程?是否有明确的会议的决议以及工作计划?会议组织者要及时对刚刚结束的会议有个客观的认识,发现自身的优点、不足,有利于今后改进。

2. 决议的执行与监督

会后提供资源、发送下一步骤的备忘录,这不仅有利于会议决议的顺利进行,还将有助于会议组织者树立自身的威信,给员工以权威的印象。

3. 与与会者的后续沟通

会后与意见没有得到听取、采纳或对结果不满意的与会者见面,这将充分考察会议组织者的沟通能力。一方面,向这些与会者说明解释决议的必要性,取得他们的理解和支持,感谢他们的参与;另一方面,意见没有得到听取、采纳或对结果不满意的与会者可能会给会议组织者一些反馈意见,有利于组织者更好地修正会议的决议,使可能出现的问题尽量减到最少。

从以上三大方面看,有效地组织一场会议,会议组织者需要具备一个合格主管所具有的能力:计划、组织、指挥、协调、控制以及沟通能力。

活动要求:组织一次营销会议。

要求：自选一个主题，5~8人一组，进行会议沟通，重点要有会前安排、会中布置和会后总结。以小组为单位，完成一个完整的会议报告。

活动二：控制会议

请你根据左栏的问题，从右栏挑出相应的对策，将问题和相应的对策用直线连接起来。通过该练习学习如何更好地控制会议。

问题	对策
1. 你想使讨论热烈。	A. 请每个与会者总结其他人的发言。
2. 你想打断某项讨论。	B. 问小组一个开放式的问题。
3. 几个与会者在开小会。	C. 询问小组的反馈意见。
4. 两名与会者就一个观点发生争执。	D. 问小组一个具体的问题。
5. 与会者问了你一个难以回答的问题。	E. 把问题转回给小组。
6. 你想调查对一个观点的支持程度。	F. 问与会者一个具体的问题。
7. 你想知道自己是否是个成功的会议主持人。	G. 请某个与会者总结讨论

答案：
1 B；2 G；3 F；4 A；5 E；6 D；7 C。

延伸阅读

商务谈判中的聆听技巧

聆听是沟通过程不可或缺的部分。接听（hear）与聆听（listen）不同：前者是反映听觉机能的状况，后者除了健全的听觉，更需要全情投入，付出真诚和专注。

谈判是一个沟通过程，双方进行一连串的讨论和对话，以期达成双方满意的协议。大多数人认为在会面时，多说话才能令对方信服并接受我方的提议和条件，但学术研究和实践经验推翻了这一说法。事实上，谈判时多说话，只会错露底牌，甚至激发争论，扩大分歧，更可能引致谈判破裂。因此，在谈判过程中，我们应该多听少讲，才能知己知彼，百战百胜。

1. 有效控制情绪　避免坠入"习惯性"圈套

谈判的僵局和失败，大多由于激烈情绪的影响。当谈判变成意气之争，双方为了保存面子和维护个人尊严，便向对方做出非理性的指责，从而导致谈判破裂。因此，妥善处理情绪反应，对谈判成效有极大帮助。

情感是外界刺激引起的人的生理和心理反应，它有正面和负面两种。正面情感有开心、轻松、舒服、兴奋等；负面情感包括失望、紧张、愤怒、悲伤等。情绪是一种较强烈的情感状态，如情绪高涨、情绪低落等。在谈判过程中，无论采取什么策略和战术，都可能要面对愤怒、激动甚至蛮不讲理的对手。我们应该有效地处理负面情绪，特别是在面对无理要求、对抗和挑衅时。

美国哈佛大学谈判学教授威廉·尤里（William Ury）建议我们做出"非习惯性"的反应，以避免堕入情绪陷阱。尤里指出，当我们面对攻击时，一般都会自然做出同样的攻击反应，因此很容易产生对抗的态度，使双方进入互相攻击和报复的恶性循环，以维护自己的面子和利益。为了避免堕入这个"习惯性"圈套，我们不要受对方的影响，同时应该改变"正常"的行为，尽量控制自己及对方的情绪，以主导谈判轨迹。因此，处理因情绪造成的谈判障碍，在策略和技巧方面，可以参考以下的步骤和方法。

（1）不做实时反应，冷静客观地分析情况，以防止落入情绪陷阱。如有需要，应该闭嘴，甚至暂时离开"火场"，让自己冷静下来。

（2）避免采取敌对态度，不要企图以辩论或争论来说服对方。口舌之争只会影响谈判气氛和关系，更会招致反击。很多人在面对质询和投诉时，都喜欢立刻做解释，希望可以推卸责任，但这样会使双方变得更气愤、更激动，因为在怨气冲天的情况下，任何解释只被视为反驳的借口。因此，不应立刻做出直接响应，因为任何解释都可能加深误会，这时需要我们只听不讲。

（3）出色的谈判人员需要较高的情商。如果我们做出"正常"的情绪反应，定会怒目而视，语速加快，说出非理性的话。因此，我们应该避免做出"正常"反应，而要理性对待，不争论、不敌对，尽量站在对方的立场，进入对方的心理状态。

（4）要进入对方的心理状态，就要听取对方的观点和意见。我们可以简单地问："为什么你有这个想法？"或"我理解你的感受，你可以告诉我是什么原因吗？"避免用质问、攻击和负面的字句。

（5）在对立的状态下，无论对方要求什么，我们都会本能地反对和拒绝。因此，为了缓和对方的情绪，不应做出实时的拒绝，可以采取拖延或避而不谈的方法。同时，为了缓和敌对的气氛和情绪，我们应该冷静和专注地聆听对方发言。这时耐心聆听是有效的武器，以尊重来打开对方友善的心扉。

（6）聆听是尊重，当我们耐心聆听时，对方友善、合作的意识开始浮现。

为了给对方一个台阶下，我们可以说："不好意思，可能我有点误会，其实我也是希望大家能真诚合作。你想我怎样做，我们会尽量配合。"

（7）征求对方意见和解决问题的建议，是双赢谈判不可或缺的方法。但是在情绪激动和敌对的状况下，双方不容易采取同心协力、忠诚合作的态度，可运用谈判以柔制刚的四大法则——感之以诚、动之以情、晓之以义、诱之以利。

（8）当对方冷静下来时，理性地提出我方的理由。可以温婉地强调双方的共同目标，指出谈判成功的回报和破裂的代价。这样对方便会欣赏我们的诚意，愿意建立良好的合作关系。

（9）自身的情绪控制非常重要。经过多番努力后，如果对方仍处于敌对状态，拒绝合作，我们该如何应付？以柔制刚，以忍耐解决问题是正确的方法。如果对方还处于失控状态，我们应该找机会和借口离开"火场"。在这种情况下，三十六计，走为上计。

要有效实施情绪战术，就要不断观察对方语气的变化，以免情绪过激，使谈判变成对人不对事，走向破裂边缘。要学会扮演白脸，缓和气氛，并强调自己的做法是为谋取双方的利益。相反，当对手想控制你的情绪时，你应做适当深呼吸或短暂的休息，以稳定自己的情绪，并以柔克刚地劝告对方冷静，反客为主以控大局。

2. 学会倾听　首先要懂得提问

根据观察，大多数人在谈判时较喜欢讲话，不断提出自己的意见，解释自己的原因或反驳对方的观点和要求，这跟心理和生理因素有关。简单来说，一般人觉得多解释别人才能明白，多些论据别人才信服。一位学员曾说："我怕对方不明白，所以要多说话来详细解释。"同时，不说话被误会默认对方的观点，接受对方的要求。但我们常因说错话而后悔，因为讲多错多，言多必失。多听才能明白对方的隐藏需要，找出对方的弱点和底牌。

学会倾听，首先要懂得提问。在谈判开始时，有经验的谈判代表都刻意采取防卫的态度，尽量避免露出底牌。但在融洽轻松的气氛下，心理的防卫逐渐解除，随之便会真情流露，道出心里话。所以在谈判过程中，聆听是非常重要的，愿听才会明，爱听才会赢。但如何引导、鼓励和激发对方打开心扉、畅所欲言就需要运用技巧了。

提问方式有多种，简单来说主要方法有两种：封闭式（closed question）和开放式（open question）。其他形式只是根据提问的目的和情况而给予不同的名称，例如询问式（probing question）。为了多了解对方，以达到知己知彼，开放式和询问式是比较有效的提问方法，可以牵引对方多说话和发表意见。

"你是否同意小萌的建议？"这是封闭式提问。因为答案已被规范，一般只会答是与否、同意或不同意，缺乏表达的空间。

"你对小萌的建议有什么看法?"这是开放式提问。它可以给予对方表达和发挥的机会,让我们多了解对方的态度和观点。

"我觉得小萌的建议很不错,实用性也很强。""那么你认为建议的优点在哪里,哪方面的实用性较强?"这是询问式提问(它本身是开放式)。在对方回应后,我们希望深入了解这事情,便可根据答案而进一步提问,这跟剥洋葱一样,一层一层剥开。当然,剥落几层,要看需要和时间,适可而止。

3. 阻止或鼓励对方讲话

控制讲话包括阻止和鼓励两方面。一些人太喜欢讲话,以致发言过长和偏离主题。因此,我们需要适当地把对方带回来,以免浪费时间。这不是无礼打岔,更不是与对方争着发言,只是巧妙地引导对方回到说话主题。相反,当对方采取防卫或保留的态度,欲言又止或表达技巧不足,紧张怯场,只做简短回应,我们便应鼓励对方多说话,以增强对话气氛,多做双向沟通。

要鼓励、激发对方多讲心里话,首先要耐心、认真地聆听。当人觉得被尊重和关注,便比较容易接受对方,拉近距离,然后才会畅所欲言。鼓励讲话,可参考下列三个技巧。

(1) 请求阐释(prompting)。当对方做了表述后,由于内容简单,我们便直接要求解释,这跟询问式提问近似,但并不完全一样。如:你刚才提到最近参加了谈判培训,请谈谈你对这课程的感受。

(2) 简单复述(paraphrasing)。在对方讲话的过程中,为了表示我们在用心聆听和对内容的兴趣,可以适当地简单复述对方的主要内容。这样可以扩大共同点,营造和谐气氛,更重要的是让对方感到被尊重,满足被欣赏的需要。这个技巧的要点是尽量运用对方的字句以简述对方的发言。

(3) 澄清理解(clarifying)。当对方表达意见时,可能因技巧不足或杂乱无章而导致内容不清。这时我们需要对方解释、澄清,让我们准确明白对方说话的内容和要点。如:你说货物不能如期送交买家,问题究竟在哪里?是原料不足,工人不够,运费太高,还是什么其他原因呢?

4. 聆听之道 在乎"耐心倾听"四字

运用适当的提问方式,配合"阐释""复述""澄清"的技巧,可以引导和鼓励对方多讲话,他/她便会打开话匣子,多说真心话。聆听之道,在乎"耐心倾听"四字。这四个字引申出以下的聆听技巧。

(1) 聆听需要专注、忍耐,尽量让对方把要说的话说完,特别是一些批评的话。很多人喜欢抢着说话,这导致只能听到部分或表面信息,忽略了重要内容或弦外之音。我们很多时候听到别人说"请让我把话说完",就是这个状况。

（2）聆听是尊重，是欣赏。要让对方感受到这份诚意，才会真情流露。尊重发自内心，言行合一；用眼神、诚恳回应以表示欣赏对方的讲话，对其讲话内容感兴趣。

（3）"倾"有多个解释，包括"身体稍为向前"和"尽数拿出，毫无保留"。所以在聆听时，我们应该将身体稍稍靠前，倾向对方，以表示聆听的兴趣。同时，我们需要全情投入，心无旁骛地接收和分析信息。

以上三点是聆听的心理状态，而"听"是聆听的行为、动作。严格来说，真正的"听"，是"听"和"讲"的速度配合，以准确接收和消化别人的一字一词，真正了解说话的内容和含义。

为了让对方知道我们真的在听，在对方说话的过程，我们可以适当地运用"简单复述"技巧，以强化沟通联系。例如，"原来你特别喜欢甜食的，是吗？"经验说明，在聆听时，不应做任何批评式的回应。因为批评式回应轻则令对方失去继续说话的信心和热情，重则会引起反感，使对方采取默不作声的对抗态度。很多时候，批评式的回应只是随意的，但言者无心，听者有意，如：你怎么会有这个想法，我真的不能理解。这是常见的例子，虽不是强烈批评，但对方会感到尴尬和说话的自主权受到侵犯。

双赢谈判的目的是达成双方满意的协议。了解和满足对方的需要是谋求双赢的主要方法，而聆听是寻找需要的重要技巧。所以在谈判桌上，会听的一方才能知己知彼，比较容易建立良好的关系，赢取对方的信任和合作，并能获得较佳的谈判条件。真诚的聆听需要正确的态度和行为，因此必须具备"耐心倾听"的聆听技巧。最后，我们不要做批评式的回应，避免破坏谈话的气氛。

举一反三

小公主的愿望

一个小公主病了，她娇憨地告诉国王，如果她能拥有月亮，病就会好。国王立刻召集全国的聪明智士，要他们想办法拿月亮。

总理大臣说："它远在三万五千里外，比公主的房间还大，而且是由融化的铜所做成的。"

魔法师说："它有十五万里远，用绿奶酪做的，而且整整是皇宫的两倍大。"

数学家说："月亮远在三万里外，又圆又平像个钱币，有半个王国大，还被黏在天上，不可能有人能拿下它。"

情商与管理沟通

国王又烦又气，只好叫宫廷小丑来弹琴给他解闷。小丑问明一切后，得到了一个结论：如果这些有学问的人说的都对，那么月亮的大小一定和每个人想的一样大一样远。

所以当务之急便是要弄清楚小公主心中的月亮到底有多大多远。于是，小丑到公主房里探望公主，并顺口问公主："月亮有多大？""大概比我拇指的指甲小一点吧！因为我只要把拇指的指甲对着月亮就可以把它遮住了。"公主说。"那么有多远呢？""不会比窗外的那棵树高！因为有时候它会卡在树梢。"公主回答道。"用什么做的呢？""当然是金子！"公主斩钉截铁地回答。比拇指指甲还要小，比树还要矮，用金子做的月亮当然容易拿啦！小丑立刻找金匠打了个小月亮穿上金链子，给公主当项链，公主很高兴，第二天病就好了。

割草的男孩

一个替人割草的男孩打电话给一位陈太太说："您需不需要割草？"

陈太太回答说："不需要了，我已有了割草工。"

男孩又说："我会帮您拔掉花丛中的杂草。"

陈太太回答："我的割草工也做了。"

男孩又说："我会帮您把草与走道的四周割齐。"

陈太太说："我请的那人也已做了，谢谢你，我不需要新的割草工人。"男孩便挂了电话，此时男孩的室友问他："你不是就在陈太太那割草吗？为什么还要打这电话？"男孩说："我只是想知道我做得有多好！"

不可多得的服务员

一次，我到一家快餐店买可乐、薯条、炸鸡，准备赶车上路。可是排队购买的人很多，让我的心情高兴不起来。好不容易，终于轮到我点餐了，我口气冷冷淡淡的，点完餐后，服务小姐突然对我说："先生，你的领带看起来好漂亮、好别致哦！"呵，她的嘴巴居然这么甜，使得周围的客人眼光都看过来！

说真的，她这么一说，我蛮开心的，心想，这小姐不简单，当她忙于应付一大堆客人的时候，还要用细腻的心思赞美一下客人的"小处之美"，我的所有不愉快都消失殆尽，这真是一位不可多得的好服务员啊！

思考：以上几个小故事让你有什么启发和思考？

课后练习

练习一

案例分析

> 苹果的秀

苹果之父乔布斯在产品发布会上经常做一些表演，这些表演为他的沟通带来神奇效果。在推出 OS X 系统以后，乔布斯专门为 OS 9 系统开了一场追悼会式的发布会。他在现场为躺在水晶棺里的 OS 9 系统献了一朵红玫瑰，还深情地念了悼词。这就是很典型的表演性表达，这样做无疑会让观众印象变得深刻。

还有一次发布会上，乔布斯这样说："我一直很好奇牛仔裤的口袋是干什么用的，现在知道了。"然后，他就从牛仔裤的口袋里掏出了小巧的 iPod nano。

他以一个关于牛仔裤的口袋用途的疑问句引发观众的好奇，用接下来的一个肢体动作，不但回答了自己的问句，更是把新产品小巧的特性形象生动地传达给了在场的所有观众。

当然，这些表演性的沟通和交流，一定是经过精心设计、精心准备甚至是精心排练的。有人说，乔布斯的产品发布会就像科技界的摇滚明星演唱会。想必主要功劳还是要归咎于乔布斯富有表演性的精彩的表达。

乔布斯曾被业界戏称为"最能忽悠的人"，因为据说乔布斯的演讲可以刺激听众大脑中多巴胺的分泌，多巴胺的释放会使听众备感快乐，从而对他所说的话深信不疑！乔布斯说话的方式为其赢得了听众的尊敬，听众心中充满了对他的敬畏和信任——他就像一位领袖人物。美国总统奥巴马曾经说过，无论是从事社区工作，还是把自己变成地球上最有势力的人，他所吸取的最宝贵的教训就是——永远表现出信心十足的一面。

在面对用户时，乔布斯是全世界最会说故事的企业家，他懂得如何吊人胃口。乔布斯总在不断变换演讲风格，不断制造悬念、热情和兴奋点，带动着听众的情绪。他雕琢简单的表达以触动听众的心灵，利用他的创新品牌去制造热点，并在新产品启动研发前培育用户需求。例如，"今天，苹果重新发明了手机"（发布 iPhone 时），"把 1000 首歌装进你的口袋里"（推出 iPod 时）。这样的标题令人印象深刻，过目不忘，不仅能调动听众、读者的好奇心，更能激发消费者的购买欲。在向市场展示苹果的惊世作品 iMac、iPod、iPhone 等时，他所使用的精美的 PPT 以及高超别致的表达技巧，使苹果产品大放异彩，他个人也赢得粉丝无数。有些人为了听一听乔布斯的发布会，费尽周折，甚至全然不顾夜晚的严寒，在户外排队购票，以确保能够买到听乔布斯演讲的最好座位。

乔布斯的优秀口才为他 1996 年返回苹果立下了汗马功劳。在说服阿梅里奥购买 NeXT 公司过程中，乔布斯让后者任选一种他喜欢的交易方式，"你想以何种方式成交都可以，我会按照你的想法进行——软件证书授权、将公司卖给你，任何其他你想要的方式都可以"。在乔布斯的厨房中，他们仅一杯茶的工夫就最终敲定了这笔买卖。苹果公司现任 CEO 蒂姆·库克是乔布斯从康柏挖来的。当时他的朋友们认为他简直是疯了，那时的苹果完全没有希望，但乔布斯的领袖气质和推销能力却无法抗拒。"当我与乔布斯见面 5 分钟后，我便想不顾一切地加盟苹果。"库克回忆起这件事情时说。

在面对员工时，乔布斯与一般人不同，为了达到一个目的，他会想要去教化你，用激情感染你，用幽默拉近你。乔布斯的"说服力"达到了登峰造极的地步，被人认为是乔布斯所独有的魔力。在这种影响下，没有几个人还能够继续坚持自己的观点，而是会不自觉地跟着乔布斯的思路去走。在这点上，苹果的员工深有体会，安迪·赫茨菲尔德就亲历了一次这样的魔力。

我星期四下午正式加入麦金塔项目，而我的新主管，也是该项目在我到来之前唯一的软件工程师巴德·特理柏刚好外出。他当时暂停医学博士的攻读，所以必须抽空回趟西雅图以保留学籍。

巴德一般都是午餐过后才来上班，所以我下一周的周一下午才第一次见到他。我们先谈论该做的工作，听起来真的很吓人，他让我看正式的软件开发时间表，正式上市时间设在 10 个月后的 1982 年 1 月初。

我告诉他："巴德，这太疯狂了，我们几乎都还没开始，不可能在那个时间内完成的。"

"我知道。"他以近乎耳语的声音回答。

"你知道！你如果知道这时间表不对，为什么不修正呢？"我有些疑惑地说。

"嗯，因为乔布斯的缘故，乔布斯坚持我们在 1982 年初就要上市，而且不接受任何反驳，描述这情况的最佳形容词就是套用《星际迷航》里的用语，乔布斯就是有现实扭曲力场。"

"有什么？"我大声问。

"现实扭曲力场。有他在的时候，现实是可以改变的，几乎任何事情他都可以说服大家相信。等他不在场时，力场效果就开始变弱了，但这种力场让我们很难做出切合实际的计划。"

起初，我以为巴德夸张了事实，但是对乔布斯进行了两个星期的观察后，我改变了我的看法："如果他的一个论点没能说服别人，他会娴熟地切换到另一个论点。有时候，他会突然把你的观点占为己有，甚至都不承认自己曾有过不同的想法，这会让你猝不及防。"

《史蒂夫·乔布斯复出记》的作者艾伦·多伊奇曼这样描述乔布斯说话时的那种魅力："他说话很有节奏感，无论谈什么，他都表现出高度的热情，这种热情极具感染力。乔布斯想要表现出美丽和吸引力的时候，没有人可以与他匹敌。"就是他的这种魅力，让那么多的员工愿意忍受他暴躁的脾气，并且为他疯狂地工作。

这就是乔布斯，他始终用最自信、最完美的一面面对世人。他那无与伦比的沟通能力是在背后花了多少时间和精力才达到他偏执的要求的，我们就不得而知了。这种背后努力的精神才是最值得世人敬仰和学习的。

（节选自《乔布斯自传》，有改动。）

> **思考题**
>
> 1. 乔布斯的沟通法则是什么，苹果秀有什么特点？
> 2. 如何完成一次完美的公众沟通？

参考文献

[1] 丹尼尔·戈尔曼. 情商——为什么情商比智商更重要[M]. 北京：中信出版社，2018.

[2] 程艳霞. 管理沟通——知识与技能[M]. 武汉：武汉理工大学出版社，2018.

[3] 左岸. 情商管理课：优秀的人如何掌控情绪[M]. 北京：中国华侨出版社，2017.

[4] 魏江. 管理沟通：成功管理的基石[M]. 4版. 北京：机械工业出版社，2019.

[5] 赵洱崟. 管理沟通——原理、策略及运用[M]. 北京：高等教育出版社，2017.

[6] 康青. 管理沟通[M]. 5版. 北京：中国人民大学出版社，2018.

[7] 谢玉华. 管理沟通[M]. 3版. 大连：东北财经大学出版社，2017.

[8] 史蒂文·J.斯坦，霍华德·E.布克. 情商优势：情商与成功[M]. 李仁根，译. 北京：电子工业出版社，2016.

[9] 张帆，陶艳玲，吴文娜，等. ABC情绪管理训练对护士压力应对方式的影响[J]. 中国护理管理，2004，4（6）：36-38.

[10] 马向真，王章莹. 论情绪管理的概念界定[J]. 东南大学学报（哲学社会科学版），2012，14（4）：58-61.

[11] 张宇，刘蓉晖. 人力资源管理中的情绪管理[J]. 中国人力资源开发，2008（6）：96-98.

[12] 叶婷婷，李悦，刘旻. 应用情绪管理提高护士主观幸福感和自我效能感的实践与体会[J]. 护理管理杂志，2012，12（5）：374-376.

[13] 刘晓峰. 情绪管理的内涵及其研究现状[J]. 江苏师范大学学报（哲学社会科学版），2013，39（6）：141-146.

[14] 黄漫宇. 沟通与礼仪[M]. 北京：北京大学出版社，2014.

[15] 蔡晓红. 礼仪与沟通[M]. 北京：机械工业出版社，2011.

[16] 崔佳颖. 看电影学沟通[M]. 北京：机械工业出版社，2010.

［17］孙健敏，徐世勇．管理沟通［M］．北京：清华大学出版社，2008．

［18］康青．管理沟通［M］．北京：中国人民大学出版社，2009．

［19］约翰·希尔，考兰特·博韦．卓越的商务沟通［M］．7版．张莉，杨洋，译．北京：北京大学出版社，2010．

［20］斯各特·奥伯．当代商务沟通［M］．6版．赵永前，译．北京：中国市场出版社，2009．

［21］张守刚．商务沟通与谈判［M］．北京：人民邮电出版社，2014．

［22］甘敏军，蒙启成．礼仪与沟通［M］．北京：清华大学出版社，2012．

［23］英格丽·张．你的形象价值百万［M］．北京：中国青年出版社，2005．

［24］张德俊．职场关系与沟通技巧［M］．北京：航空工业出版社，2010．

［25］田岛弓子．中层管理者的沟通技巧［M］．包立志，译．北京：机械工业出版社，2012．

［26］刘青．这样和上司说话［M］．北京：中国经济出版社，2006．

［27］薛明．NLP实用职场沟通技巧［M］．北京：北京理工大学出版社，2014．

［28］马晓峰．采购谈判的方法与技巧［M］．长春：吉林音像出版社，2011．

［29］张玉波．危机管理智囊［M］．北京：机械工业出版社，2003．

与本书配套的二维码资源使用说明

本书部分课程及与纸质教材配套数字资源以二维码链接的形式呈现。利用手机微信扫码成功后提示微信登录，授权后进入注册页面，填写注册信息。按照提示输入手机号码，点击获取手机验证码，稍等片刻收到4位数的验证码短信，在提示位置输入验证码成功，再设置密码，选择相应专业，点击"立即注册"，注册成功。（若手机已经注册，则在"注册"页面底部选择"已有账号？立即注册"，进入"账号绑定"页面，直接输入手机号和密码登录。）接着提示输入学习码，需刮开教材封面防伪涂层，输入13位学习码（正版图书拥有的一次性使用学习码），输入正确后提示绑定成功，即可查看二维码数字资源。手机第一次登录查看资源成功以后，再次使用二维码资源时，只需在微信端扫码即可登录进入查看。